अनुवाद :
परंपरा, प्रक्रिया और प्रासंगिकता

अनुवाद :
परंपरा, प्रक्रिया और प्रासंगिकता

डॉ. शैलेश के. मेहता

रावत प्रकाशन
नई दिल्ली-110 002

रावत प्रकाशन
4264/3, अंसारी रोड, दरियागंज, नई दिल्ली - 110 002
दूरभाष : 011-23244078, 43559448, फैक्स : 011-23280028
ई-मेल : rawatprakashan@yahoo.com

अनुवाद : परंपरा, प्रक्रिया और प्रासंगिकता

पेज : 220

ISBN : 978-93-85925-09-2

मूल्य : 800.00 रुपये
प्रथम संस्करण : 2016

गौतम सिंह रावत द्वारा 'रावत प्रकाशन' के लिए प्रकाशित एवं एशियन ऑफसेट प्रिन्टर्स, दिल्ली से मुद्रित।

समर्पित

डॉ॰ महेन्द्रभाई पाडलिया

पूर्व कुलपति महोदय,

सौराष्ट्र विश्वविद्यालय, राजकोट

प्रस्तावना

आधुनिक युग को यदि अनुवाद का युग कहा जाय तो कोई अतिशयोक्ति नहीं होगी। वैसे अनुवाद की प्रक्रिया प्राचीन काल से ही चली आ रही है, परंतु इसको महत्त्व बीसवीं सदी के प्रारंभ से मिला है। इसका मुख्य कारण यह है कि इस शताब्दी में हमारा आपसी संपर्क अत्यधिक बढ़ा। देश की सीमाएँ टूट गयीं। मात्र आवागमन के साधन ही नहीं बढ़े, अब तो घर बैठे इलेक्ट्रो मीडिया के माध्यम से हम एक-दूसरे के नजदीक आ गए हैं।

आकाश में स्थित सेटेलाइट ने अपनी अहं भूमिका का निर्वाह किया है। बेहतरीन फिल्में, रचनाएँ, टी.वी. रेडियो पर देख-सुन सकते हैं। पत्रिका पर अनुवाद ही तो होना है। दूसरे, वर्तमान युग में अधिकांश राष्ट्र ऐसे हैं जो बहुभाषिक हैं, जैसे स्विट्जरलैंड और भारत। भारत तो एक ऐसा देश है, जिसमें लगभग 845 भाषाएँ बोली जाती हैं।

भारत के संविधान ने 22 भाषाओं को राजभाषा के रूप में मान्यता दी है। संघ राज्य की दो भाषाएँ हैं–हिंदी और अंग्रेजी। अतः अनुवाद की अत्यंत आवश्यकता है। तीसरे, अधिकांश राष्ट्रों ने लोकतंत्र प्रणाली को अपनाया है। लोकतंत्र की खासियत यह है कि सभी लोग प्रशासन में समान रूप से सहभागी होते हैं। अतः बहुभाषिकता की स्थिति में संपर्क के लिए अनुवाद की आवश्यकता होती है।

अनुवाद में मूलतः किसी एक भाषा में व्यक्त विचारों को दूसरी भाषा में व्यक्त किया जाता है, जो बहुत ही कठिन कार्य है, क्योंकि प्रत्येक भाषा का अपना स्वरूप होता है, उसकी अपनी निजी-ध्वनि, शब्द, रूप, वाक्य तथा अर्थमूलक विशेषताएँ होती हैं। कभी-कभी स्रोत भाषा का कथ्य लक्ष्य भाषा में अपेक्षाकृत विस्तृत, कहीं संकुचित और कहीं भिन्नरूपी हो जाता है।

अनुवाद में दो भाषाओं का होना जरूरी है। इन दोनों भाषाओं को अनुवाद विज्ञान में स्रोत भाषा और लक्ष्य भाषा की संज्ञा दी गई है। जिस भाषा की सामग्री अनूदित होती है, वह स्रोत भाषा कहलाती है और जिस भाषा में अनुवाद किया जाता है वह लक्ष्य भाषा कहलाती है।

इन पंक्तियों में लेखक ने इस पुस्तक के अंतर्गत अनुवाद की परंपरा, प्रक्रिया और प्रासंगिकता को केन्द्र में रखकर कुछ लिखने का विनम्र प्रयास किया है। साथ ही यह भी ध्यान रखा है कि अनुवाद को लेकर कुछ व्यावहारिक चर्चा भी की जाए, ताकि भविष्य में अनुवाद के क्षेत्र में काम करने वालों को भी इस पुस्तक में किंचित सहायता प्राप्त हो सके। यदि ऐसा हुआ तो मैं अपने परिश्रम को सार्थक समझुंगा।

इस पुस्तक के लेखन में जिन महानुभावों से प्रत्यक्ष या अप्रत्यक्ष रूप से सहयोग प्राप्त हआ है, उनका स्मरण कर मैं अपने आपको धन्य समझ रहा हूँ, वे हैं :

डॉ॰ रामगोपाल सिंह जादौन (प्रोफेसर, भाषा साहित्य भवन, गुजरात विद्यापीठ, अहमदाबाद), डॉ॰ महावीर सिंह चौहाण, (उपकुलपति श्री श्री हेमचन्द्राचार्य उत्तर गुजरात यूनिवर्सिटी, पाटण), डॉ॰ विष्णु विराट चतुर्वेदी (पूर्व अध्यक्ष एव प्रोफेसर हिन्दी अनुस्नातक विभाग, महाराज सयाजीराव युनिवर्सिटी बड़ोदरा), डॉ॰ बी॰ के॰ कलासवा (अध्यक्ष एवं प्रोफेसर हिन्दी, भवन, सौराष्ट्र युनिवर्सिटी राजकोट), डॉ॰ एन॰ टी॰ गामीत (रीडर, हिन्दी, भवन, सौराष्ट्र युनिवर्सिटी), डॉ॰ एस॰ पी॰ शर्मा (पूर्व अध्यक्ष, हिन्दी, भवन, सौराष्ट्र युनिवर्सिटी) तथा डॉ॰ गिरीशचन्द्र त्रिवेदी (पूर्व प्रोफेसर, हिन्दी, भवन, सौराष्ट्र युनिवर्सिटी)।

इनके उपरांत श्री दीपक भाई पंडया (राजभाषा अधिकारी, दूरसंचार, राजकोट), श्री जनार्दन भाई पंडया (मंत्रीश्री, राष्ट्रभाषा प्रचार समिति, वर्धा) तथा डॉ॰ क्रिष्ना पटेल (व्याख्याता, हिन्दी विभाग, डी. के, कपुरीया कॉलेज, कालवड) से भी कुछ महत्वपूर्ण सुझाव प्राप्त हुए हैं, लेखक इनका अभारी है।

इन पंक्तियों का लेखक जहाँ कार्यरत है, वहाँ के कुलपति महोदय डॉ॰ प्रतापसिंह जी चौहाण तथा दोनों ही पूर्व कुलपति महोदय डॉ॰ पाडलिया और डॉ॰ कमलेश जोशीपुरा से कुछ महत्वपूर्ण सुझाव प्राप्त हुए हैं। मैं इनका आभारी हूँ।

अपने परिवारजनों माताजी शारदा देवी, पत्नी ईश्वरी, बेटी यशोधरा, बेटा कुलदीप तथा बहन तृप्ति से जो स्नेह प्राप्त हुआ है, इसके लिए मैं उनके प्रति कृतार्थ हूँ। पुस्तक तैयार करने का महत्वपूर्ण कार्य जयसिंह (रावत प्रकाशन) तथा उनके सहयोगीगण का मैं सदैव ऋणी रहूँगा। पूज्य पिताजी स्व॰ किशोर भाई को वंदन! अंत में परमात्मा के श्री चरणों में प्रमाण ......

डॉ॰ शैलेश के मेहता
प्रोफेसर
हिन्दी भवन
सौराष्ट्र विश्वविद्यालय, राजकोट

अनुक्रम

प्रस्तावना v
1. ऐतिहासिक पृष्ठभूमि 1
2. अनुवाद परम्परा की पहचान 39
3. अनुवाद की प्रक्रिया तथा प्रविधि 56
4. अनुवादक का उत्तरदायित्व 72
5. अनुवाद और सांस्कृतिक परिप्रेक्ष्य 82
6. अनुवाद के विभिन्न रूप 95
7. व्यावहारिक अनुवाद अभ्यास 138
8. साहित्यिक अनुवाद के सिद्धान्त और व्यवहार 164
9. अनुवाद की प्रासंगिकता 182
10. वैश्वीकरण के परिदृश्य में अनुवाद की भूमिका 200

सन्दर्भ-ग्रन्थ सूची 211

1

ऐतिहासिक पृष्ठभूमि

अनुवाद शब्द की व्युत्पत्ति 'अनु' उपसर्ग के साथ 'वाद' शब्द के साथ संयुक्त होने से होती है। 'अनु' जिन अर्थों में अन्य शब्दों के साथ सम्बन्धित होकर अपने स्वरूप-परिवेश में परिवर्तन प्राप्त कर लेता है, कभी वह 'पश्चात या पीछे' का ज्ञान करता है, जैसे अनुचर, 'सदृश' का ज्ञान 'अनुरूप' में कराता है, इसी प्रकार वह 'प्रत्येक', 'बारम्बार' आदि का द्योतक भी है।

'अनुवाद' में वह 'सदृश अर्थ संपृक्ता' से प्रयोजन प्रकट करता है। सदृश अर्थ संपृक्तता ही उसका स्वरूप है। जब से दो भाषा बोलियों वाले लोग पारम्परिक सम्पर्क में आने लगे, इसकी उत्पत्ति तभी से हुई। इसका प्रचलन संस्कृत में आरम्भ हुआ था। विभिन्न भाषा-भाषी इस शब्द के समानार्थक इन शब्दों का भी प्रयोग करते हैं–असमिया, बंगला, गुजराती, कन्नड़, उड़िया, सिन्धी भाषाओं में 'अनुवाद' शब्द के रूपान्तर नहीं पाये जाते, जबकि कश्मीरी भाषा में इसे 'तर्जमा', मराठी में 'भाषान्तर', मलयालम में 'विवर्तन', तमिल में 'योषिपेयर्त्यु', तेलगू में 'अनुवादम्' तथा उर्दू में 'तर्जया', कहते हैं। उर्दू के प्रभाव से मलयालम में इसे मलयालम, बंगला तथा सिंधी में क्रमशः 'तर्ज्जुया', 'तर्जया', तथा 'तर्जया' भी कहा जाता है। साधारणतया सभी भारतीय भाषाओं में अनुवाद शब्द का प्रचलन है।

शोधकर्ताओं का कहना है कि हिन्द तथा अन्य भाषाओं में इसका प्रयोग उन्नीसवीं सदी से होना प्रारम्भ हुआ। सम्भवतः इसका कारण समाचार पत्रों का

प्रकाशन ही था, इसी समय से एक भाषा की पुस्तकें भी दूसरी भाषाओं में प्रचुर रूप से अनुवादित होने लगी थीं। ऐतिहासिक दृष्टि से अनुवाद कार्य ईसा पूर्व काल से ही होता आ रहा है। संस्कृत भाषा में अनेकों शब्दों का दूसरी भाषाओं में मिलना इस बात का द्योतक है तथा ऐतिहासिक रूप से भी ऐसे प्रमाण उपलब्ध हैं, जो यह बताते हैं कि अनुवाद करना कोई नवीन प्रक्रिया नहीं है। प्राचीन काल में चीन से भारत में आये विद्वानों-ह्वेनसांग और फाह्यान ने बौद्ध ग्रन्थों का चीनी भाषा में तथा महमूद गजनवी के साथ आये अलबरूनी ने संस्कृत, पालि, ब्राह्मी आदि के गन्थों का अपनी भाषा फारसी में अनुवाद किया था। प्राचीन इतिहास काल में यह शब्द लोक प्रचलन में सम्भवतः नहीं था, क्योंकि यह काम सामाजिक आवश्यकता नहीं थी। **अंग्रेजी** में अनुवाद का रूपान्तर **'ट्रांसलेशन'** है, **फ्रेंच** में **'ट्रंडुक्शन'** और **अरबी** में **'तर्जुमा'** है। लैटिन भाषा में एक शब्द है-**ट्रान्स**, जिसका अर्थ है-**'परिवहन'**। इसी से ट्रान्सलेशन शब्द की उत्पत्ति हुई है। संस्कृत में इस शब्द के समानार्थक शब्द 'छाया', 'टीका' तथा 'धाखा' भी हैं।

जब आवागमन के गतिमान राधन सर्व-सुलभ नहीं थे, ऐसे कम ही लोग थे जो दूसरे भाषा-भाषी प्रदेशों के लोगों के सम्पर्क में आते थे, परन्तु जब वे आवागमन के साधन गमनागमन प्रक्रिया में कठिन नहीं रहे, विभिन्न भाषा-भाषी लोग एक-दूसरे के सम्पर्क में अधिक आने लगे और सामान्य रूप से विभिन्न भाषा-भाषियों को-दूसरे की भाषों जानने की आवश्यकता हुई, क्योंकि एक-दूसरे की भाषा का ज्ञान न होने से पारस्परिक वाणी-व्यवहार होना असम्भव ही था। जब भारत में रेलों और मोटरगाड़ियों का प्रचलन हुआ, दूर-दूर के विभिन्न भाषा-भाषी लोगों के स्वभाविक वाणी-व्यवहार में सामान्य बातों का अनुवाद कार्य स्वाभाविक रूप से ही शुरू हो गया।

ऐतिहासिक शोध का यह प्रमाणिक करता है कि पहले भले ही अलग-अलग प्रान्तों की भाषाएँ विभिन्न थीं, लेकिन संस्कृत सम्पूर्ण भारत में सांस्कृतिक रूप से जानी जाने वाली भाषा थी। अतः भारत के एक छोर से लेकर दूसरे छोर तक विद्यमान तीर्थों की यात्रा करने वाले लोग रहते थे और उन्हें संस्कृत भाषा के कारण यात्राओं में वाणी-व्यवहार में बाधा नहीं आती थी। अंग्रेजों ने जब अंग्रेजी शिक्षा पद्धति का भारत में शिलान्यास किया, उससे पहले ही मद्रास आदि सुदूर राज्यों में अंग्रेजी, फ्रांसीसी तथा अन्य यूरोपियन भाषाओं को लोग सीखने लगे थे। शिक्षा पद्धति के बदलने के बाद लगभग एक सदी में संस्कृत के स्थान पर अंग्रेजी आ गयी। अतः यात्रियों को भारत में एक-दूसरे भाषा-भाषी लोगों के बीच वाणी

व्यवहार की कोई कठिनाई नहीं रही। अंग्रेजी शिक्षा का जब तक भारत में पूर्ण विकास नहीं हुआ, लोगों को संस्कृत का व्यापक ज्ञान था।

विभिन्न भाषा-भाषी लोगों के बीच वाणी व्यवहार में एक भाषा की बात को दूसरी भाषा में समानार्थक रूप में प्रकट करना ही अनुवाद कार्य कहा जायेगा। यह कार्य चाहे बोलकर आपसी बातों में हो या लेखन द्वारा, दोनों ही तरह से इसे अनुवाद कार्य ही कहेंगे।

ऑक्सफोर्ड अंग्रेजी शब्दकोश में 'ट्रांसलेट' (Translate) शब्द का यह अर्थ दिया गया है–"Express the sense of word, sentence, book into other language (as translated Homer into English from the Greek)."

अनुवाद का आशय

'अनुवाद' एक यौगिक शब्द है। 'वद्' धातु में 'ध' प्रत्यय लगने से 'वाद' शब्द बनता है। 'वद्' धातु का अर्थ है बोलना या कहना। 'वाद' शब्द में 'अनु' उपसर्ग के जुड़ने से 'अनुवाद' शब्द बनता है। 'अनु' उपसर्ग अनुवर्तिता के अर्थ में व्यवहृत होता है। इस तरह पूरे 'अनुवाद' शब्द का मूल अर्थ है पुनः कथन या किसी के कहने के पश्चात् कहना। इस कहने में अर्थ की ही पुनरावृत्ति होती है, शब्द का नहीं। दूसरे शब्दों में इसे अर्थ का भाषांतरण भी कहा जा सकता है। अंग्रेजी में अनुवाद के लिए ट्रांसलेशन (Translation) शब्द प्रयुक्त होता है, जो प्राचीन फ्रांसीसी शब्द 'ट्रांसलेटेर' से बना है, जिसका व्युत्पत्तिमूलक अर्थ है–'पारवहन' यानी एक स्थान से दूसरे स्थान-बिंदु पर ले जाना। यह स्थान बिंदु भाषिक पाठ है, इसमें ले जाने वाली चीज अर्थ होती है, शब्द नहीं। ऑक्सफोर्ड अंग्रेजी शब्दकोश में इसका मुख्यार्थ निम्नांकित है–"Translate-Express the snese of (word, sentence, book) in or into another language (as translated Homer into English from the Greek.)

ट्रांसलेशन में मूलभाषा के अर्थ को अन्य भाषा (लक्ष्यभाषा) में रूपांतरित करने की प्रक्रिया पर बल दिया जाता है।

'अनुवाद' शब्द भारतीय साहित्य में कोई नया नहीं है। यह संस्कृत का शब्द है, जिसका प्रयोग बहुत प्राचीन समय से होता है। आधुनिक काल में इसके अर्थ में परिवर्तन हुआ है। अनुवाद के लिए 'छाया' शब्द भी बड़ा पुराना है। प्राचीन भारतीय शिक्षा की गुरु-शिष्य परंपरा में गुरु के कहे हुए वचन को शिष्य दुहराता था। दुहराने की यह क्रिया 'अनुवचन' या 'अनुवाद' कहलाती थी। वेद भी तो श्रुति-शिष्य-परंपरा की ही निधि है, जिसे शिष्य ने गुरु के मुख से सुन-सुनकर

कंठस्थ किया, फिर उसने अपने शिष्यों को सुनाया और इस प्रकार शिष्योपशिष्य सुन-सुनकर कंठस्थ करने की यह परंपरा चलती रही। 'शब्दार्थ चिंतामणि कोश' में अनुवाद का अर्थ–'प्राप्तस्य पुनः कथने' या 'ज्ञातार्थस्य प्रतिपादेन' दिया है, जिसका अर्थ है–पूर्व में कथित अर्थ का पुनर्कथन। वैदिक संस्कृत से लेकर लौकिक संस्कृत के अनेक ग्रंथों में 'अनुवाद' शब्द 'ज्ञान का कथन' या 'कही गयी बात को दुहराने' के अर्थ में बार-बार आया है। संस्कृत में 'गुणानुवाद' (गुण + अनुवाद) शब्द का प्रयोग भी गुण के पुनः-पुनः कथन के ही अर्थ में हुआ है, किंतु, 'अनुवाद' का प्रचलित अर्थ पुनः कथन से कहीं पुररुक्ति समझ लिया गया, तो बड़ी भूल होगी, क्योंकि अनुवाद नहीं है, बल्कि 'पुनस्सृजन' का कार्य है। साहित्यिक कृति के अनुवाद को तो एजरा पाउंड ने 'साहित्यिक पुनर्जीवन' की संज्ञा दी है। आजकल तो 'साहित्यिक अनुवाद' की जगह 'साहित्यिक पुनर्सृष्टि' (Literary reereation) शब्द ही प्रचलन में है।

'अनुवाद' के लिए भारतीय भाषाओं में पर्याप्त रूप में कई शब्दों का प्रयोग होता रहा है। उदाहरणार्थ हिंदी, उड़िया, असमिया, गुजराती, पंजाबी आदि भाषाओं में तो 'अनुवाद' शब्द चलता है, किंतु बंगला, कन्नड़, सिंधी में 'अनुवाद' शब्द के अलावा क्रमशः तर्जमा, भाषांतर, तर्जमो–शब्दों का प्रयोग भी होता है। कश्मीरी में 'तर्जमा', मलयालम में 'विवर्तन', 'तर्ज्जुमा', तमिल में 'मोषिये चर्त्यु', व तेलुगु में 'अनुवादम्' और उर्दू में 'तर्जमा' शब्द प्रचलित है। फारसी तथा उसके माध्यम से अरबी शब्दों के प्रचार के कारण 'तर्जमा' शब्द प्रचलित है। फारसी तथा उसके माध्यम से अरबी शब्दों के प्रचार के कारण 'तरजुमा' शब्द भी चल पड़ा है।

यों तो समस्त अभिव्यक्ति ही एक तरह से अनुवाद है, क्योंकि कोई भी अभिव्यक्ति अव्यक्त को भाषा में व्यक्त करती है, अज्ञेय के अनुसार "....समस्त अभिव्यक्ति अनुवाद है क्योंकि वह अव्यक्त (या अदृश्यादि) को भाषा (या रेखा या रंग) में प्रस्तुत करती है..." किंतु प्रचलित अर्थ में एक भाषा में प्रकट किये गये विचारों को किसी दूसरी भाषा में यथासंभव समान और सहज अभिव्यक्ति द्वारा प्रस्तुत किया जाना अनुवाद कहलाता है। मूलतः जिस भाषा में विचार प्रकट किये गये वह स्रोत भाषा (Source Language) कहलाती है और स्रोतभाषा के विचार जिस किसी भाषा में रूपांतरित किये जाते हैं, वह लक्ष्यभाषा (Target Language) कही जाती है। अंग्रेजी में इन्हें क्रमशः एस. एल. और टी. एल. जैसे संक्षिप्त शब्दों से व्यंजित किया जाता है। एक भाषा (स्रोतभाषा) से दूसरी भाषा (लक्ष्यभाषा) में अनुवाद या रूपांतर का कार्य सुनने में चाहे जितने सरल लगे, पर व्यवहारतः यह

असाधारण रूप से कठिन और जोखिमभरा काम है। अनुवाद-विज्ञान के मर्मी अनुवाद कार्य को एक दुर्गम पथ पर कठिन चुनौतीभरी यात्रा मानते हैं। एक अनुवादक को इस बात की अत्यंत सतर्कता बरतने की जरूरत होती है कि लक्ष्यभाषा में किया गया अनुवाद उस भाषा की सहज प्रकृति के सर्वथा अनुरूप हो, वह स्रोतभाषा की छाया नहीं होनी चाहिए। दरअसल हर भाषा का विकास विशेष निजी परिस्थितियों में होता है। भौगोलिक, ऐतिहासिक, सांस्कृतिक आदि अनेक तत्त्व हर भाषा की पृष्ठभूमि में हुआ करते हैं। स्रोतभाषा के ये तत्त्व लक्ष्यभाषा के भौगोलिक, ऐतिहासिक सांस्कृतिक तत्त्वों से ईषत् भिन्नता प्रकट करते हैं। इस कारण स्रोतभाषा की पूरी-पूरी बात को लक्ष्यभाषा में शत-प्रतिशत खपाना बड़ा कठिन होता है।

अच्छे अनुवादक के लिए स्रोतभाषा के लेखक के व्यक्तित्व एवं चर्चित विषय का भी सूक्ष्मता से ध्यान रखते हुए, अनुवाद अपेक्षित होता है, क्योंकि व्यक्ति के अनुसार व्यक्ति की भाषा में भिन्नता होती है। स्रोतभाषा की तमाम विशेषताएँ अनुवादक को उलझन में डालती हैं–एक भाषा की विशेषताएँ दूसरी से प्रायः भिन्नता लिए होती हैं। यह भिन्नता ध्वन्यात्मक, शाब्दिक, रूपात्मक, वाक्यात्मक आदि विभिन्न रूपों में देखी जाती है। डॉ. सुरेश कुमार के अनुसार–''अनुवाद एक जटिल कृत्रिम, आवश्यकताजनित और सर्जनात्मक प्रक्रिया है, जिसमें असाधारण और विशिष्ट कोटि की प्रतिभा की आवश्यकता होती है।'' यह बिल्कुल आवश्यक नहीं कि मूलभाषा की किसी अभिव्यक्ति के पूर्णतः समान अभिव्यक्ति 'लक्ष्यभाषा' में शब्द और अर्थ दोनों स्तरों पर ही हो जाए। यहाँ 'पूर्णतः समान अभिव्यक्ति' से तात्पर्य है कि स्रोतभाषा में व्यक्त विचारों को पढ़कर या सुनकर स्रोतभाषा-भाषी जो अर्थ ग्रहण करे, लक्ष्यभाषा में उसके रूपांतर को पढ़कर या सुनकर लक्ष्यभाषा-भाषी भी ठीक वही अर्थ ग्रहण करे। प्रायः होता यह है कि मूलभाषा से जो अर्थ अभिव्यक्त होता है, वह लक्ष्यभाषा में व्यक्त होने वाले अर्थ की तुलना में या तो विस्तृत हो जाता है, या संकुचित हो जाता है याफिर कुछ भिन्न हो जाता है। इन कठिनाइयों के बावजूद अनुवाद कार्य आज इतना आवश्यक हो गया है कि इसके बिना मानव संस्कृति के विकास-विस्तार की कल्पना बाधित होती है। बीसवीं शताब्दी को अनुवाद का युग कहा जाने लगा है। अनुप्रयुक्त भाषा-विज्ञान (Applied Linguighes) के एक अंग के रूप में अनुवाद की महत्ता स्थापित हो चुकी है। इस कारण अनुवाद जैसे कठिन और जोखिमभरे काम को किसी बहाने उपेक्षणीय बनाया नहीं जा सकता।

सुप्रसिद्ध भाषाविद् डॉ. भोलानाथ तिवारी अनुवाद या भाषांतर को 'प्रतीकांतर' का एक भेद मानते हैं। उनके अनुसार, हमारे विचार किसी-न-किसी प्रकार के प्रतीक के माध्यम से ही अभिव्यक्ति पाते हैं। भाषा में ये प्रतीक शब्द होते हैं। इन प्रतीकों का परिवर्तन ही 'प्रतिकांतर' है। डॉ. तिवारी के शब्दों में–''एक प्रतीक (या प्रतीक वर्ग) द्वारा व्यक्त विचार (या विचारों) को दूसरे प्रतीक (या प्रतीक-वर्ग) द्वारा व्यक्त करना 'प्रतीकांतर' है।'' प्रतीकांतर तीन प्रकार के होते हैं–शब्दांतर, माध्यमांतर और भाषांतर। जब एक भाषा में व्यक्त किये गए विचारों को हम दूसरी भाषा में व्यक्त करते हैं, तो यह भाषांकर कहलाता है, जिसे 'अनुवाद' या 'तरजुमा' आदि कहा जाता है। इस प्रकार डॉ. तिवारी अनुवाद को प्रतीकांतर का एक भेद मानते हैं, क्योंकि अनुवाद में एक भाषा के प्रतीकों के स्थान पर दूसरी भाषा के प्रतीक व्यवहृत होते हैं।

डॉ. रवींद्रनाथ श्रीवास्तव ने भी अनुवाद के दो संदर्भों में देखने का उल्लेख किया है–एक व्यापक और दूसरा सीमित। संदर्भ में अनुवाद को प्रतीक-सिद्धांत के परिप्रेक्ष्य में देखा जाता है। संक्षेप में प्रतीक-सिद्धांत यह है कि कथ्य का प्रतीकांतरण अनुवाद है। सीमित संदर्भ यह है कि कथ्य का भाषांतरण अनुवाद है। पहला सिद्धांत प्रतीक-विज्ञान पर आधारित है।

अनुवाद की परिभाषाएं

अनुवाद संबंधी सिद्धांतों पर स्वतंत्र ग्रंथों का लेखन वस्तुतरू बीसवी शताब्दी में प्रारंभ हुवा। इसी शताब्दी के बौरान साहित्यिक और भाषा वैज्ञानिक पत्रिकाओं में अनुवाद पर लेखों का प्रकाशन प्रारंभ हुआ। इन्हीं भाषा वैज्ञानिक एवं साहित्यिक पत्र-पत्रिकाओं में अनुवाद की कई परिभाषाओं को जन्म दिया। कई परिभाषाओं पर सवाल भी उठाए गए तो कुछ परिभाषाओं को मान्यताएं भी मिली लेकिन आज भी अनुवाद की कोई एक परिभाषा नहीं मिलती है। परिभाषाओं पर विचार किया जाए तो अनुवाद की परिभाषा भाषा वैज्ञानिकों ने भी दी है और साहित्यकारों(कवियों) ने भी दी है।

भारतीय अनुवाद सिद्धांतकारों ने भी अनुवाद की परिभाषा दी है।

1. डॉ. स्टर्ट–"हमारे अर्थ विचार में भाषा का गुण है। किसी भी स्त्रोत भाषा के पाठ का अर्थ अपना होता है और लक्ष्य भाषा के पाठ का अर्थ भी अपना होता है।"

2. नाइडा–"अनुवाद का संबंध स्त्रोत भाषा के सम्देश का पहले अर्थ और फिर शैली के धरातल पर लक्ष्य भाषा के दून्कटतम, स्वाभाविक तथा तुल्यार्थक उपादान प्रस्तुत करने से होता है।"

3. कैटफर्ड–"अनुवाद एक भाषा के पाठ्परक उपादानों क दूसरी भाषा के रुप में समतुल्यता के सिद्धात के आधार पर प्रतिस्ठापन है।"

4. फोर्स्ट्टन–"एक भाषा में अभिव्यक्त पाठ के भाव की रक्षा करते हुए–जो सदैव संभव नहीं होता–दुसरी भाषा में उतारने का नाम अनुवाद है।"

5. सॅम्युअल जॅन्सन–"अनुवाद मुल भावों की रक्षा करते हुए उसे दूसरी भाषा में बदल देना है।"

6. जॅअन कॅअन्गटन–"अनुवादक को उसके अनुवा का तो प्रयास करना ही है, किंतु जिस ढंग से कहा है उसके निर्वाह का भी प्रयाक सरना चाहिए।"

7. मैथ्यू अर्नाल्ड–"अनुवाद सा होना चाहिए कि उसका वही प्रभाव पडे जो वूल का उसके पहले श्रोताओं पर पडा होगा।"

8. विलियम कपूर–"अनुवाद की निष्ठा ही उसकी आत्मा है और फिर निष्ठा का अर्थ भी तो यही है।"

9. अर्ल रस्कोमन–"मूल लेखक का अनुसरण करना सर्वोत्तम है, उसके शाथ गिरो, उसी के साथ उठो।"

कविता की मूल चेतना अथवा उपमा की ओर ही अनुवाद का सर्वाधिक ध्यान होना चाहिए, नहीं तो वह अनुवाद के दौरान ही नष्ट हो जाएगी।"

एलेक्जेंडर फ्रेजर टिटलर–"अनुवाद में मूल का संपूर्ण भाव समाहीत होना चाहिए, अनुवाद की शैली तथा लेखन विधि मूल की जैसी होनी चाहिए।"

जुलियन हाऊस–"स्त्रोत भाषा की पाठ्य सामग्री का लक्ष्य भाषाकी अर्थ तठा व्यवहार की दृष्टि से समतुल्य पाथ्यसामग्रि से प्रतिस्थापन है3मौखिक, सामग्री का अनुवाद आशु अनुवाद कहलाता है।"

10. Dr-Jonson –"अनुवाद का आश्य अर्थ को अक्षुण्ण रखते हुए अन्य भाषा में अंतरण करना।"

11. ए.एच.स्मिथ–"अनुवाद का तात्पर्य अर्थ को यथासंभव बन्नए रखते हुए अन्य भाषा में अंतरण से है।"

12. रोमन जैकबसन–"समस्त प्रकर का अनुवाद कर्य अलोचनात्मक व्याख्या है।"

13. मेदनिकोवा–"अनुवाद एक तरह से टीका-टिप्पणी करता है।"

14 टैंकोक–"अनुवादक का कार्य द्विमुख होता है–पहले तो उसे मूल के अर्थ का ठीक-ठीक अनुवाद करना होता है और दूक्सरा उसे मूल की शैलीगत विशेषताओं को भी अनुवाद में उतारना है।"

15. न्यूमार्क–"अनुवाद एक शिल्प है जिसमें एक भाषा में लिखित संदेश के स्थान पर दूसरी भाषा के उसी संदेश को प्रस्तुत करने का प्रयत्न किया जाता है।"

16. हार्टमन तथा स्टार्क–"मक भाषा या भाषाभेद से दूसरी भाषा या भाषाभेद में प्रतिपाद्य को स्थानंतरित करने की प्रक्रिया करने की प्रक्रिया या उसके परिणाम को अनुवाद कहते हैं।"

17. हैलिडे–"अनुवाद एक संबंध है जो दो या दो से अधिक पाठों के बीच होता है, ये पाठ समान स्थिति में समान प्रकार्य सम्पादित करते हैं। दोनों पाठों का संदर्भ समान होता है और उसे व्यंजित होनेवाला संदेश भी समान है।"

18. सपिर(sapir)–"मक सभ्यता के एक प्रतिनिधित्व की दृष्टि से दो भाषाएँ समान नहीं हो सकती। कारण दो सभ्याएँ जिन समाजों में जीती हैं उनके अपने-अपने संसार है। इस प्रकार स्पष्ट है की अनुवद में मात्र भाषिक परिवर्तन नहीं होता, प्रत्युत उसमें सभ्यता का रुपांत्रण औएक्षितहै। रुपांत्रण निकटतम ही संभव है।

19. प्योडोर एच.सेवरी(Savory)–"अनुवाद प्रायः उतना ही प्राचीन है जितना मेल लेखन और उसका इतिहास ही भ्व्य हौर जटिल है जितना साहित्य की किसी दूसरी शाखा का।"

20. Dr. गार्गी गुप्त–"अनुवाद प्रक्रिया के दो मुख्य अंग होते हैं। अर्थबोध और व्याकरण सम्मत भाषा में स्पष्ट संप्रेषण। इसीलिए अनुवाद की निष्ठा दोवुखी होती है, मूल रचनाकर के प्रति अर्थबोध की दृष्टि से और पाठक के प्रति शुद्ध तठा सुबोध संप्रेषण की दृष्टि से। मूल हचना की जो संकल्पनाएँ अथवा स्थितियाँ औदित रचना के पाठक के लिए अज्ञात अस्पष्ट या दुरूह हों, उनकी व्याख्या, स्पष्छीकरण, अंतर्संबंधों का विवरण देना अत्यावश्यक है। यदि हम पाथक की वुल रचना की मनोहारी भूमि में संदेह ले जाना चाहते हैं तो उसका वह मनोहर स्वरुप यथावत उसके मन में भी प्रतिबिम्बित होना चाहिए।"

26. जी. गोपीनथन–अनुवाद वह द्वंद्वात्मक प्रक्रिया है जिसमें स्त्रोत पाथ की अर्थ संरचना(आत्मा) का लक्ष्य पाठ की शैलीगत संरचना (शरीर) द्वारा प्रतिस्थापन होता है।

27. Dr. कृष्णकुमार गोस्वामी–"एक भाषा में व्यक्त भावों या विचारों को दूसरी भाषा में समान और सहज रुप से व्यक्त करने का प्रयास अनुवाद है।"

28. पट्टनायक–“अनुवाद वह प्रक्रिया है जिसके द्वारा सार्थक अनुभव (अर्थपूर्ण संदेश या संदेश का अर्थ) को एक भाषा-समुदाय से दूसरे भाषा समुदाय में संप्रेषित किया जाता है।”

29. क्त. सुरेशकुमार–“एक भाषा के विशिष्ट भाषा भेद के विशिश्ट पाठ को दूसरी भाषा में इस प्रकार प्र्स्तुत करना अनुवाद है ज़िसमें वह मुल के भाशिक अर्थ, प्र्योग के वैषिश्ट्य से निष्पन्न अर्थ, प्रयुक्ति और शिली की विशिषता, क्विशय वस्तु तथा संबंध सांस्क्रुतिक वैशिश्ट्य को यठासंभव संरक्षित रखते हुए दूसरी भाषा के पाठक को स्वाभ्हाविक रुप से ग्राह्य प्रतित होता है।”

30.क्त. रवींद्रनाथ श्रीवास्तव रू - ”एक भाषा(स्त्रोत भाषा) की पाठ सामग्री में अंतर्निहीत तथ्य का समतुल्यता के सिधांत के आधार पर दूसरी भाषा (लक्ष्य) में संगठनात्मक ऋपंतरण अथवा सर्जनात्मक पुनर्गठन को ही अनुवाद कहा जाता है।“

31.क्त. भोलानाथ तिवारी–भाषा ध्वन्यात्मक प्रतीकों की व्यवस्था है और अनुवाद है ब्हीं प्रतिकों का प्रतिस्थापन, अर्थात एक भाषा के स्थान पर दूसरी भाषा के निकटतम (कथनअतःऔर कथ्यअतः) समतुल्य और सहज प्रतीकों का प्रयोग। इस प्रकार अनुवाद निकटतम, समतुल्य और सहज प्रतिप्रतीकन है।

प्राचीन काल में अनुवाद

आधुनिक साहित्य में अनुवाद शब्द के अर्थ का विकास या परिवर्तन हो जाने के कारण प्राचीन अर्थ मान्य नहीं रह गया हैं। अब एक भाषा में लिखे या कहे हुए विषय को दूसरी भाषा में रूपांरित करना अनुवाद कहा जाता है। यह कला सिर्फ लिखित भाषा के समान ही प्राचीन नहीं है, बल्कि मानव भाषा के समान अतिप्राचीन काल से इसका अस्तित्व संभव माना जा सकता हैय तब से किसी चतुर दुभाषिए ने उच्चरित भाषा या संकेत भाषा की सहायता से एक भाषाभाषी के कथ्य को दूसरे भाषाभाषी तक पहुँचाना होगा। पश्चिमी जगत्ऌ में प्राचीनतम लिखित साहित्य के अनुवाद रूप में सुमेरियन गिल्गमिश नामक प्राचीन काव्य के अंशों का ई.पू. दूसरी शती की चार पाँच एशियाई भाषाओं में अनुवाद उपलब्ध होता है। पश्चिमी जगत्ऌ में सर्वाधिक महत्वपूर्ण अनुवाद सप्तुआजिंत (Septuagint) ग्रंथ का है, जो यहूदियों के आर्षग्रंथ का ग्रीक भाषा में अनुवाद है। सिकंदर के समय में यूनान और भारत का सांस्कृतिक संबंध स्थापित होने से (ई.पू. 327 ई.) अनेक भारतीय ग्रंथों एवं विज्ञानों की ग्रीक

भाषा में अनुवाद हुआ। इसी समय से भारतीय गणित का शून्य यूरोप में लोकप्रिय हुआ। इससे भी पूर्व बौद्ध साहित्य का पाली में प्रणयन होने से संस्कृत पाली में परस्पर अनुवाद क्रिया का आरंभ हुआ। बौद्धों के प्रभाव एवं प्रयास से अनेक भारतीय ग्रंथों का अनुवादकार्य चीनी, तिब्बती भाषाओं में संपन्न हुआ। अरबों के सिंध में आगमन से गणित और आयुर्वेद के कतिपय अंशों का अरबी भाषा में अनुवाद हुआ। जब अरबों ने यूरोप विजय किया तो अरबी से पुर्तगीज, इतालियन, लैटिन, ग्रीक आदि में अनेक लिखित साहित्य की उपयोगी बातों का अनुवादकार्य प्रारंभ हुआ और इसमें वृद्धि हुई। मध्यकाल में जब सामंतों और शासकों ने पांडुलिपियों को खरीदना शुरु किया तो अनुवादकार्य को प्रोत्साहन मिला। इससे शैक्षणिक कार्य को भी आर्थिक प्रोत्साहन मिला।

आधुनिक काल में अनुवाद

अनुवाद की दृष्टि से आधुनिक काल अत्यंत उपयोगी रहा है। यूरोपीय साम्राज्यवाद के विस्तार ने अनेक सभ्यताओं और साहित्यों को एक दूसरे से जोड़ दिया, जिसके फलस्वरूप अनेक भाषाओं के ग्रंथों का अनुवाद अंग्रेजी, फ्रेंच, स्पेनी, पुर्तगीज और जर्मन में तथा इनसे अन्य भाषाओं में हुआ। रूस और चीन की साम्यवादी क्रांति ने मार्क्स, एंगेल्स, लेनिन, स्टालिन और माओ त्से तुंग के अनेक ग्रंथों का अनुवाद विश्व की प्रायरू सभी प्रमुख भाषाओं में उपलब्ध करा दिया है। विज्ञान की अच्छी और उपयोगी पुस्तकों का अनुवाद भी राष्ट्रीय माध्यम भाषाओं में होने लग गया है। आजकल विज्ञान की सहायता से अनुवाद की कंप्यूटर जैसी मशीनों का आविष्कार हो गया है। बहुभाषी देशों की संसदों, संयुक्त राष्ट्रसंघ तथा अन्य अंतराष्ट्रीय सम्मेलनों में मशीनों द्वारा एक भाषा से दूसरी भाषा में अनुवादकार्य अविलंब संपन्न होने लग गया है। मशीनें अब एक भाषा से दूसरी भाषा में पुस्तकों का भी अनुवाद करने लगी हैं।

अनुवाद का स्वरूप

अनुवाद शब्द की व्युत्पत्ति संस्कृत के श्वद्' धातु से हुई है। श्अनुवाद' का शाब्दिक अर्थ है 'पुनरूकथन' अर्थात किसी कही गई बात को फिर से कहना। यह भी कहा जा सकता है कि एक भाषा में व्यक्त विचारों को दूसरी भाषा में ज्यों को त्यों प्रकट करना ही अनुवाद है। अनुवाद एक साहित्यिक विधा है, पर वह मौलिक साहित्य रचना की कोटि में नहीं आ सकती। एल.एन.शर्मा 'सौमित्र' उसे सेकण्ड

हॅण्ड साहित्य मानते है। इसी कारण अनुवाद को मूल लेखन पर आधारित 'भाषांतर' कह सकते है।

अनुवाद में मूलअतः किसी एक भाषा में व्यक्त विचारों को दूसरी भाषा में व्यक्त करना बघ ही कठिन कार्य है, क्योंकि प्रत्येक भाषा का अपना स्वरूप होता है, उसकी अपनी निजी-ध्वनि, शब्द, रूप, वाक्य तथा अर्थमूलक विशेषताएँ होती हैं। कभी-कभी स्रोत भाषा का कथ्य लक्ष्य भाषा में अपेक्षाकृत विस्तृत, कहीं संकुचित और कहीं भिन्नरूपी हो जाता है।

अनुवाद में दो भाषाओं का होना जरूरी है। इन दोनों भाषाओं को अनुवाद विज्ञान में स्रोत भाषा और लक्ष्य भाषा की संज्ञा दी गई है। जिस भाषा की सामग्री अनूदित होती है वह स्रोत भाषा कहलाती है और जिस भाषा में अनुवाद किया जाता है वह लक्ष्य भाषा कहलाती है।

कैटफर्ड (J-C-Catford) ने अनुवाद की परिभाषा इस प्रकार दी है–

"The replacement of teÛtual material from one language by equivalent teÛtual material in another language" अर्थात् अनुवाद एक भाषा(स्रोत भाषा) के पाठ्‌ग्यपरक उपादानों का दूसरी भाषा (लक्ष्य भाषा) के पाठ्‌ग्यपरक उपादानों के रुप में समतुल्यता के सिद्धांत के आधार पर प्रतिस्थापन है।

अनुवाद मानव की मूलभूत एकता, व्यक्तिचेतना एवं विश्वचेतना के अद्वैत का प्रत्यक्ष प्रमाण है। विश्व संस्कृति के निर्माण कि प्रक्रिया में विचारों के आदान-प्रदान का योगदान रहा है और यह अनुवाद के माध्यम से ही संभव हो सका है।

बीसवीं शताब्दी में अनुवाद को जो महत्त्व प्राप्त हुआ वह उससे पहले नहीं मिला था। इसी कारण इस सदी को 'अनुवाद युग' कहा गया है। इसका मुख्य कारण यह है कि बीसवीं शताब्दी में ही भिन्न भाषाभाषी समुदायों में संपर्क की स्थिति प्रमुख रुप से उभर कर आयी। इसका मूल कारण आर्थिक और राजनीतिक है। अंतरराष्ट्रीय स्तर पर विभिन्न राष्ट्रों के बीच राजनीतिक, आर्थिक, वैज्ञानिक और औद्‌ग्योगिक तथा साहित्यिक और सांस्कृतिक स्तर पर बघ्ते हुए आदान-प्रदान के कारण अनुवाद कार्य की अनिवार्यता और महत्ता को नई दिशा प्राप्त हुई है। इस कारण अनुवाद एक व्यापक तथा एक सीमा तक अनिवार्य और तर्कसंगत स्थिति है।

सामाजिक संदर्भ में अनुवाद व्यापार अनौपचारिक परिस्थितियों में होता है। इसका संदर्भ द्विभाषिकता की स्थिति से है। इसका सामान्य अर्थ है कि हम एक

समय में दो भाषाओं का वैकल्पिक रुप से प्रयोग करते है। यानी हम एक भाषा(मातृभाषा) में सोचते है परंतु उसे दूसरी भाषा में अभिव्यक्त करते है। इस स्थिति में अनुवाद प्रक्रिया का होना अनिवार्य है। इस प्रकार प्रत्येक व्यक्ति अनौपचारिक रुप में अनुवादक होता है। इस दृष्टि से अनुवाद व्यापार अनौपचारिक स्थिती में होता है। इसके दो भेद है रू साधन रूप में अनुवाद और साध्य रूप में अनुवाद। साधन रूप में अनुवाद का प्रयोग भाषा शिक्षण की एक विधि के रूप में किया जाता है। साध्य रूप में अनुवाद अनेक क्षेत्रों में दिखाई देता है। अपने व्यापकतम क्षण में अनुवाद भाषा की शाक्ति में समवर्धन करता है, भाषा तथा विचार के बीच समबन्ध को स्पष्ट करता है, ज्ञान का प्रसार करता है, संस्कृति का संवाहक है।

अनुवाद यांत्रिक प्रक्रिया नही अपितु मैलिकता से स्पर्श करता हुआ कृतित्व है। उसके एक छोर पर मूल लेखक होता है तो दूसरी छोर पर अनुवादक। इन दोनों के बीच है अनुवाद की प्रक्रिया। एक कुशल अनुवादक अपने आप को मूल लेखक के चितंन की भूमि पर प्रतिष्ठित कर अपनी सूझबूझ एवं प्रतिभा के बल पर स्रोत सामग्री को अपने कला और कौशल्य से प्रस्तुत करता है जिससे उसका कृतित्व 'अनुवाद' मैलिक रचना के स्तर तक पहुँच सके। यह निर्विवाद सत्य हे कि अनुवाद मूल लेखन से कहीं अधिक कठिन कार्य है। मूल लेखन जहाँ अपने विचारों की अभिव्यक्ति में स्वतंत्र होता हे वहीं अनुवाद एक भाषा के विचारों को दूसरी भाषा में उतारने में अनेक तरह से बंधा होता है। उन दोनों भाषाओं की सूक्ष्मतम जानकारी के अतिरिक्त विषय के तह तक पहुंचने की क्षमता जथा अभिव्यकित की पूर्ण कुशलता अच्छे अनुवादक के लिए अपेक्षित है।

आज की बदलती दुनिया में, अनुवाद की बहुत जरूरत है। अलग अलग क्षेत्रों के होने से अनुवाद के कई प्रकार हैं। उनको हमने निम्नलिखित रूप में वर्गीकृत करके बताया है–

प्रशासनिक अनुवाद

प्रशासनिक पाठों का अनुवाद। हालांकि प्रशासनिक एक बहुत व्यापक अर्थ है, अनुवाद के संदर्भ में यह आम है व्यवसायों और संगठनों के अंदर इस्तेमाल पाठों को संदर्भित करता है जोकि दिनोंदिन प्रबंधन के लिए उपयोग किया जाता है। यह सरकार में इसी तरह के कार्यों के साथ पाठों पर कार्य करने के लिए भी बढ़ाया जा सकता है।

व्यावसायिक अनुवाद

वाणिज्यिक अनुवाद या व्यापार अनुवाद व्यापार दुनिया में किसी भी प्रकार के दस्तावेजों जैसे पत्राचार, कंपनी के खातों, निविदा दस्तावेजों, रिपोर्टों आदि पर कार्य करता है। वाणिज्यिक अनुवाद के लिए व्यापार दुनिया में इस्तेमाल की गई शब्दावली के ज्ञान के साथ विशेषज्ञ अनुवादकों की आवश्यकता है। वाणिज्यिक अनुवाद और कानूनी अनुवाद के बीच थोड़ा सा ओवरलैप है साथ ही साथ, कंपनियाँ व्यापारिक कागजी कार्रवाई के साथ-साथ कानूनी कागजी कार्रवाई को संभालने के लिए भी है।

आर्थिक अनुवाद

व्यावसायिक या व्यापारिक अनुवाद के समान, आर्थिक अनुवाद केवल अर्थशास्त्र के क्षेत्र से संबंधित दस्तावेजों के अनुवाद के लिए है।

वित्तीय अनुवाद

वित्तीय अनुवाद वित्तीय प्रकृति के पाठों का अनुवाद है। बैंकिंग से स्टॉक और बांड के लिए परिसंपत्ति प्रबंधन करने के लिए कार्य किया जा सकता है।

सामान्य अनुवाद

सामान्य अनुवाद अनुवादों में सबसे सरल है। एक सामान्य पाठ का अर्थ है कि भाषा का इस्तेमाल उच्च स्तर पर नहीं होता है और आम आदमी की दृष्टि में एक निश्चित सीमा तक होता है। कोई विशेष या तकनीकी शब्दावली का इस्तेमाल नहीं किया जाता है। अधिकांश अनुवाद इस श्रेणी के अंतर्गत किए जाते हैं।

कानूनी अनुवाद

कानूनी अनुवाद एक जाना माना कठिन अनुवाद है। इसके सरलतम स्तर पर कानूनी दस्तावेजों के अनुवाद का मतलब है जैसे अधिनियम, संविदाएँ और अनुबंध। कानूनी अनुवाद के लिए हमेशा विशेषज्ञ ध्यान की आवश्यकता होगी क्योंकि कानून भाषा पर निर्भर है और अनुवादक को स्रोत और लक्ष्य दोनों भाषाओं की उत्कृष्ट समझ की आवश्यकता है।

अधिकांश अनुवाद एजेंसियां ऐसे कामों को करने के लिए हमेशा कानूनी पेशे संबंधी व्यक्ति को ही लेती हैं। यह इसलिए क्योंकि यहाँ त्रुटि के लिए कोई स्थान नहीं है, अनुबंध में एक वाक्य के अशुद्ध अनुवाद विनाशकारी परिणाम हो सकता है।

जब कानून के क्षेत्र का पाठ अनुवाद करते हैं, अनुवादक को मस्तिष्क में निम्नलिखित बातों का ध्यान रखना चाहिए। स्रोत पाठ की कानूनी प्रणाली इस तरह से संरचित हो कि वह उसकी प्रकृति से परिचित हो और कानूनी भाषा में परिलक्षित होता हो। इसी प्रकार, लक्ष्य पाठ किसी और के द्वारा पढ़ा जाता हो जो अन्य कानूनी प्रणाली और उसकी भाषा से परिचित हो।

साहित्यिक अनुवाद

साहित्यिक अनुवाद साहित्य का अनुवाद है जैसे उपन्यास, कविता और नाटक। साहित्यिक कृतियों का अनुवाद, सामान्य अनुवाद से उच्चतम माना जाता है। साहित्यिक अनुवादक कार्य के सभी रूपों जैसे भावनाओं, सांस्कृतिक बारीकियों, स्वभाव और अन्य सूक्ष्म तत्वों का अनुवाद करने में भी सक्षम होना चाहिए। कुछ लोग कहते हैं कि साहित्यिक अनुवाद वास्तव में संभव नहीं हैं।

चिकित्सीय अनुवाद

चिकित्सीय अनुवाद चिकित्सा क्षेत्र से दवा पैक करने से चिकित्सीय पुस्तकों के लिए चिकित्सीय उपकरणों के लिए नियम पुस्तिका के लिए भी कार्य करता है।

कानूनी अनुवाद की तरह, चिकित्सीय अनुवाद एक विशेषज्ञता है जहाँ एक अशुद्ध अनुवाद गंभीर परिणाम हो सकता है।

तकनीकी अनुवाद

तकनीकी अनुवाद एक व्यापक अर्थ है। यह आमतौर पर कुछ क्षेत्रों को संदर्भित करता है जैसे आईटी या विनिर्माण जैसे नियम पुस्तिका और निर्देशों के पाठों के साथ। तकनीकी अनुवाद आमतौर पर सामान्य अनुवाद से अधिक महंगा है क्योंकि इसमें शब्दावली की अधिकता है और जिसके साथ केवल एक विशेषज्ञ अनुवादक ही कार्य कर सकता है।

यांत्रिक अनुवाद

कम्प्यूटर साफ्टवेयर की सहायता से एक प्राकृतिक भाषा के टेक्स्ट या कही गयी बात (स्पीच) को दूसरी प्राकृतिक भाषा के टेक्स्ट या वाक में अनुवाद करने को मशीनी अनुवाद या यांत्रिक अनुवाद कहते हैं।

इतिहास

यांत्रिक अनुवाद का मूल विचार सन् 1946 में वारेन वीवर और ए0 डी0 बूथ के बीच स्वचालित अंक परिकलन यंत्र नजवउंजपब कपहपजंस बवउचनजमते

के विषय में परिचर्चा के समय उठा। बूथ और डौ0 एच0 बी0 ब्रिटन ने 1947 में इंस्टिट्यूट फॉर एडवांस्ड स्टडी, प्रिंस्टन में स्वचालित कंप्यूटर से कोश का अनुवाद करने के लिए, एक विस्तृत "कोड" तैयार किया। 1948 में आर. एच. रिचनस (R-H Richens) ने कोरे शब्दानुवाद के साथ-साथ ब्याकरणिक रूपों का यांत्रिक अनुवाद कर सकने की संभावना प्रकट की। अमेरिका में यांत्रिक अनुवाद पर महत्वपूर्ण कार्य जुलाई सन् 1946 में वारेन वीवर के अनुवाद नामक ज्ञापन के प्रकाशित होने पर शुरू हुआ। अनेक विश्व विद्यालयों और टेकनॉलॉजी संस्थानों ने इस कार्य को अपने हाथ में लिया। 1950 में रेफलर (Reifler) ने Studies in Mechanical Translation नामक ग्रंथ लिखा, जिसमें अनुवाद पर पूर्व संपादन और अनुवादोत्तर संपादन का प्रस्ताव रखा। फिर यांत्रिक अनुवाद पर अतरराष्ट्रीय सम्मेलन होने लगे, पत्रपत्रिकाएँ निकलीं ओर रूसी से अँग्रेजी में अनुवाद होने लगे।

यांत्रिक अनुवाद के लाभ

अत्यन्त अल्प समय में अनुवाद–इससे तुरन्त पाठ का आशय सामने आ जाता है। अधिकांश स्थितियों में इतना ही काफी होता है।

हर समय (चौबीसो घंटा) उपलब्ध है। हर जगह उपलब्ध है।

कम या शून्य खर्च

गोपनीयता एवं निजत्व (प्राइवेसी) की रक्षा

एक ही प्रोग्राम अनेकों भाषाओं से अनेकों भाषाओं में अनुवाद कर देता है जबकि अनुवाद करने वाला किसी एक भाषा से किसी दूसरी भाषा में ही अनुवाद कर सकता है।

किसी पाठ को मशीन द्वारा अनुवाद करके उसको किसी व्यक्ति द्वारा सुधार लेना एक सस्ता एवं व्यावहारिक उपाय है।

बिचौलिये के हट जाने से विश्व में करोड़ों लोगों के बीच सीधे संवाद बनेगा। इसके राजनीतिक, सामाजिक और वाणिज्यिक लाभ कल्पनातीत होगा।

मशीनी अनुवाद के उपरोक्त गुणों के कारण शीघ्र ही विदेशी भाषा सीखने की आवश्यकता ही समाप्त होने वाली है।

मशीनी अनुवाद से होने वाले लाभ का सही पता तब चलता है जब हम किसी ऐसी भाषा और लिपि से अनुवाद करते हैं जिसका एक अक्षर भी समझ में नहीं आ रहा हो। जब अनुवाद करने पर वह श्कुछ अर्थ देने' लगता है तब मशीनी अनुवाद का महत्व का अनुभव होता है। यह एक बहुत बड़ी खिड़की खोलता है।

जब मनुष्य बड़ी मेहनत से भाषा सीखने के बाद भी सही तरह से बोलने में गलती करता हि तो मशीनी अनुवाद का मजाक उड़ाने का कोई औचित्य नहीं है।

यांत्रिक अनुवाद की कमियाँ

कम शुद्ध

संदिग्ध शब्दों एवं मुहावरों का अनुवाद करने पर अर्थ का अनर्थ हो जाता है।

सांस्कृतिक तत्वों से भरपूर टेक्स्ट (जैसे कविता) का अनुवाद नीरस होगा।

मशीनी अनुवाद और विदेशी भाषा अध्ययन

बहुत से विचारकों का मत है कि मशीनी अनुवाद इस स्तर पर पहुंच गया है और इस गति से प्रगति कर रहा है कि अब वैश्विक विचार विनिमय के लिये किसी शसर्वनिष्ट भाषा' (कामन लैंग्वेज) की आवश्यकता का आधार ही नहीं रहेगा। मशीनी अनुवाद भिन्न-भिन्न मातृभाषा वाले लोगों के बीच सेतु का कार्य करेगा। मशीनी अनुवाद की गुणवत्ता में थोड़ा और सुधार हो जायेगा तो अंग्रेजी को विदेशी भाषा के रूप में सीखने वालों की संख्या घट जायेगी। सरकारें अपनी विदेशी भाषा सिखाने वाले योजनाओं को धीरे-धीरे वापस लेना आरम्भ कर देंगी। आश्चर्यजनक रूप से, जिस एलेक्ट्रानिक क्रान्ति ने अंग्रेजी को शविश्वभाषा' बनाया वही इसे नीचे भी ले आने का काम भी पूरा करेगा।

अनुवाद कला

अनुवाद कला की कुछ कठिनाइयाँ भी होती हैं। विज्ञान, अर्थशास्त्र, इतिहास जैसे विषयों का अनुवाद अपेक्षाकृत सुगम है क्योंकि इसमें शब्द की अभिधाशक्ति की और वाच्यार्थ की ही आवश्यकता पड़ती हैय संकेतार्थ, गुह्यअर्थ अथवा शैलीगत विशिष्टता की कठिनाई नहीं रहती। किंतु दर्शन एवं साहित्य के ग्रंथों का अनुवादकार्य उतना सुगम नहीं होता। इनमें शब्द की व्यंजनाशक्ति, रचनाकार की मानसिक स्थिति, अर्थगत संकेत एवं संदर्भ की जटिलता बहुत बड़ी बाधाएँ होती हैं। केवल शब्दार्थ या शब्दकोश की सहायता से इन ग्रंथों का दो भाषाओं में परस्पर अनुवाद कठिन होता है। मशीन भी इन समस्याओं का सही समाधान नहीं दे पाती।

अनुवाद विज्ञान के अध्ययन-अध्यापन की समस्याएँ

भारतीय भाषाओं में अनुवाद का इतिहास बहुत पुराना है। आज साहित्य के अलावा विज्ञान और तकनीकी क्षेत्र, पत्रकारिता, खेलकूद, कार्यालय, वाणिज्य,

बैंकिंग, प्रशासन, विधि और प्रौद्योगिकी आदि अनेकानेक क्षेत्रों में अनुवाद की भूमिका निर्विवाद है। इन सभी क्षेत्रों में कार्यरत अनुवादकों के समक्ष अनुवाद करते समय विषय से संबंधित, पारिभाषिक शब्दावली से संबंधित आदि अनेक समस्याएँ उत्पन्न हो सकते हैं। पर मैं यहाँ अकादमिक स्तर पर अनुवाद विज्ञान के अध्ययन–अध्यापन की समस्याओं पर प्रकाश डालने का प्रयास कर रही हूँ।

अकादमिक स्तर पर हमारे यहाँ अर्थात दक्षिण भारत हिंदी प्रचार सभा में अनुवाद का अध्ययन-अध्यापन तीन स्तरों पर होता है– स्नातकोत्तर अनुवाद डिप्लोमा, एम.ए. और शोध. अक्सर यह पाया जाता है कि इन पाठ्यक्रमों में प्रवेश लेनेवाले छात्रों की मातृभाषा अलग अलग होती है अतः इस समस्या का निराकरण हेतु अनुवाद पाठ्यक्रमों में हिंदी और अंग्रेजी भाषाओं को चुना गया है। फिर भी छात्रों के समक्ष कठिनाइयां उत्पन्न हो जाती हैं चूंकि अंग्रेजी किसी की भी मातृभाषा नहीं है और मूलतः यह विदेशी भाषा है। कुछ छात्रों के लिए हिंदी भी सीखी हुई भाषा है।

अनुवाद विज्ञान के अध्ययन-अध्यापन की मूल भूत समस्याओं पर ध्यान केंद्रित करने से पहले अनुवाद पर चर्चा करना समीचीन होगा. यह सर्वविदित तथ्य है कि अनुवाद विज्ञान अनुप्रयुक्त भाषाविज्ञान की शाखा है। इसमें व्यतिरेकी विश्लेषण और तुलनात्मक अध्ययन दोनों सहायक शाखाएं हैं. एक तरह से देखा जाए तो अनुवाद भाषिक व्यापार है। आज यह व्यापार हर क्षेत्र के लिए अनिवार्य हो चुका है। मूलतः एक भाषा अर्थात स्रोत भाषा में निहित तथ्यों को दूसरी भाषा अर्थात लक्ष्य भाषा की प्रकृति के अनुसार फिर से प्रस्तुत करना अनुवाद है। इस कार्य में सिर्फ भाषा का आदान-प्रदान नहीं होता है बल्कि सांस्कृतिक विरासत का आदान-प्रदान होता है। इसलिए अनुवाद को सांस्कृतिक सेतु कहा जाता है।

अनुवाद करने के लिए अनुवादक भी एक सहायक साधन है। इस कार्य को संपन्न करने के लिए प्रमुख रूप से अनुवादक को द्विभाषिक होना चाहिए. स्रोत भाषा और लक्ष्य भाषा ज्ञान के साथ साथ अनुवादक को विषय का ज्ञान, दोनों भाषाओं पर विशेष अधिकार और पारिभाषिक शब्दावली का ज्ञान होना आवाश्यक है। इन सबसे महत्वपूर्ण घटक है दोनों भाषिक परिवेशों से संबंधित संस्कृति का ज्ञान. इसके अभाव में सफल अनुवाद संभव नहीं है।

प्रशिक्षण के माध्यम से अनुवाद सीख सकते हैं और सिखा भी सकते हैं. अनुवाद करने के लिए स्रोत भाषा के भाषिक अभिव्यक्तियों को समझना चाहिए और मूल भाषा के अर्थ को नष्ट किए बिना उन भाषिक अभिव्यक्तियों को लक्ष्य

भाषा में प्रस्तुत करना चाहिए. अनुवादक से अपेक्षा की जाती है वह मूल लेखक के बराबर योग्य हो परंतु ऐसा नहीं होता है। अनुवादक को दोनों भाषाओं के व्याकरण, शब्द ज्ञान, भाषा प्रकृति, स्वनिक एवं स्वनिमिक व्यवस्था की दृष्टि से स्रोत एवं लक्ष्य भाषा का सम्यक ज्ञान होना चाहिए। इतना ही नहीं प्राकृतिक प्रतिभा भी होना आवश्यक है क्योंकि अक्सर यह पाया गया है कि स्रोत एवं लक्ष्य भाषा ज्ञान तथा विषय की अच्छी जानकारी होने पर भी हर कोई व्यक्ति सफल अनुवाद कार्य नहीं कर सकता है। अनुवाद को पुनःसृजन (Recreation) कहा जाता है इसलिए अनुवादक के पास नैसर्गिक प्रतिभा के साथ साथ अनुवाद कार्य के प्रति रूचि और दोनों भाषाओं की सांस्कृतिक पृष्ठभूमि का ज्ञान होना नितांत आवश्यक है। विशेष रूप से साहित्यिक अनुवादक के लिए. इसके अभाव में प्रायः सफल अनुवाद संभव नहीं हो सकता है। भाषाई ज्ञान और सांस्कृतिक ज्ञान की अपर्याप्तता से होनेवाली त्रुटियाँ कुछ इस प्रकार होते हैं–

स्रोत भाषा अंग्रेजी की कम जानकारी के कारण छात्र प्रायः इस प्रकार की त्रुटियाँ करते हैं–

What is your Christen name? इस वाक्य का अनुवाद प्रायः विद्यार्थी इस तरह करते हैं–'आपका ईसाई नाम क्या है?' यह गलत अनुवाद है। 'बैतपेजमद' का अर्थ 'ईसाई' नहीं है बल्कि इसका अर्थ है 'जन्म लेना'. अतः इस वाक्य सही अनुवाद होगा–'आपका जन्म नाम क्या है?

इसी प्रकार एक और उदाहरण देखें –'He hardly works कुछ छात्र इस वाक्य का अनुवाद यूं करते हैं 'वह कठोर परिश्रम करता है। जब कि इसका आशय यह है कि अमुख व्यक्ति कामचोर है।

लक्ष्य भाषा हिंदी की कम जानकारी के कारण भी इस प्रकार की त्रुटियाँ करते हैं–

'द्वार पर पहरा बैठा दो.' छात्र इसका अनुवाद सामान्य रूप से इस तरह करते हैं–'Make the guard sit at the gate.' पर इसका सही औए सटीक अनुवाद है–'Deploy a guard at the door.'

'ऊंट के मुंह में जीरा' का अनुवाद 'Jeera in a camels mou जी' के रूप में करते हैं. जबकि इसका सटीक अनुवाद है–'A Drop in the Ocean.'

स्रोत और लक्ष्य भाषाओं की कम जानकारी के कारण अक्सर छात्र अर्थ का अनर्थ कर बैठते हैं। इसके एकाध उदाहरण देखें–

Well equipped hospitals–कुओं से सुसज्जित अस्पताल। (साधनयुक्त अस्पताल)

Foreign elements in the blood –खून में विदेशी तत्व। (खून में बाहरी तत्व)

Railway sleepers washed away –सोनेवाले रेलवे कर्मचारी बह गएं (रेल की पटरियां बह गए)

I am feeling chilly–मुझे मिर्ची लग रही है। (मरी तो कुल्फी जमी जा रही है या मुझे ठंड लग रही है।)

इसी तरह पारिभाषिक शब्दावली की कम जानकारी के कारण भी छात्र गलत अनुवाद करते हैं। कुछ उदाहरण देखें–

The judgement is reserved–सुनवाई सुरक्षित है। (सुनवाई स्थगित किया गया है।)

Labour Pain—'श्रम पीड़ा' (प्रसव पीड़ा)

Labour Room—श्रामिक कक्ष (प्रसूति गृह)

The tonsils are the body s own professional vaccinator टांसिल शरीर के अपने व्यावसायिक टीका लगाने वाले हैं। (टांसिल शरीर में स्थित प्राकृतिक रोग निरोधक का कार्य करते हैं।)

विषय की जानकारी के अभाव में संक्षिप्तियों का भी गलत अनुवाद कर बैठते हैं। देखिए–

SALT–एस ए एल टी का अनुवाद 'साल्ट' (नमक) करते हैं जब कि यह 'Strategic Arms Limitation Treaty' का संक्षिप्त रूप है।

PRINCE–पी आर ऐ एन सी ई का अनुवाद प्रायः छात्र 'राजकुमार' करते हैं लेकिन यह 'Programmed International Computer Environment' का संक्षिप्त रूप है।

यह पहले भी कहा जा चुका है कि अनुवाद सांस्कृतिक सेतु है। अतः अनुवाद करने के लिए दोनों भाषाओं की संस्कृति का ज्ञान भी अनिवार्य है। इसके अभाव में अर्थ का अनर्थ तो होगा ही और साथ ही सांस्कृतिक पतन भी होगा. सांस्कृतिक प्रभाव के कारण एक भाषा दूसरी भाषा से कुछ न कुछ शब्द ग्रहण कर लेती है। हर भाषा के शब्द संस्कृति के वाहक होते हैं. हिंदी भाषा में प्रयुक्त कुछ मिठाइयों था खाद्य पदार्थों दृ जलेबी, रबड़ी, रायता का अंग्रेजी भाषा में अनुवाद करना कठिन है। इसी तरह भारतीय भाषाओं में प्रयुक्त कुछ खाद्य पदार्थों दृ इदियाप्प्म, वडा, अदिरसम, अरिसेलु, बोब्बटटलू आदि का अनुवाद करना भी कठिन है। इसी प्रकार अंग्रेजी के सेंडविच, बर्गर आदि का. वस्तुतः अनुवाद

समतुल्य होता है सामान नहीं. ऐसे में जब तक हम किसी भी भाषा की मूल संस्कृति को नहीं जानेंगे तब तक सटीक अनुवाद करना संभव नहीं है। अंग्रेजी में प्रयुक्त अभिव्यक्ति 'Herculean Task' के लिए हिंदी में 'भागीरथ प्रयास' का प्रयोग किया जाता है। हमारे छात्र न ही भ्मतबनसमे को जानते हैं और न ही भगीरथ को। तो अनुवाद क्या कर पाएंगे!

एक और उदाहरण देखें।

I saw black crow
Sitting on a Hemlock tree
Showering dew drops upon me

इस कविता में प्रयुक्त सभी शब्द परिचित शब्द हैं. अतः इसका सामान्य अनुवाद इस तरह किया जा सकता हैदृ

"मैंने देखा एक काला कौआ
हेमलोक पेड़ पर बैठा हुआ
मुझ पर छिड़क रहा है ओस की बूँदें।"

पर इस कविता में निहित प्रतीकार्थ को समझना होगा. इसके लिए पहले स्रोत भाषा की संस्कृति को समझना आवश्यक है। वास्तव में यह शोक गीत है। 'Hemlock Tree' एक विषैला वृक्ष है। कविता में यह शब्द 'मृत्यु' के प्रतीकार्थ में प्रयुक्त है। 'Black Crow' उस 'Priest' का प्रतीक है जो मृतक के शरीर पर 'पवित्र जल' छिड़क रहा है। जब तक हम किसी भाषिक परिवेश और उसकी संस्कृति को नहीं जानेंगे तब तक साहित्यिक अनुवाद नहीं कर सकते हैं. यह समस्या शोध छात्रों के समक्ष भी उपस्थित होती है। अनुवाद मूल्यांकन और परीक्षण करने के लिए शोधार्थियों को भी भाषिक परिवेशों और संस्कृतियों का समुचित ज्ञान अनिवार्य है। इसीलिए अनुवाद विज्ञान को पढ़ते और पढ़ाते समय छात्रों एवं अध्यायपकों के समक्ष अनेक कठिनाइयां उत्पन्न हो जाते हैं।

अनुवाद में भाषाविज्ञान का महत्व

भाषा परंपरागत और अर्जित संपत्ति है। जिस प्रकार मनुष्य पारम्परिक विचार-विनिमय से लाभान्वित होता है। उसी प्रकार भाषा का विकास भी आदान-प्रदान से होता है। अर्जन की प्रकृति के कारण भाषा का विकास और परिष्कार होता है। आज बहुभाषिकता की दुनिया में अनुवाद कार्य दो भिन्न भाषा भाषियों के बीच सेतु के समान है। आज ज्यों-ज्यों संसार के विभिन्न भागों के लोग एक दूसरे के

निकट आ रहे हैं तथा भाषाओं एवं राजनीति की सीमाओं को भुलकर एक दूसरे को समझने, जानने का प्रयत्न कर रहे हैं त्यों-त्यों अनुवाद एक आवश्यक सेतु के रूप में प्रयोग होता है। भाषा परिवर्तनशील है और यह परिवर्तन कई कारणों से होता है फलतः भाषा में नये शब्दों का निमार्ण भी होता है नए शब्द या तो उसी भाषा के आधार पर या दूसरी भाषा से अनुदित होकर प्रयोग में लाए जाते हैं। इस परिवर्तन से भाषा की अभिव्यंजना शक्ति, माधुर्य तथा ओज की दृष्टि से उँची उठ सकती है या नीचे भी जा सकती है।

वैश्वीकरण के युग में अनुवाद की भूमिका अत्यन्त महत्वपूर्ण हो गयी है जब से पश्चिमी देशों से परिचय हुआ है। सभी देशों की भाषा जनसामान्य तक पहुंचाने का एक ही माध्यम है–अनुवाद । प्रत्येक व्यक्ति के लिए यह संभव नहीं है कि वह एक या दो से अधिक भाषाएं भली भांति सीख सके इसलिए यह आवश्यक है कि उनके लिए वैज्ञानिक तथा तकनीकि साहित्य अपनी भाषा में उपलब्ध कराया जाए।

अनुवाद और भाषाविज्ञान का सीधा संबंध है। अनुवाद भाषांतरण की एक प्रक्रिया है, जिसमें स्त्रोत भाषा की विषय वस्तु को लक्ष्य भाषा में रूपांतरित किया जाता है। मशीनी अनुवाद तो भाषा-विज्ञान की देन है। आज सूचना प्रौद्योगिकी के बघ्ते युग में अनुवाद का महत्व और बघ गया है। अअतः अनुवाद करते समय भाषा विज्ञान की दृष्टि से अनुवाद को बहुत सावधानी रखनी होती है। अनुवाद करते समय मूल पाठ को महत्व देते हुए अनुवाद करना होता है। अनुवाद को लक्ष्य भाषा में अभिव्यक्ति करते समय जहाँ मूल पाठ के भाव को सुरक्षित रखना होता है वहीं वाक्यविन्यास, लक्ष्य भाषा की संरचना, प्रकृति और प्रयोग के अनुरूप प्रस्तुत करना होता है। संपूर्ण अनुवाद में अनुवादक को स्त्रोत भाषा के शैली को सुरक्षित रखते हुए रचना के समग्र प्रभाव को कायम रखना होता है। अभिव्यक्ति में मानकीकृत वर्तनी तथा शब्दावली की एकरूपता का ध्यान रखना होता है।

इन सावधानियों के बाद भी एक अच्छे अनुवाद से विषय विशेष से संबंधी अनेक अपेक्षाएं रखी जाती हैं। विभिन्न क्षेत्र के विषय में अनुवाद करते समय एक अच्छे अनुवादक को संबंधित विषय का विशेष ज्ञान रखना चाहिए। उदाहरण के लिए यदि विज्ञान या गणित से संबंधित विषय है, तो अनुवादक को इस विषय का विशेष ज्ञान रखना चाहिए। अनुवाद में लिप्यंतरण का भी विशेष महत्व है और अनुवादक को लिप्यंतरण पद्धति को अपनाना चाहिए। लिप्यंतरण का वैज्ञानिक

अनुवाद में विशेष महत्व है। जो लोग वैज्ञानिक प्रक्रिया से जुड़े हुए हैं वे अनुवाद के धरातल पर अग्रेंजी और हिन्दी की विज्ञानपरक अनुवाद स्थिति से भली भांति परिचित होगें । जिस गति से अंग्रेजी में विज्ञान लेखन हो रहा है उस गति से वैज्ञानिक अनुवाद नहीं । अतः अनुवाद में किसी भाषा के क्लिष्ट शब्द को अपनाने के स्थान पर मूल भाषा के शब्दों में ही लिप्यंतरित करने की जरूरत जिससे विद्यार्थी के मन में शब्दों को लेकर भ्रम की स्थिति न उत्पन्न हो। उदाहरण के लिए–

इलेक्ट्रॉन

प्रोटॉन

इन शब्दों को यदि हिन्दी के शब्दों में रूपांतरित किया जाए तो भ्रम की स्थिति उत्पन्न हो सकती है। अनुवाद में सांस्कृतिक शब्दों का चयन भी अत्यंत महत्वपूर्ण है। अंग्रेजी शब्द प्रोसीजन के सांस्कृतिक और सामाजिक अनेक अर्थ हैं। प्रोसीजन अधिकांशअतः राजनीतिक पृष्ठभूमि में अत्यधिक होते हैं। राजनीतिक संदर्भ में प्रोसीजन का अर्थ प्रायरू जुलूस या प्रदर्शन माना जाता है। लेकिन मॅरिज प्रोसीजन में प्रोसीजन के लिए श्बारात' शब्द अधिक सटीक है। अनुवाद में अर्थ विश्लेषण भी अत्यंत महत्वपूर्ण है। अर्थ विश्लेषण करते समय अर्थ परिवर्तन की दिशाओं पर अनुवादक को अवश्य ध्यान देना चाहिए। यह अर्थ देश, काल, परिस्थिति और प्रयोजन सापेक्ष हो सकता है। अनुवाद का अर्थ विश्लेषण करते समय अनुवादक को विषय संबंधित शब्द का अच्छा ज्ञान होना चाहिए।

अअतः आज के युग के मांग की उपज श्अनुवाद' है। संसार का समग्र ज्ञान पाने के लिए जीवन सीमित है और यह समग्र ज्ञान-विज्ञान किसी एक भाषा में समाहित नहीं है। ऐसी स्थिति में अनुवाद का अपना विशेष महत्व है जिसकी कल्पना भाषा के बगैर नहीं की जा सकती।

बहुभाषिकता, वैश्विककरणऔर अनुवाद

आज विश्व श्ग्लोबल विलेज' में बदल चुका है। वैश्विककरण एवं बहुभाषिकता, विभिन्न देशों की संस्कृतियों, भाषाओं एवं भौगोलिक सीमाओं में परस्पर आदान-प्रदान के कारण उत्पन्न एवं समन्वित स्थिति एवं स्वरूप की ही देन है। काफी हद तक यह स्थिति विभिन्न देशों के साहित्य के परस्पर अनुवाद के कारण ही संभव हो पाई है। इसलिए आज के इस साइबर युग में सृजनात्मक ज्ञान-विज्ञान के

साथ-साथ साहित्य के अनुवाद का भी अत्यधिक महत्त्व है। इस आधार पर अगर वर्तमान युग को अनुवाद का युग कहें तो कोई अतिशयोक्ति नहीं होगी। यह हम सहज रूप से ही समझ सकते हैं कि अगर श्अनुवाद की कला' न होती तो विश्व साहित्य और विश्व-संस्कृति जैसी सभी अवधारणाएँ मात्र काल्पनिक ही रह जाती।

विश्व संस्कृति के विकास में अनुवाद का योगदान अत्यंत ही महत्त्वपूर्ण रहा है। धर्म एवं दर्शन, साहित्य, शिक्षा, विज्ञान एवं तकनीकी, वाणिज्य एवं व्यवसाय, राजनीति एवं कूटनीति जैसे संस्कृति के विभिन्न पहलुओं का अनुवाद से अभिन्न संबंध रहा है। संस्कृति की प्रगति भी अंशअतः अनुवाद पर आश्रित है। अअतः अनुवाद को हम एक ऐसे उपकरण के रूप में देख सकते हैं जो संस्कृति के भौतिक, भावनापरक, बौद्धिक एवं आध्यात्मिक पहलुओं को गतिशील बनाने में योगदान करती है। विश्व के विभिन्न भौगोलिक खंडों में संस्कृति का जो विकास हुआ है, वे एक दूसरे के पूरक हैं। विश्व संस्कृति के निर्माण की प्रक्रिया में विचारों के आदान-प्रदान का बड़ा हाथ रहा है। और वह आदान-प्रदान अनुवाद के माध्यम से ही संभव हो पाया है। उदाहरण के लिये बाइबिल तथा पाश्चात्य साहित्य का भारतीय भाषाओं में और भारतीय आध्यात्मिक ग्रंथों एवं भारतीय साहित्य का यूरोपीय भाषाओं में जो अनुवाद हुआ, उसने पूर्व एवं पश्चिम के की दूरी और पार्थक्य की पुरानी धारणा को तोड़ा वहीं हमें एक दूसरे की संस्कृति से परिचय करवाया तथा वही परिचय हमारी विकास यात्रा में सहायक सिद्ध हुई। अनुवाद भाषाओं और संस्कृतियों के बीच, बौद्धिक उपलब्धियों के बीच और विज्ञान और अध्यात्म के बीच संवाद का सेतु है। अनुवाद का अर्थ ही है श्सेतु बन कर दो अनजान संस्कृतियों और भाषा समुदाय के बीव संवाद स्थापित करना' और इसमें अनुवाद सदा ही सफल रही है। इस पर संदेह नहीं किया जा संकता ।

आज अनुवाद की प्रासंगिकता दिनों-दिन बढ़ रही है। अनुवादक पुनरूसर्जक हो गया है। दोहरे जोखिम के इस कार्य की पूर्ति हेतु उसने तलवार की धार पर दौड़ने की कला सीखनी प्रारंभ कर दी है। वह दो संस्कृतियों, विचारधाराओं, चिंतन परंपराओं, भाषिक संस्कारों, रीति-रिवाजों, एवं अवधारणाओं के बीच सेतु निर्माण का कार्य करने लगा है। स्वअतः सुखाय या जीवकोपार्जन हेतु अनुवाद कार्य के प्रति समर्पित होने वाला अनुवादक अब परकाया-प्रवेश की प्रक्रिया से गुजरने लगा है। इस प्रक्रिया से गुजरने का धैर्य और क्षमता किसी साधक के पास ही हो सकती है। अनुवाद करने की मूलभूत शर्त है। ईमानदारी और निष्ठा है। यदि अनुवादक को हम एक सेतु निर्माण करनेवाले के रूप में देखें तो उससे यह अपेक्षा की जाती

है कि वह पूरी ईमानदारी से पुख्ता और चिरस्थायी सेतु का निर्माण करे।

वैज्ञानिक आविष्कारों एवं सूचना क्रांति, के इस दौर में ज्यों-ज्यों विश्व दृष्टि का निर्माण होने लगा है। मानवीय जीवन के सरोकार एक सीमित क्षेत्र से बाहर निकलकर विश्वव्यापी स्तर पर महत्त्वपूर्ण स्थान प्राप्त करने लगे है। ऐसी स्थिति में यह स्वाभाविक ही है कि संसार के विभिन्न वर्गों के समस्त लोग एक-दूसरे को जानने-पहचानने के लिए उत्सुक हों। इसके परिणामस्वरुप चिकित्सा, तकनीकी वैज्ञानिक, दार्शनिक एवं साहित्यिक आदान-प्रदान होने के कारण मानव के जीवन-मूल्यों एवं अंतर्राष्ट्रीय सोच के परस्पर संवाद से अजनबीपन का कोहरा छँटने लगा है। भौगोलिक सीमाओं के आर-पार एक परिचित एवं आत्मीय वातावरण बनने लगा है। एक देश अथवा संस्कृति की भाषा अपनी साहित्यिक एवं तकनीकी उपलब्धियों को किसी दूसरे देश, भाषा अथवा संस्कृति तक पहुँचने के लिए अनुवाद का ही सहारा लेते हैं। और एक नयी सांस्कृतिक आदान-प्रदान की परंपरा चल पड़ी।

"इतिहास गवाह है कि यदि तत्कालीन ज्ञान-विज्ञान, कला तथा साहित्य की रक्षा अन्य भाषाओं के अनुवादकों ने न की होती तो उनकी गौरव-गाथाओं को कब का भुला दिया गया होता। सभ्यताओं के विनाश के साथ ही तक्षशिला, नालंदा, एथेंस, बगदाद, फ्लोरेंस आदि स्थानों पर रचा गया महान साहित्य कब का नष्ट हो गया होता। साहित्य चाहे भारतीय हो अथवा विदेशी, लेखक और अनुवादक के बीच शताब्दी से एक ऐसा अटूट और अंतरंग रिश्ता चला आ रहा है कि जिसका लाभ हर युग और हर भाषा के पाठक ने उठाया है। इस दिशा में विश्व की सर्व प्रमुख भाषाओं में एक हमारी हिन्दी ने भी अपनी अहम भूमिका निभायी है।"

यदि प्राचीन साहित्य के अनुवाद न किए गए होते तो आज वाल्मीकि, व्यास, कालिदास आदि विदेशों में तो क्या शायद स्वयं अपने देश में भी इतने चिरंजीवी न होते। अनुवाद न होता तो अरस्तु, प्लेटो, सुकरात, दांते, वर्जिल, मोपांसा, टॉलस्टॉय, पूश्किन, गोर्की, उमर ख्वैयाम, शेक्सपियर, शैली, बायरन, कीट्स, आदि महान लेखकों की विचार संपदा से सारा विश्व कैसे लाभान्वित होता? रवीन्द्रनाथ, बंकिम और शरत्चन्द्र केवल बंगाल तक ही सीमित रह जाते। तुलसी तथा प्रसाद के काव्य का रसास्वादन अन्य भाषाओं के पाठक कैसे कर पाते? चीन, जर्मनी, रूस, कोरिया, जापान आदि के लोक-कथाओं के साथ भारतीय लोक कथाएँ भी सामने आ नहीं पाती। पंचतंत्र, जातक कथाएँ, एवं हितोपदेश आदि की कथाएँ, जो बच्चों को रोचक ढंग से नैतिक आचरण की शिक्षा देती हैं, वे विनष्ट हो गई होतीं।

अंतर्राष्ट्रीय स्तर पर दो भाषाओं के बीच की दूरी मिटाने में अनुवाद ने ही सर्वाधिक योगदान किया है। आज के युग में उन प्रमुख देशों में बहुभाषिकता की स्थिति देखने को मिलती है जहां कई जातियां और भाषाओं के बोलने वाले रहते आए हैं। किंतु किसी भी व्यक्ति के लिए सभी भाषाओं को जानना संभव नहीं है। और साहित्य के क्षेत्र में इसके बिना काम भी नहीं चलता, क्योंकि मानव एक-दूसरे पर निर्भर है। ऐसी स्थित में लोगों के भावों-विचारों को अभिव्यक्त करने का कार्य आसान काम नहीं है। इसलिए इस बहुभाषिकता के सम्मान एवं परस्पर संवाद के लिए अनुवाद कार्य की सहायता लेना जरूरी हो जाता है। विभिन्न संस्कृतियों एवं समाजों के विषय में अधिक से अधिक जानकारी प्राप्त करने के लिए सृजनात्मक साहित्य के अनुवाद को माध्यम बनाना हमारी विवशता है। सृजनात्मक साहित्य के क्षेत्र में बदलती हुई परिस्थितियों के कारण उत्पन्न हुई नई संभावनाओं ने इसके अनुवाद की उपादेयता को और अधिाक महत्त्वपूर्ण बना दिया है। आज विभिन्न देशों की संस्कृतियों की विपुल संपदा हमारे सामने है और हम उनसे सांस्कृतिक आदान-प्रदान करते हुए उनकी सांस्कृतिक विरासत से भली-भाँति परिचित होना चाहते है। यह बात निरूसंकोच कही जा सकती है कि किसी उत्कृष्ट कलेवर में, उसी प्रकार के वातावरण में, वैसी ही विशेषताओं सहित पढ़ सकना कई बार संभव नहीं हो पाता।

अनुवाद एक ऐसा सटीक माध्यम है जिसके द्वारा पाठक वांछित क्षेत्र में अपनी जिज्ञासा-पूर्ति कर सकता है। शताब्दियों से अनेक लेखक अनुवाद की इस उत्तरदायित्वपूर्ण भूमिका को निभाते चले आ रहे हैं। भारतेंदु, प्रेमचंद, रवीन्द्रनाथ, दिनकर, जैनेन्द्रकुमार, बच्चन, अमृतराय, अमृता प्रीतम, धर्मवीर भारती, निर्मल वर्मा, अज्ञेय, राजेन्द्र यादव एवं कमलेश्वर आदि ने विभिन्न भाषाओं के उत्कृष्ट साहित्य को हिंदी तथा अन्य भारतीय भाषाओं के पाठकों को उपलब्ध कराया है।

जिस तरह यूरोप के नवजागरण में ग्रीक एवं लैटिन के ग्रंथों के अनुवाद की बलवती भूमिका रही है आधुनिक भारत के सांस्कृतिक नवोत्थान में भी पश्चिमी साहित्य के अनुवादों का बड़ा हाथ रहा है। इन अनुवादों ने भारतीयों के दिल में एक नयी प्रेरणा भर दी थीं और अपनी प्राचीन संस्कृतियों को नयी दृष्टि से देखने के लिए उन्हें मजबूर किया था। भारतीय संस्कृति का मूल रूप यदि आज भी भारतीय जनता के जीवन में ज्यों का त्यों लिया जाता है तो उसका श्रेय रामायण, महाभारत, भागवत आदि के आधुनिक भारतीय भाषाओं में किये गये अनेक रूपांतरों को प्राप्त है। आज संप्रेषण के साधनों के आविष्कारों के कारण सारा

विश्व इतना छोटा बन गया है कि एक देश के लोग दूसरे देश के जीवन और गतिविधियों के बारे में जानने के लिऐ बहुत ही उत्सुक रहते हैं। विश्व मैत्री एवं सहयोग के इस नये दौर में किसी भी प्रदेश की जनता को समझने के लिए उस देश या प्रदेश के साहित्य को समझना अत्यंत अनिवार्य हो गया है।

हमारे यहाँ साहित्यिक कृतियों को पारस्परिक अनुवाद के जरिए देश के एक हिस्से से दूसरे हिस्से तक पहुँचाने की लम्बी परंपरा रही है, यह सभी जानते हैं। यह एक स्वाभाविक सांस्कृतिक प्रक्रिया है जिसके लिए न तो किसी संस्था की मध्यस्थता की जरूरत रहती है और न सरकारी अनुदान की। हमारी बहुभाषिक संस्कृति में राजाश्रय प्राप्त फारसी अंग्रेजी के प्रवेश से बहुत पहले साहित्यिक आदान-प्रदान हमारी विरासत का अभिन्न हिस्सा था। उन्नीसवीं शताब्दी में जब उच्च शिक्षा का माध्यम अंग्रेजी हुई तो अंग्रेजी से हिन्दी और भारतीय भाषाओं में अनुवाद इस जटिल आवाजाही में एक नए तत्त्व के रूप में शामिल हुआ लेकिन यहाँ मौजूद दूसरे तत्त्वों, मसलन मराठी, कन्नड या बांग्ला-हिंदी अनुवाद की अहमियत को वह कभी भी खत्म नहीं कर सकी। भूमंडलीकरण की प्रक्रिया ने जोर पकड़ने के पहले से ही, अंग्रेजी भारत में केंद्रीय स्थान हासिल कर चुकी थी। दूसरी भारतीय भाषाएँ हिन्दी माध्यम के चलते एक दूसरे के समीप एक नए रूपाकार में सामने आई है। मसलन उपन्यास को ही लें, पिछले पन्द्रह-बीस सालों से भारतीय भाषाओं के उपन्यासों के अंग्रेजी अनुवादों ने अकल्पनीय गति पकड़ी है। देश के हर अंग्रेजी प्रकाशक के पास इस समय अनूदित उपन्यासों की एक लम्बी सूची है। अगर हाल के कुछ विदेशी भाषा से अनूदित कृतियों पर नजर डाले तों उनमें से प्रमुख हैं- अन्ना कारेनिना (लेव तोल्स्तोय, अनु. मदनलाल मधु), धीरे बहे दोन रे (मिखाइल शेलोखोव, अनु. गोपीकृष्ण श्गोपेशश), सुर्ख और स्याह (स्तांधल, अनु. नेमिचन्द्र जैन), कला के सामाजिक उद्‌गम (गिओर्गी प्लेखानोव, अनु. विश्वनाथ मिश्र), स्त्री अधिकारों का औचित्य (मेरी वोल्स्नक्राफ्ट, अनु. मीनाक्षी), श्पुनरुथान' (लेव तोल्स्तोय, अनु. भीष्म साहनी), जिन्दगी से प्यार और अन्य कहानियाँ (जैक लण्डन, अनु. सत्यम), श्फांसी के तख्ते से' (जूलियस फ्यूचिक, नेमिचन्द्र जैन और अमृतराय), रोमियो जूलियट और अंधेरा, आर यू आर, प्राग वर्ष, (निर्मल वर्मा) और मजाक (हरिमोहन शर्मा) आदि। आज मौलिक साहित्य से अधिक विदेशी या अन्य भाषाओं से हिन्दी में अनुदित कृतियों के पाठक हैं। इस दिशा में राजकमल प्रकाशन, वाणी प्रकाशन, राधाकृष्ण प्रकाशन, संवाद प्रकाशन आदि मुख्य रूप

से सामने आए हैं जो अनुदित साहित्यिक कृतियाँ प्रकाशित करते हैं, वहीं ग्रंथशिल्पी, आदि प्रकाशन आलोचनात्मक, एवं गैर-साहित्यिक पुस्तकों को प्रकाशित कर हिन्दी को समृद्ध कर रहे हैं।

पारस्परिक अनुवाद के इस क्षेत्र में भारतीय भाषाओं के बीच काफी असमानता पाई जाती है। हिन्दी और मलयालम इस मामले में सबसे आगे हैं। अन्य भारतीय भाषाओं से असाधारण औपन्यासिक कृतियों को अपनी भाषा में उपलब्ध कराने में कोई दूसरी भारतीय भाषा उनकी बराबरी नहीं कर सकती। अनेक बांग्ला कृतियों, विशेषकर उपन्यासों का हिन्दी समेत अन्य भारतीय भाषाओं में अनुवाद हुआ है। विदेशी भाषाओं को लें तो सबसे अधिक अंग्रेजी, रूसी, जर्मन, फ्रेंच, स्पेनिश, पोलिस आदि से अनुवाद हुए हैं लेकिन आंशिक रूप से हंगारी, रोमानी, चेक, जापानी, कोरियाई आदि से भी अनुवाद हुए हैं।

अनुवाद के शुरूआती दौर पर एक नजर डालें तो हम पाते हैं कि भारतेंदु तथा उस युग के अन्य लेखक अनुवाद-कार्य के महत्त्व को अच्छी तरह जानते थे। भारतेंदु ने स्वयं तो अंग्रेजी, संस्कृत और बांग्ला से अधिसंख्य अनुवाद किए ही, अपने समकालीन साहित्यकारों को भी इसके लिए प्रेरणा दी। इसी प्रेरणा के कारण भारतेंदु और भारतेंदु मंडल के अन्य लेखकों द्वारा संस्कृत, बांग्ला और अंग्रेजी नाटकों और उपन्यासों के प्रचुर मात्रा में अनुवादों ने जिस परंपरा की शुरूआत की जिसकी परिणति यह हुई कि लम्बे समय तक हिंदी के अधिकांश रचनाकार अच्छे अनुवादक भी हुए।

भारतेंदु देश की उन्नति के लिए अन्य भाषाओं के ग्रंथों को हिन्दी में अनूदित करना आवश्यक समझते थे। उनका मानना था कि ऐसा करने से उन्हें विदेशियों की राजनीति समझ में आ जाएँगी। वे अन्य भाषाओं के श्रेष्ठ ग्रंथों को हिन्दी में अनूदित करने का आह्वान करते हुए कहते हैं-

अंगरेजी अः फारसी अरबी संस्कृत ढेर।
खुल खजाने निहिं क्यों लूटत लावहु देश।।
सार निकाल के पुस्तक रचहु बनाई।
छोटी बड़ी अनेक विध विविध विषय की लाई।।

इसी भावना से प्रेरित होकर भारतेंदु ने अंग्रेजी संस्कृत, बांग्ला, प्राकृत भाषाओं से हिंदी में अनेक अनुवाद किए। 1880 ई. में भारतेंदु हरिश्चन्द्र ने श्मर्चेंट ऑफ वेनिस' का दुर्लभ बंधु, बांग्ला से यतीन्द्रमोहन ठाकुर के नाटक का हिन्दी में 'विद्या सुन्दर', प्राकृत से राजशेखर के नाटक का हिन्दी में 'कर्पूर

मंजरी', संस्कृत से दत्त एवं श्रीहर्ष के नाटकों का हिन्दी में अनुवाद किया। इन अनुवादों से पता चलता है कि भारतेंदु का अनुवाद-संबंधी विशिष्ट दृष्टिकोण था। उनका कहना है कि श्पूर्व कवि के हृदय में प्रवेश किए बिना अनुवाद करना कवि की लोकांतर-स्थित आत्मा को कष्ट देना है। वे शब्दानुवाद के पक्ष में नहीं थे। क्योंकि ऐसा करने पर अर्थ का अनर्थ हो जाता है। वे मूल रचना के भाव को ज्यों का त्यों दूसरी भाषा में सुरक्षित रखने के पक्षधार थे और चाहते थे कि मूल कृति का अनुवाद इस प्रकार किया जाए कि लक्ष्य भाषा का पाठक उसे पढ़कर मौलिक रचना जैसा आनंद प्राप्त कर सके। ऐसा तभी संभव था जब अनुवादक उस पर अपने, देश, समाज और संस्कृति की छाप छोड़े। शायद इसी कारण उन्होंने शेक्सपियर के नाटक श्मर्चेन्ट आफॅ वेनिस' का हिन्दी अनुवाद करते हुए उसका भारतीयकरण कर दिया। स्पष्ट है कि वे अनूदित ग्रंथ को अपनी भाषा के पाठकों द्वारा सहजता से ग्रहण किए जाने के लिए मूल कृति के कथ्य का ही नहीं भाषा के मुहावरे का शाब्दिक अनुवाद करने की अपेक्षा अपनी भाषा में प्रचलित समतुल्य मुहावरों का समावेश करने के पक्ष में थे। उनकी अनुवाद की यह शैली आगे के अनुवादों में भी देखने को मिलता है।

उन्नीसवीं सदी के उत्तरार्ध में बंगाल में नई शिक्षा के प्रभाव के कारण लोगों की विचारधारा बदल चली थी। उनमें देशहित, समाज हित आदि की उमंग पैदा हो रही थी। देशकाल के अनुसार उसमें साहित्य निर्माण का अथक प्रयत्न होने लगा था। बंगाल में नए ढंग के ऐसे नाटकों और उपन्यासों की रचना का सूत्रपात हो चुका था जिनमें देश और समाज के प्रति उत्पन्न नए भावों का समावेश था। 1882 ई. में बंकिमचंद्र कृत दुर्गेश-नंदिनी के प्रकाशित हो जाने के पश्चात् हिंदी में भी कई मौलिक और अनूदित उपन्यास प्रकाशित हुए। बांग्ला उपन्यासों के अनुवादकों ने भारतेंदु बंकिमचन्द्र कृत राजसिंह, राधाकृष्ण दास ने तारकचंद्र गांगुली कृत स्वर्गलता, बंकिमकृत प्रेमकहानी राधारानी (1883), रमेशचन्द्र दत्त कृत ऐतिहासिक उपन्यास बंग विजेता (1886), किशोरी लाल गोस्वामी की सामाजिक कहानी प्रेममयी (1889) और लावण्यमयी (1891) राधाचरण गोस्वामी श्रीमती सरनकुमारी घोषाल कृत ऐतिहासिक उपन्यास दीप निर्वाण और बिरजा, (1891), रामशंकर व्यास मधुमालती और मधुमती, (1886), विजयानंद त्रिपाठी ने भूदेव मुखोपाध्याय कृत सच्चा सपना (1890) राधिकानाथ बंद्योपाध्याय के सामाजिक उपन्यास स्वर्णबाई (1891) प्रतापनारायण मिश्र ने बंकिमचन्द्र कृत प्रेमकहानी 'युगलागुरीय' (1895) और कपालकुंडला कृतियाँ विशेष उल्लेखनीय हैं।

बांग्ला के इन उपन्यासों के अनुवाद ने जैसा कि डॉ हजारीप्रसाद द्विवेदी ने लिखा है- "हिन्दी को एक ओर तो अतिप्राकृत, अतिरंजित, घटना बहुल अय्यारी उपन्यासों के मोहजाल से मुक्त किया और दूसरी ओर शुद्ध भारतीय संस्कृति की ओर उन्मुख किया। उनके अनुवादों ने भाषा को संस्कृत पदावली की मधुरता और गंभीरता की और कोमल भावनाओं की ओर प्रवृत्त किया और सुकुमार कल्पनाओं की रुचि उत्पन्न की। यद्यपि कुछ दिनों तक उसका अभिभूतकारी प्रभाव हिंदी पर छाया रहा, पर सब मिलाकर उसने हिंदी कविता और गद्य-भाषा को समृद्ध ही किया। उर्दू के अतिरंजित कथानकों और किस्सागोई परक साहित्य से कुछ देर तक के लिए छुटकारा मिलना हिंदी के विकास के लिए आवश्यक था। उर्दू मुहावरों की भाषा बन गई थी, उस समय उससे बँधे रहने पर हिंदी में उन्मुक्त कल्पना का अवकाश न मिलता, हमारा कथा-साहित्य मुहावरेबाजी और लतीफेब्बाजी में देर तक अटका रहता।"

यूरोप के नवजागरण में ग्रीक एवं लैटिन के ग्रंथों के अनुवाद की बलवती भूमिका रही है। आधुनिक भारत के सांस्कृतिक नवोत्थान में भी पश्चिमी साहित्य के अनुवादों का बड़ा हाथ रहा है। इन अनुवादों ने भारतीयों के दिल में एक नयी प्रेरणा भर दी थी और अपनी प्राचीन संस्कृति को नयी दृष्टि से देखने के लिऐ उन्हें मजबूर किया था। भारतीय संस्कृति का मूल रूप यदि आज भी भारतीय जनता के जीवन में ज्यों का त्यों लिया जाता है तो उसका श्रेय रामायण, महाभारत, भागवत आदि के आधुनिक भारतीय भाषाओं में किये गए अनेक रूपांतरों को प्राप्त है। आज संप्रेषण के साधनों के आविष्कारों के कारण विश्व इतना छोटा बन गया है कि एक प्रदेश के लोग दूसरे प्रदेश के जीवन और गतिविधियों के बारे में जानने के लिए बहुत ही उत्सुक रहते हैं। विश्व मैत्री एवं सहयोग के इस नये दौर में किसी भी प्रदेश की जनता को समझने के लिए उस प्रदेश के साहित्य को समझना अत्यंत अनिवार्य हो गया है।

लोगों में आज समकालीन साहित्य को पढ़ने की ललक बढ़ती जा रही है। इस कारण आज विश्व भर में साहित्यक अनुवाद की बड़ी माँग है। भारत जैसे बहुभाषा भाषी देश में तो अनुवाद की उपादेयता स्वयंसिद्ध है। भारत के विभिन्न प्रदेशों के साहित्य में निहित मूलभूत एकता के स्वरूप को निखारने के लिए अनुवाद ही एकमात्र अचूक साधन है। इस तरह अनुवाद द्वारा मानव की एकता को रोकनेवाली भौगोलिक और भाषाई दीवारों को ढहाकर विश्वमैत्री को और भी सुदृढ़ बना सकते हैं।

अंतर्राष्ट्रीय संस्कृति के युग में अनुवाद एक महत्त्वपूर्ण कार्य है। संयुक्त राष्ट्रसंघ की मान्यता प्राप्त भाषाओं-अंग्रेजी, फ्रेंच, जर्मन, रूसी, चीनी एव अरबी के अतिरिक्त हिंदी, स्पेनिश आदि भाषाओं का महत्त्व भी अनुवाद के क्षेत्र में निरंतर बढ़ रहा है। मारिशस, फीजी, सूरीनाम आदि देशों की प्रमुख भाषा के रूप में और विभिन्न भारतीय भाषाओं को जोड़नेवाली भाषा के रूप में हिन्दी एक व्यापक एवं प्रभावी अनुवाद-माध्यम बनती जा रही है।

बीसवीं शताब्दी अंतर्राष्ट्रीय संस्कृति की शताब्दी है और इस कारण इसे अनुवाद की शताब्दी भी कहा जा सकता है। संप्रेषण के नये माधयमों के आविष्कारों ने 'वसुधैव कुटुम्बकम्' की कल्पना को साकार बना लिया है। भारत जैसे बहुभाषाभाषी देश में परस्पर अनुवाद की तो आवश्यकता है ही, लेकिन विश्वभाषाओं से भी अनुवाद की अनिवार्यता है।

निष्कर्षतः यह कहा जा सकता है कि बहुभाषिक, बहुजातीय और बहुसांस्कृतिक समाज को जोड़ने का दायित्व हिंदी अनुवाद के माध्यम से एक हद तक पूरा हुआ है। आज अनुवाद की वजह से ही हम अपने ही देश की अन्य संस्कृति तथा आचार-व्यवहार था साहित्य से परिचित हैं। भारत बहुत पहले से ही इतना विशाल और बहुविध संस्कृतियों का देश रहा है कि अनुवाद के बिना यह जान पाना संभव नहीं हो पाता कि किस प्रदेश की क्या विशेषता है? अगर अनुवाद न होता तो हम आज तक कई मामलों में अनभिज्ञ बने रहते और समाज का इतना विकास न हुआ होता। चूंकि भारत की राजभाषा हिन्दी है इस कारण भी हिन्दी एक ऐसी भाषा के रूप में रही है जिसने बहु-संस्कृति और बहु-भाषिक समाज को एक सूत्र में बाँधे रखा है। अतः इस कथन से पूर्णतः सहमत हुआ जा सकता है कि हिन्दी अनुवाद ने बहु-भाषिक, बहु-जातीय और बहु-सांस्कृतिक समाज को जोड़ने का दायित्व पूरा किया है।'

अनुवाद का क्षेत्र

मानव वाणी को जो शक्ति भाषा से प्राप्त होती है। उसे वृहदाकार करने की क्षमता अनुवाद में निहित है। अतः हम कह सकते हैं कि वाणी का विराट् रूप ही अनुवाद का क्षेत्र है। वाणी स्वयं में शब्द है, जिसका व्यापकता का कोई रूप नहीं और अन्त-सीमान्त नहीं। स्वयं को अभिव्यक्त करने के लिए वह संसार के हर प्राणी को प्राप्त हुआ है। सामुदायिक भावतन्त्र और आत्मीय व्यवहार-बोध के सम्बन्धों की अनुभूतिक गम्भीरता को समझने के लिए, मनुष्यों ने उसे अनेक भाषाओं के

परिवेश प्रदान करके अपनी सीमाओं में बांधने की चेष्टा की है, लेकिन मनुष्य की ज्ञान की भूख अनन्त है, भाव-व्यवहार संश्लिष्टता भी निस्सीम है, कैसी भी सीमायें उसे स्वीकार नहीं-भाषाओं की भी नहीं। इसी कारण अनुवाद के अस्त्र से उसने उसे भंग कर दिया, जो मुक्त रूप में मनुष्य के साथ, उसके हर परिवेश को धारण करने में सक्षम है, अतः उसका क्षेत्र प्राणी के भावतन्त्र और व्यवहार समुच्चय का विराट प्रतिबिम्ब है। उसके क्षेत्र की अभिव्यंजना उसी में निहित है। अतः जब हम कहते हैं कि अनुवाद का क्षेत्र अन्तर्राष्ट्रीय है, तो हमारा प्रयोजन इसी आशय का द्योतक है, जो हमने उपर्युक्त रूप से प्रकट किया है।

सोचिये कि आप भूल या संयोग से किसी ऐसे स्थान में पहुँच जाएँ, जहाँ के लोग आपकी बोली को नहीं समझते हों, तो आप और उनका आपस में वार्तालाप कैसे होगा। अतः एक दूसरे की बोली समझने के बिन्दु से ही अनुवाद की आवश्यकता होती है। अतः अनुवाद का सबसे बड़ा क्षेत्र बातचीत का है। एक-दूसरे की बातें समझाने का काम वही कर सकता है जो दोनों की बोलियाँ (भाषायें) जानता हो अर्थात् ऐसे दो व्यक्तियों के बीच, दोनों की बोलियाँ समझने वाला व्यक्ति एक की बात को दूसरे की बोली में अनुवाद करके ही दोनों को उनकी बातें समझा सकेगा। इसको और स्पष्ट रूप से इस प्रकार समझिये कि जब आंध्र प्रदेश का कोई डॉक्टर केरल के अस्पताल में काम करता है तब उसे केरल के मरीजों की भाषा समझनी पड़ती है। उसे उनकी भाषा मलयालय का अर्थ समझना पड़ता है। अगर वह मलयालम नहीं जानता तो और किसी को मलयालम का अनुवाद तेलुगु में करना पड़ता है। अनुवाद के क्षेत्र इस प्रकार हैं–

1. बातचीत का क्षेत्र-बातचीत में जब हम अपनी मातृभाषा से भिन्न भाषा में बोलते हैं, तब हम स्वयं अनजाने अनुवाद करते रहते हैं। हम पहले मातृभाषा में सोचते है, फिर उसे मन में ही अन्य भाषा में अनुदित करते हैं। यही अनुदित रूप हमारे मुहँ से निकलता है। यही कारण है कि हम कोई भी अन्य भाषा बोलें, उस पर हमारी मातृभाषा का कुछ-न-कुछ प्रभाव नजर आता है। औसत भारतीय की अंग्रेजी भी इसका अपवाद नहीं है।
2. पत्राचार-पत्राचार का क्षेत्र अनुवाद मांगता है। पत्राचार व्यापार में, कार्यालय में, न्यायालय में सर्वत्र होता है। जहाँ पत्राचार अपने प्रदेश की भाषा में करने से काम चलता है वहाँ अनुवाद की जरूरत नहीं पड़ती, किन्तु एक ही प्रदेश में कई भाषाएँ बोलने वाले पीढ़ियों से रहते हैं। उनके लिए प्रादेशिक भाषा भी परायी रहती है। जैसे-केरल में तमिल-भाषी और कन्नड़-भाषी

काफी संख्या में हैं। उनके लिए केरल की प्रादेशिक भाषा मलयालम का पत्राचार अनुवाद को आवश्यक बना देता है जो व्यापारी बड़ी कम्पनियों से माल मंगाते या उन्हें माल बेचते हैं, उन्हें उन कम्पनियों से पत्राचार कम्पनी की भाषा में करना पड़ता है।

3. धार्मिक क्षेत्र-धर्म के क्षेत्र में प्रायः सभी देश किसी विशिष्ट भाषा का व्यवहार करते हैं। जैसे-भारत में संस्कृत हिन्दू धर्म की भाषा रही है। बौद्धों के धर्म-ग्रन्थ पालि भाषा में है। ईसाई लैटिन या सिरियक का उपयोग करते है, मुसलमान अरबी का। आम लोग इन धर्म-भाषाओं में कुशल नहीं हो सकते। बहुत कम लोग इनके जानकार होते हैं एतएव, ऐसी धर्म-भाषाओं के पण्डित सामान्य लोगों में प्रचार के लिए धर्म-ग्रन्थों का अनुवाद करते हैं। इसी प्रकार धार्मिक संस्थानों से जुड़े हुए लोग, यहाँ तक कि मन्दिरों के आस-पास के दुकानदार भी ऐसी भाषा जानते है, जिसे अन्य भाषा-भाषी समझ सकें। वह उसी भाषा में अपनी बातें समझाते हैं, अर्थात् वह अपनी बातों को मन ही मन दूसरी भाषा में अनुवाद करके बोलते हैं। दोनों तरफ की यह नुवाद प्रक्रिया प्रत्येक धर्म के पूजा-स्थलों पर देखी जा सकती है।

4. न्यायालय-न्यायालयों में अनुवाद अनिवार्य हो जाता है। विशेष रूप से वहाँ, जहाँ किसी विदेशी का वाद न्यायालय में उपस्थित हो या फिर भारत जैसे देश में जहाँ न्यायालयों की भाषा आज भी अंग्रेजी ही मान्य हो। वस्तुतः भाश्रत में अंग्रेजी भाषा इसलिये मान्य है क्योंकि भारत के विभिन्न प्रदेशों में एक-दूसरे की मातृ-भाषाओं को एक-दूसरे प्रदेश के लोग नहीं समझ पाते, परन्तु दोनों भाषा-भाषी अंग्रेजी समझते हैं, अतः वह अपनी बातों का अनुवाद पहले मन ही मन अंग्रेजी में करते हैं और तब आपस में अंग्रेजी में बातें करते हैं अर्थात् पहले वह दोनों ही अपनी बातों का अंग्रेजी में अनुवाद करते हैं तब बोलते हैं। न्यायालय के कर्मचारी, वकील और प्रार्थी लोग अदालत के अंग होते हैं। इसी कारण आज भी भारतीय अदालतों की भाषा अंग्रेजी बनी हुई है। इनमें मुकदमों के लिए आवश्यक कागजात अक्सर प्रादेशिक भाषा में होते हैं, मगर पैरवी अंग्रेजी में होती है।

5. कार्यालयों में-हमारे देश के अधिकांश कार्यालयों में भाषा अंग्रेजी है। मुश्किल से पंचायत व गाँवों के स्तर पर प्रादेशिक भाषा का व्यवहार किया जाता है। आम लोगों को अपनी अर्जियाँ तक अंग्रेजी में लिखनी पड़ती हैं। यहाँ से अनुवाद की प्रक्रिया शुरू होती है। पुलिस, मजिस्ट्रेट जैसे अधिकारियों

के कार्यालयों में अनुवाद का जोर रहता है। देवस्वम, रजिस्ट्रेशन जैसे विभागों में निचले स्तर पर प्रादेशिक भाषा काम देती है और ऊपरी स्तर पर अंग्रेजी। चर्चित विषय प्रान्त का रहता है। इसलिए अनुवाद का प्रसंग बराबर उठता है।

6. शिक्षा का क्षेत्र-शिक्षा का क्षेत्र अनुवाद के बिना आगे नहीं बढ़ पाता। आधुनिक युग में विज्ञान, समाज-विज्ञान, अर्थशास्त्र, गणित आदि बीसियों विषय सीखे और सिखाये जाते हैं। इनके उत्तम ग्रन्थ अंग्रेजी ही नहीं, अन्य विदेशी भाषाओं में भी लिखे हुए हैं। उनका अनुवाद किए बिना ज्ञान की वृद्धि नहीं हो पाती। भारतीय भाषाओं को अध्ययन का माध्यम बनाने के बाद इसकी अनिवार्यता बढ़ी है। यह अनुवाद भारत में ही हो, ऐसी बात नहीं है। जिन अंग्रेजों या रूसियों को भारतीय साहित्य का ज्ञान पाना है उन्हें भारतीय साहित्य का अनुवाद अंग्रेजी या रूसी में प्राप्त करना पड़ता है।

7. सांस्कृतिक सम्बन्ध-सांस्कृतिक सम्बन्धों के लिए तो अनुवाद परम आवश्यक क्रिया है, क्योंकि किसी भी देश को अपनी संस्कृति और कला का परिचय अन्य देश के निवासियों को उन्हीं की भाषा में दिया जा सकता है। यह सम्भव नहीं है कि प्रत्येक देशवासी पड़ोसी व दूर के देशों की भाषाएँ समझे। ऐसी समस्या को सुलझाने का उपाय अनुवाद ही है।

8. अन्तर्राष्ट्रीय विज्ञान-अन्तर्राष्ट्रीय स्तर पर विज्ञान एवं प्रौद्योगिक (टैक्नोलॉजी) आज सबसे अधिक अनुवाद माँगने वाले क्षेत्र हैं। इसके दो पहलू होते हैं। एक तो यह कि विकासशील राष्ट्रों को वैज्ञानिक विज्ञान एवं प्रौद्योगिकी के आविष्कारों तथा नई गतिविधियों की जानकारी पाने के लिए उतावले रहते हैं। उनका अन्य भाषा-ज्ञान बहुत सीमित होता है। वे तभी उपयुक्त जानकारी पा सकते हैं जब उनकी जानी हुई भाषा में अन्य भाषाओं के ग्रन्थों का ज्ञान प्राप्त हो। वर्तमान युग में अंग्रेजी भाषा एक प्रकार से सभी राष्ट्रों में समान रूप से एक सम्पर्क भाषा का रूप ले चुकी है। अतः सभी विश्व-भाषाओं के महत्व को कम न होने देने के लिए, अपने यहाँ विज्ञान तथा तकनीकी ज्ञान को अपनी ही भाषा में उपलब्ध कराते हैं। ऐसी अवस्था में विदेशी भाषाओं में लिखी गयी ऐसी पुस्तकों का अनुवाद वह अपनी मातृभाषा में उपलब्ध कराते हैं। इसीलिये अंग्रेजी भाषा का अन्तर्राष्ट्रीय साम्राज्य कम होता जा रहा है। हालांकि राजनीतिक परिदृश्य में उसी का बोलबाला है। वैज्ञानिक अनुसंधान में रूस के अग्रसर होने के कारण अब

रूसी भाषा को भी समान महत्व दिया गया है। अमेरिका व इंग्लैण्ड में रूसी ग्रन्थों का अनुवाद लोकप्रिय हो चला है।

9. विज्ञान एवं प्रौद्योगिकी-विज्ञान एवं प्रौद्योगिकी के गहन अनुसंधान के क्षेत्र में तो ससारा लेखन कार्य उन्हीं भाषाओं में किया जाता है। इसीलिए इनके छात्र विदेशी भाषा सीखने को मजबूर होते हैं। वे विदेशी भाषा की सामग्री अपनी परिचित भाषा में अनुदित कर लेते हैं।

10. संचार माध्यम-संचार के माध्यमों में अनुवाद का प्रयोग अनिवार्य होता है। इनमें मुख्य है समाचार-पत्र, रेडियों एवं दूरदर्शन। ये अत्यन्त लोकप्रिय है और हर भाषा में इनका प्रचार बढ़ रहा है। प्रादेशिक भाषाओं में समाचार-पत्र समाचारों के लिए सरकारी सूचना, न्यूज एजेंसियों की दी हुई सामग्र, प्रादेशिक संवाददाताओं की डाक आदि पर निर्भर करते हैं। इनमें प्रादेशिक भाषाओं में सीमित सामग्री ही प्राप्त होती है।

    उदाहरण के लिये अनुवाद के द्वारा रेडियो सामग्री तैयार की जाती है एवं उसका प्रसारण होता है।

11. साहित्य-साहित्य अनुवाद के लिए सबसे उर्वर क्षेत्र प्रमाणित हो चुका है। प्रतिभा देश व भाषा की दीवार नहीं मानती, किन्तु अनुवाद के जरिए ही हम अन्य भाषा की प्रतिभाओं को पहचान सकते हैं। प्राचीन भाषाओं के वाङ्. मय को आधुनिक युग के पाठक अनुवाद के सहारे ही समझ पाते हैं। हमारे ही देश में कुछ शताब्दियों पहले तक संस्कृत साहित्य खूब पढ़ा जाता था और बहुत लोक संस्कृत जानते थे। अब आधुनिक युग की भाषाओं का जोर है और संस्कृत जानने वाले कम। इसलिए अनुवाद से ही हम संस्कृत की सरसता ग्रहण करते हैं। एक सीमित क्षेत्र की भाषा में लिखे हुए उत्तम साहित्य-ग्रन्थ संसार के व्यापक क्षेत्रों की भाषाओं में जब अनुदित होते हैं तब उनका प्रचार व उनके लेखकों का सम्मान बढ़ता है। रवीन्द्रनाथ टैगोर के बंगला छन्द अगर अंग्रेजी में अनुदित करके प्रकाशित न किए जाते तो उन्हें नोबेल पुरस्कार शायद ही मिलता। नोबेल पुरस्कार अब ऐसी भाषाओं की रचनाओं को भी सम्भव हो सका है जो अत्यन्त सीमित प्रदेश में व्यवहृत होती है।

12. अन्तर्राष्ट्रीय सम्बन्ध-अन्तर्राष्ट्रीय सम्बन्ध अनुवाद का सबसे महत्वपूर्ण क्षेत्र है। विभिन्न देशों के प्रतिनिधियों का संवाद आशु अनुवादक की सहायता से ही होता है। सारे प्रमुख देशों में प्रमुख राष्ट्रों के राजदूत रहते हैं और उनके

कार्यालय भी होते हैं। राजदूतों को कई भाषाएँ बोलने का अभ्यास कराया जाता है। फिर भी देशों के प्रमुख प्रतिनिधि अपने विचार अपनी ही भाषा में प्रस्तुत करते हैं। उनके अनुवाद की व्यवस्था होती है। जब कई भाषाओं के वक्ता एक सम्मेलन में अपनी-अपनी भाषा में विचार व्यक्त करते हैं तब उनके अनुवाद की व्यवस्था कठिन होती है तथापि अनुवाद की व्यवस्था यथासम्भव की जाती है। इसमें काफी प्रगति भी हुई है। इसके द्वारा देशों में मित्रता बढ़ रही है।

भारत में अनुवाद सेवाएँ

भारत जैसे विकासशील राष्ट्र के लिए अनिवार्य है कि वह विश्व में प्रकाशित पूर्ण साहित्य का उपयोग कर लाभ उठाये, लेकिन विश्व में अनेक भाषाओं में साहित्य प्रकाशित होने के कारण बिना अनुवाद सेवाओं के यह सम्भव नहीं होता। वर्तमान समय में कुल प्रकाशित साहित्य को मात्र 40%ही अंग्रेजी भाषा में प्रकाशित होता है तथा कुछ ही भारतीय वैज्ञानिक तथा विशेषज्ञ अन्य भाषाओं का ज्ञान रखते हैं। इसलिए उन्हें नये प्रकाशित साहित्य से वंचित रह जाना पड़ता है। अतः समस्त भारतीय वैज्ञानिकों को पूर्ण अनुसन्धान साहित्य की जानकारी अनुवाद के माध्यम से देना अति अनिवार्य है। भारतवर्ष में पश्चिमी राष्ट्रों तथा अन्य यूरोपीय राष्ट्रों की तुलना में अनुवाद की समस्या बहुत जटिल है। क्योंकि भारतीय वैज्ञानिक मुख्य रूप से अंगेजी भाषा के अलावा अन्य विदेशी भाषाओं में या तो ज्ञान नहीं रखते हैं या बहुत उथला ज्ञान रखते हैं। इसके अलावा अनुसन्धान प्रकाशन के क्षेत्र में विदेशी भाषाओं का उपेक्षित महत्व भी नियमित बदलता रहता है तथा अनुवादकों को बहुत सी समस्याओं एवं कठिनाइयों का सामना करना पड़ता है। जबकि पश्चिमी देशों में वैज्ञानिकों को मातृ भाषा के अलावा दूसरी विदेशी भाषाओं का अच्छा ज्ञान होता है। अतः वहाँ के वैज्ञानिकों की समस्या भारतीय वैज्ञानिकों की तुलना में कम होती है। इसके अलावा वे भाषाविद् जिन्हें कि अपनी भाषा में पूर्ण ज्ञान होता है, वे वैज्ञानिक की समस्या भारतीय वैज्ञानिकों की तुलना में कम होती है। इसके अलावा वे भाषाविद् जिन्हें कि अपनी भाषा में पूरा ज्ञान होता है, वे वैज्ञानिक शब्दों तथा पदावतियों का ज्ञान कम रखते हैं। इस प्रकार अनुवाद से जुड़ी बहुत-सी परेशानियां हमारे भारतीय वैज्ञानिकों के समझ में आती हैं।

दशा

वर्तमान भारत में राष्ट्रीय स्तर पर अनुवाद सेवाएँ **इन्सडॉक तथा आइस्लिक** द्वारा तथा विज्ञान संस्थान, बंगलौर एवं सांख्यिकी संस्थान, कोलकाता द्वारा क्षेत्रीय स्तर पर प्रदान की जाती है। अतः कहने का आशय यह है कि भारत में राष्ट्रीय एवं क्षेत्रीय स्तर पर अनुवाद सेवाएँ मात्र कुछ अनुवाद संस्थाओं द्वारा ही प्रदान की जाती हैं। अतः ये संस्थाएँ सम्पूर्ण भारत में अनुवाद सेवाएँ प्रदान करने में पूर्णतः समर्थ नहीं होती।

(1) भारतीय विज्ञान संस्थान, बंगलौर–यह संस्थान फ्रान्स, जर्मन, पौलिस, इटालियन, रूसी, स्पेनिश आदि भाषाओं से अंग्रेजी में अनुवाद प्रदान करता है। यहाँ भी अनुवाद कार्य के लिए दर निर्धारित है।

(2) भारतीय सांख्यिकीय संस्थान कोलकाता–यह संस्थान मात्र अपने शोधकर्ताओं के लिए ही अनुवाद सेवा प्रदान करता है। यह निम्न भाषाओं से अंग्रेजी में अनुवाद प्रदान करता है, बुल्गेरियन, चीनी, फ्रेन्च, जर्मन, इटालियन, पुर्तगाली, रोमानी, रूसी तथा स्पेनिश आदि। यह अनुवादों की सूची अपने मासिक प्रकाशन में प्रदान करता है।

(3) इन्डौक द्वारा प्रदान सेवाएँ–भारत में वैज्ञानिक लेखों के अनुवाद कार्यों को इन्सडॉक के अधीन कर दिया गया है, जो राष्ट्रीय स्तर पर अनुवाद सेवाएँ प्रदान करता है। यह अनुसन्धान निबन्धों तथा लेखों को निम्नलिखित विदेशी भाषाओं से अंग्रेजी भाषा में प्रदान करता है। ये भाषाएँ हैं–चीनी, डेनिस, डच, फ्रेन्च, जर्मन, नार्वेजियन, इटालियन, पुर्तगाली, स्पेनिश, रूसी, स्वीडिस, जापानी आदि। इन्सडौक ने इन भाषाओं के अनुवाद के लिए वैज्ञानिक अनुवादकों का एक पैनल हुआ है। जो कि समस्त वैज्ञानिक लेखों का अंग्रेजी में अनुवाद करता है। इन्सडॉक में अनुवाद शुल्क भी बहुत कम लिया जाता है। इन्सडॉक अनुवाद की एक पाक्षिक सारणी भी निकालता है। एक पूरा विभाग अनुवाद कार्यों में संलग्न है। यह अनुवाद की माँग को प्राप्त करके अनूदित प्रतियाँ उपलब्ध कराता है।

(4) आइस्लिक द्वारा प्रदान सेवाएँ–अनुवाद कार्यों हेतु आइस्लिक में भी एक विभाग अनुवाद कार्य विभाग है। यह विभाग अनुवाद के साथ-साथ पूरा सूचीकरण विवरण प्रदान करता है, जैसे–लेखक, शीर्ष, खण्ड, संख्या, पृष्ठ संख्या का प्रकाशन वर्ष तथा वह भाषा जिससे अनुवाद किया गया है। यह बंगाली भाषा से भी अंग्रेजी में अनूदित प्रतियाँ प्रदान करता है। यहाँ अनुवादों की सूचियों की

टाइप तथा माइक्रोफिल्म प्राप्त की जा सकती है, लेकिन इसकी दर निर्धारित नहीं है। यहाँ चीनी, चैक, फ्रान्स, जर्मन, हंगेरियन, जापानी, फौलिस, पुर्तगाली, रूमानी, स्पेनिश आदि भाषाओं से अंग्रेजी में अनुवाद करने की व्यवस्था है।

समस्याएं

भारत में ज्यादा ध्यान भाषा शिक्षण पर नहीं दिया जाता जिसकी वजह से भारत के रहने वाले वैज्ञानिकों में दूसरे देश की भाषाओं के अनुभव या ज्ञान का अभाव रहता है। अधिकतर भारत के लोग विदेशी भाषा के नाम पर केवल अंग्रेजी भाषा से ही परिचित हैं। भारत में विभिन्न क्षेत्रीय भाषाओं का प्रयोग एवं स्कूलों में शिक्षा दी जाती है। जो अनुवाद की समस्या को और जटिल कर देती हैं। भारत में अनुवाद सेवाओं में निम्न प्रकार की समस्याएँ पैदा होती हैं–

(1) अधिक समय की खपत–व्यवहार में यह देखा गया है कि अनुवाद की माँग तथा उपलब्धि में बहुत देरी कर बहुत सी समस्याएँ उत्पन्न करता है। क्योंकि अधिक समय लग जाने से शोधकर्त्ता के अनुसन्धान कार्यों में व्यवधान उत्पन्न होता है। इसका प्रमुख कारण भारतीय वैज्ञानिकों में भाषाओं की प्रवीणता की कमी है।

(2) अनुवादकर्त्ताओं की योग्यता–भारत में इन्सडॉक ही मात्र वैज्ञानिक साहित्य का अनुवाद करने की व्यवस्था करता है। परन्तु इस संस्था के तैयार किये गये पैनल में अनुवादकों की योग्यताएँ उत्तम नहीं हैं। क्योंकि उन्हें विदेशी भाषाओं का ज्ञान अल्प है। इन्सडॉक के अनुवादक पैनल के लिए जो वैज्ञानिक आवेदन करते हैं। उनमें से मात्र 20% व्यक्ति ही विदेशी भाषा में निपुण होते हैं।

(3) विभागों का अभाव–राष्ट्रीय स्तर पर **इन्सडॉक एवं आइस्लिक** तथा क्षेत्रीय स्तर पर भारतीय विज्ञान संस्थान तथा सांख्यिकी संस्थान के अलावा भारत में अन्य कोई संस्था अनुवाद सेवाएँ प्रदान नहीं करती हैं। इसलिए अनुवाद की समस्याएँ आती हैं, जो विशेषकर राष्ट्रीय स्तर पर अधिक हैं। इन संस्थाओं का अभाव है। इसलिए इनकी संख्या में वृद्धि की जानी चाहिए।

(4) पैनल में बदलाव–इन्सडॉक में अनुवादकों का पैनल मात्र दो वर्षों के लिए किया जाता है। अतः जब तक अनुवादक कार्यों में अभ्यस्त हो पाते हैं। तब तक उनको मुक्त कर दिया जाता है। ऐसी स्थिति में निश्चित रूप से अनुवाद कार्यों की गुणवत्ता पर प्रभाव पड़ता है।

(5) विशिष्टीकरण–यदि अनुवादक विषय विशेषज्ञा होता है, तो उसमें भाषा की प्रवीणता नहीं होती लेकिन भाषा की प्रवीणता होने पर वह अपने विषय क्षेत्र में ज्यादा ज्ञान नहीं रख पाता है। अतः तकनीकी शब्दों तथा पदावलियों का सही-सही रूप में व्यक्त करना सम्भव नहीं हो पाता है। भारत में भाषाओं की संख्या सर्वाधिक है।

2

अनुवाद परम्परा की पहचान

अनुवाद कार्य तब से कर रहा हूँ जब से स्रोत-भाषा और लक्ष्य-भाषा जैसे पदबन्धों की जानकारी नहीं थी। पर यह जानता था कि एक विषय सामने है, जिसे मुझे फिर से कहना है, अर्थात उस बिम्ब या पाठ का अनुकथन करना है। अनुकथन का सीधा सम्बन्ध लक्षित श्रोता/पाठकध्प्रेक्षकधभावक से होता है। गरज यह, कि लक्षित वर्ग के लिए भाषा संकेत का जो प्रकार्य बोधगम्य हो, उसमें कहना है। अनुवादक का दायित्व यहीं आकर सामने खघ होता है कि वह कहो, जो वस्तुतः पहले से कहा जा चुका है। अर्थात् अनुवाद कार्य अनुकथन है, पहले से कही हुई बात को फिर से कहना है। इस अर्थ में देखें, तो प्रारम्भिक समय में गुरुकुल में गुरुजनों द्वारा जो मूल पाठ की व्याख्या होती थी, अन्वय होता था, या कण्ठस्थ कराने हेतु एक ही पाठ बार-बार रटाया जाता था, वह अनुकथन भी अनुवाद की कोटि में ही आएगा।

इधर आकर अनुवाद का अर्थ थोघ रूध-सा हुआ है। सामान्यतया एक भाषा के पाठ को दूसरी भाषा में कहने अथवा लिखने के कार्य को अनुवाद कहा जा रहा है। पर थोघ पीछे जाएँ, तो अनुवाद का एक विराट रूप हमारे सामने होता है। वास्तविक अर्थो में जब कभी हम कुछ कह या लिख रहे होते हैं, जिसे हम अपना मौलिक वक्तव्य या लेखन कहते हैं, वह भी अनुवाद ही है। वह हमारे अनुभव, विचार अथवा प्रेक्षण परिणति का अनुवाद होता है। किसी शिल्पी की मूर्तियाँ,

चित्रकार के कैनवस, रचनाकार की कृतियाँ, फिल्मकार की फिल्में, रंगकर्मी का रंगकर्म...सब के सब अपने पूर्व के पाठ, विचार, या अनुभव की अनुकृतियाँ ही होती हैं, जिनमें कथ्य की विधा बदल दी जाती है, और अभिप्रेत को अधिक से अधिक प्रभावी बनाया जाता है। यहाँ तक कि जब कोई शिक्षक अपने शिष्यों को, अभिभावक अपने अनुवर्तियों को, अथवा अधिकारी अपने अधीनस्थों को कोई जटिल प्रकरण समझा रहा होता है, तब भी वह अनुवाद ही होता है।

अनुवाद कार्य के व्याख्याकारों ने बीसवीं सदी को अनुवाद का युग कहा है। तर्क प्रायः यह रहा हो कि उक्त अवधि में ज्ञान की विभिन्न शाखाओं की पुस्तकों का विपुल मात्रा में अनुवाद हुआ और व्यापक स्तर पर दुनिया की विभिन्न भाषा-संस्कृति-ज्ञान सम्पदा से परिचय के कारण दुनिया की कई भाषाओं में नई-नई विधाओं का सृजन-पुनर्सृजन हुआ। वैसे कुछ विद्वान ईसा पूर्व तीन हजार के प्राचीन मिस्र के द्विभाषी शिलालेखों, ईसा पूर्व तीन सौ में ग्रीक लोगों के सम्पर्क में रोमन लोगों के आने पर ग्रीक से लैटिन अनुवाद, बारहवीं शताब्दी में स्पेन में इस्लाम के सम्पर्क से अरबी से योरोपीय भाषाओं में अनुवाद का उदाहरण देते हुए अनुवाद की परम्परा ढूंढते हैं।

तथ्य है कि ईसा पूर्व तीन हजार के आस पास असीरिया के राजा सरगोन ने अपनी विजय घोषणा का अनुवाद विभिन्न भाषाओं में करवाया। ईसा पूर्व इक्कीस सौ के आसपास सम्राट हम्मूरावी सरकारी आदेशों का अनुवाद कई भाषाओं में करवाते थे। ईसा पूर्व चार-पाँच सौ के आसपास यहूदी लोग हिब्रू भाषा के प्रवचनों का अनुवाद द्विभाषिए के सहयोग से आर्मेइक भाषा में करवाते थे और फिर उस तथ्य को समझते थे।

तथ्य है कि यूनानी गौरव-ग्रन्थों का अनुवाद पुनर्जागरण काल में विपुल मात्रा में हुआ। फ्रांस में सोलहवीं सदी में ही एतीने दोले यम्जपमददम क्वसमजद्ध जैसे अनुवाद चिन्तक ने इस क्षेत्र में अभूतपूर्व काम कियाय नौवीं से सोलहवीं सदी के बीच इंग्लैण्ड में अनुवाद की व्यवस्थित परम्परा बन गई।

विद्वानों की राय में अनुवाद चिन्तन की प्राचीन परम्परा भारत में अनुपलब्ध बताई जाती है और कारण बताया जाता है कि ज्ञान-विज्ञान के क्षेत्र में भारत प्राचीन काल में संसार का सिरमौर था। ज्ञान की सभी शाखाओं में जो भी नई जानकारी दुनिया भर में थी, उसका अनुवाद करने के बजाय भारत के चिन्तक उन ज्ञान सम्पदाओं को आत्मसात कर उसे मौलिक पद्धति से भारतीय संस्कार के साथ प्रस्तुत करना बेहतर समझते थे।

तथ्य है कि भारत का ज्ञान-कोश और भारत की चिन्तन-परम्परा पर्याप्त समृद्ध थी। पर भ्रम फैला हुआ है कि भारत में अनुवाद की परम्परा प्राचीन काल में लुप्त थी। वास्तविक स्थिति यह है कि भारतीय चिन्तकों की जीवन पद्धति प्राचीन काल में आज की तरह नहीं थी, पाश्चात्य विद्वानों की तरह अपने करतबों के सैद्धान्तीकरण की व्यवस्थित परम्परा यहाँ नहीं थी।

जिस कोटि के उदाहरणों से पश्चिमी अनुवाद-चिन्तन की परम्परा को सुव्यवस्थित बनाया जा रहा है, वैसे अनुवाद हमारे यहाँ वेद की रचना के तत्काल बाद से हो रहा है। ब्राह्मण, आरण्यक जैसे ग्रन्थ इसके उदाहरण हैं। थोघ आगे आएँ तो निघण्टु और निरुक्त तो अनुवाद के उपस्कर ग्रन्थ हैं। सच है कि जिस तरह भारत के ग्रन्थों का अनुवाद अरब अथवा चीन अथवा अन्य जगह के लोगों ने किया, भारत के लोगों ने उस काल में दूसरे देशों के ग्रन्थों का अनुवाद नहीं किया, लेकिन यहाँ अपनी भाषा पद्धति में ही इतनी तब्दीली आती गई कि अपने ही ग्रन्थों के अनुवाद और व्याख्या की आवश्यकता होने लगी। निघण्टु और निरुक्त तो उसके उदाहरण हैं ही, बाद के दिनों में जब लौकिक संस्कृत का चलन हुआ, तब ऋषि मुनि अपने शिष्यों को शिक्षा देते समय प्राचीन ग्रन्थों की जिस तरह व्याख्या करते थे, उसे भी अनुवाद की दृष्टि से देखा जाना चाहिए, जिसमें एक तरफ तो पद्य की गद्यात्मक व्याख्या थी, दूसरी तरफ उसके सरलार्थ थे। ऐसा समझा जाना चाहिए कि आधुनिक काल में भाषा-टीका ग्रन्थ का सूत्र वहीं से मिला होगा।

संस्कृत नाटकों के पाठ पर गौर करें तो साफ दिखता है कि नायक का सम्वाद संस्कृत में होता था, जबकि स्त्री और सेवक का प्राकृत में। वार्तालाप और कथोपकथन के दौरान समझ की जमीन तो अनुवाद पर ही आधारित रहती होगी। गुणाढ्य की प्रसिद्ध कृति बड्डकहा के संस्कृत अनुवादों को भी इस कोटि में रखा जा सकता है। इन सबके बाद से तो फिर सारानुवाद, भावानुवाद, छायानुवाद, टीका, व्याख्या आदि की शृंखला चल पघी।

लोग कहते आ रहे हैं कि धर्म, दर्शन, साहित्य की कृतियों की समझ बनाने के लिए अनुवाद की मूल आवश्यकता हुई। आंशिक रूप से यह सच भी हो सकता है, लेकिन यह प्राथमिक आवश्यकता नहीं है। उत्तरवैदिक काल के आरम्भ में जब विभिन्न जनपदों का स्वरूप स्थिर होने लगा था, उन दिनों आर्यीकरण के माध्यम से राज्यों के सीमा विस्तार की प्रवृत्ति विकसित हुई। समाज कृषि-विकास से

वाणिज्य-विकास की ओर बढ़ चला। जलमार्ग तथा थलमार्ग से श्रेष्ठियों के सार्थ कैकेय से श्रावस्ती होते हुए चम्पा और राजगृह तक वाणिज्य के लिए यात्रा करते थे। इस क्रम में हरेक पघव पर उन्हें आदान-प्रदान के लिए दुभाषिए की आवश्यकता होती थी। उनके हर पघव से कम से कम एक सहयोगी अगले पघव तक जाते थे, जो उन्हें थोघि सी तब्दीली के साथ वहाँ के भाषा-व्यवहार का परिचय देते थे और श्रेष्ठि जन क्रमशः उनके भाषा-उपक्रम से परिचित होते जाते थे।

इन साक्ष्यों के साथ मेरा निवेदन है कि यदि हिब्रू के प्रवचनों के आर्मेइक में पुनर्कथन अथवा असीरीया के राजा सरगोन की विजय-घोषणा को अनुवाद की प्राचीन परम्परा कहना उचित है, तो भारत में हुए इन कार्यों को भी अनुवाद की प्राचीन परम्परा का सूत्र माना जाना चाहिए।

भारत में वेद को श्रुति भी कहा जाता है। श्रुति परम्परा का सीधा सम्बन्ध लोक कथा, लोकगाथा, लोकगीत और लोक-नृत्य से भी है। श्रुति परम्परा में अनुकथन पद्धति अपने सभी उपादानों के साथ शामिल है। जाहिर है कि वेद की ऋचाएँ जब कही या गाई जाती होंगीं, अथवा लोक-कथाएँ जब सुनाई जाती होंगी, तब श्रोताओंध्भावकों के लिए सम्प्रेषण बाधा दूर करने हेतु टीकाएँ भी होती होंगी। वैदिक आचार्य निश्चय ही अपने शिष्यों को ऋचाएँ पघते समय उन्हें समझाने के लिए उसकी टीका करते होंगे। इस आधार पर यह मानने में कोई आपत्ति नहीं होनी चाहिए कि भारत में अनुवाद की परम्परा उतनी पुरानी तो अवश्य ही है, जितनी वैदिक परम्परा, लोक परम्परा और सम्वाद परम्परा। सम्प्रेषण की स्पष्टता सुनिश्चित करने के लिए एक बात का कई बार, कई तरीके से, विभिन्न शब्दावलियों में कहा जाना भी अनुकथन ही है।

विदित है कि भारत में टीका, व्याख्या, अनुवाद का नैरन्तर्य सदा बना रहा। भारत को जानने के लिए वेद, उपनिषद, रामायण, महाभारत आदि के अनुवाद दूसरे देशों के लोग तो कर ही रहे थे, यहाँ भारत में ही उनके अनुकथन कई रूपों में ह़ो रहे थे। अकेले रामायण का अनुवाद भारत की कई भाषाओं में हुआ, और आज की तारीख में वे सब अपनी-अपनी भाषा के महान ग्रन्थ माने जाते हैं। पुराकथाओं को आधार बनाकर विभिन्न भारतीय भाषाओं में बेहिसाब रचनाएँ की गई हैं। मुगल शासन-काल के लम्बे अन्तराल में इस दिशा में पर्याप्त काम हुए। दाराशिकोह और उनके गुरु राजशेखर का इस दिशा में अप्रतिम योगदान है। निकट अतीत में भारतेन्दु हरिश्चन्द्र,

महावीर प्रसाद द्विवेदी, आचार्य रामचन्द्र शुक्ल, प्रेमचन्द जैसे महान अनुवादक हुए। इन सब के बावजूद कभी किसी विद्वान ने भारत में अनुवाद सिद्धान्त की कोई परम्परा विकसित नहीं की। इस कार्य को मुक्त रहने दिया। कभी अनुवाद सम्बन्धी अपनी मान्यताओं को संस्थापित या आरोपित करने का काम नहीं किया। ... अच्छा किया। भारत जैसे ज्ञानाकुल जनपद में ऐसा ही होना चाहिए था। बाद के दिनों में तो अनुवाद की आवश्यकता बहुफलकीय हो गई। नई दुनिया की नई जरूरतों के मद्देनजर विराट भौगोलिक परिवेश और बहुभाषिक नागरिक जीवन के आपसी सम्वाद की अकूत आवश्यकता दिखने लगी। जीवन-यापन के मूल और महत्त्वपूर्ण कारण विस्तृत और विविध हो गए। पर अनुवाद की प्राथमिक आवश्यकता प्रारम्भिक समय में व्यापार में सम्वाद और सम्प्रेषणीयता को लेकर ही दिख रही थी। भारत में धार्मिक सहिष्णुता प्रारम्भ से रही है। दूसरे जनपद में जाकर बर्वरतापूर्ण लूटपाट करना, उन पर शासन करना, उन्हें अपमानित करना, हेय समझना... आदि वृत्ति यहाँ के नागरिकों का कभी लक्ष्य नहीं रहाय सम्भवतः यह कारण भी हो कि भारतीय नागरिक के अनुवाद का विमर्श प्रारम्भ में मुख्यतः व्यापार और सामान्य सम्प्रेषण तक ही सीमित रहा, पर शीघ्र ही यह, ज्ञान की शाखाओं में साहित्य एवं दर्शन की ओर आया, और तेजी से आगे बघ्ता गया। दूसरे विश्वयुद्ध के बाद तो अनुवाद कार्य के राजनीतिक उद्देश्य भी अत्यन्त प्रमुख और प्रखर हो गए। वैचारिक आदान-प्रदान, राष्ट्रीय सीमा की सम्वेदनशीलता, वैश्विक मैत्री की सम्विदाओं के मामले इतने महत्त्वपूर्ण हो गए कि व्यापारिक सम्वाद-सम्प्रेषण और सामाजिक सौहार्द की सीमा पारकर अनुवाद कार्य की भूमिका अन्तर्राष्ट्रीय राजनीति को रेखांकित करने लगी। विश्वव्यापी सांस्कृतिक, राजनीतिक, व्यापारिक, शैक्षिक सम्बन्धय पत्रकारिता, साहित्य, कला, विचार-विमर्श, दर्शन, धर्म, शिक्षा, विज्ञान एवं तकनीकी उपलब्धि आदि के क्षेत्र में अद्यतन होने के लिए अनुवाद का उपयोग महत्त्वपूर्ण हो गया।

इधर विश्वग्राम की अवधारणा में गतिकता आई है। इसके सर्वतोभावेन विकास पर बल दिया जा रहा है। भारतीय संस्कृति के मूल में यह अवधारणा तो नीति के स्तर पर प्रारम्भ से ही है, और भारत के नागरिक ऐसा मानते भी आए हैं। 'वसुधैव कुटुम्बकम्' कहने वाले भारतीयों के लिए 'उदार चरितानान्तु' की विशेषता बताई जाती रही है। भारतीय नागरिकों का यह 'उदार चरित' प्रारम्भ से

है। तभी तो यहाँ के नागरिकों ने बाहर से आए भिन्न-भिन्न संस्कृति के लोगों को न केवल स्वीकार किया, बल्कि उनकी संस्कृतियों और उनके रहन-सहन से अपने सम्मिलन का रास्ता तक अख्तियार कर लिया। इतिहास का अन्वेषण अथवा समाज-शास्त्रीय पद्धति की कसौटी पर भारतीय जीवन-मूल्य का अनुशीलन किया जाए तो इस बात का प्रमाण आसानी से मिल जाएगा।

विश्वग्राम की अवधारणा का मूल सूत्र अन्तर्राष्ट्रीय सांस्कृतिक सम्बन्ध में ही दिखता हैय और विश्व फलक पर संस्कृति की यह समझ एक मात्रा अनुवाद के जरिए सम्भव है। इस बात को मानने में कतई कोई हिचक नहीं होनी चाहिए कि किसी व्यक्ति के एक कथन का किसी एक भाषा से दूसरी भाषा में अनुवाद करने का अर्थ केवल उस कथन का अनुवाद नहीं है। उसमें वस्तुतः यह जानने की लगातार चेष्टा होती है कि उस कथन का पाठ क्या है, उस पाठ की व्यंजना क्या है, व्यंजना का उद्देश्य क्या है, कथन की शैली क्या है (शालीन, आक्रामक, निवेदन, सलाह, धमकी, सम्मान्य, अभद्र...आदि), कथन की शब्दावली कैसी है, वाचक किस देश-काल-पात्र की पर्यवस्थिति में है, वाचक की वैयक्तिक-वैचाारिक -मानसिक-पदेन हैसियत क्या है, कथन से वाचक और सम्बोध्य का सम्बन्ध क्या है... इन तमाम सवालों से जूझते हुए अनुवादक को अनुवाद करते समय सारी गुत्थियाँ सुलझानी पघ्ती हैं। जब कभी हम अनुवाद करने बैठते हैं, केवल उस पाठ की भाषा नहीं बदलते, उस प्रसंग को दूसरी भाषा में देते हुए एक साथ कई बातों का ध्यान हमें रखना पघ्ता है। शब्द-संस्कार, वाक्य संरचना, कथ्य का वातावरण, प्रसंग की संस्कृति, वाचक की सर्वांगीण पहचान से संचालित उसकी अभिव्यक्ति शैली. .. तमाम बातों के मद्देनजर लक्ष्य-भाषा से स्रोत-भाषा में किसी पाठ का भाषान्तर करते समय सचेत रहना पघ्ता है।

इसी क्रम में इस बात की चर्चा भी समीचीन होगी कि अनुवाद को ज्ञान की किस शाखा में रखा जाए। लम्बे समय से विश्व भर के अनुवाद चिन्तकों के बीच इस बात पर बहस होती रही है, मतैक्य का अभाव होना जायज है। डा. भोलानाथ तिवारी, ई.ए.नाइडा, विल्स बेल्फ्रेम आदि ने अनुवाद को विज्ञान मानाय डा. एन. ई. विश्वनाथ अय्यर, डा. कैलाश चन्द्र भाटिया, ड्राइडन, थ्योडोर सेवरी आदि ने इसे कला मानाय डा. गोपाल शर्मा, शैटक रोजर, ऐरोस्मिथ आदि ने इसे शिल्प मानाय डा. जी. गोपीनाथन जैसे कुछ चिन्तकों ने मध्यम मार्ग अपनाते हुए इसे 'वैज्ञानिक कला' माना।

वैसे तो डा. गोपीनाथन के तर्क से सहमत होने के पर्याप्त प्रमाण हैं, पर मेरी राय में यह चर्चा, बहस तक ही सीमित रहे तो बेहतर है, क्योंकि 'अनुवाद कार्य' जैसे उद्यम पर आज जितना दायित्व आ गया है, उसे किसी सीमा में बाँधना दुस्कर है। ज्ञान की किसी भी एक शाखा की परिधि अनुवाद के दायित्व को पूरी तरह समेट पाने में विफल हो जाएगी। यदि अनुवाद को सिर्फ विज्ञान मानते हैं, तो जाहिर है कि वह उस अर्थ में विज्ञान नहीं होगा, जिस अर्थ में भौतिक विज्ञान का गुरुत्वाकर्षण सिद्धान्त, अथवा रसायन शास्त्र की रसायनिक प्रतिक्रिया अथवा जीवविज्ञान की प्रजनन व्यवस्था है। वह विज्ञान है, भाषा विज्ञान की पद्धति में, जहाँ यह निर्धारित है कि अनुवाद के दौरान भाषा विज्ञान के नियमानुसार कोई अनुवादक सबसे पहले पाठ का विश्लेषण करता है, फिर उसका विकोडीकरण करता है, पुनर्सृजन के दौरान फिर उसका कोडीकरण करता है, और फिर लक्ष्य भाषा के पाठ को सजाता-सँवारता है। अनुवाद कार्य की इस बौद्धिक प्रक्रिया में बौद्धिक एवं विज्ञान सम्मत प्रयुक्तियों का भरपूर इस्तेमाल होता है। पर मात्रा इस कारण इसे सिर्फ विज्ञान के खाते में सीमित रखना उचित नहीं है। ऐसा करने से इसका कला पक्ष पीछे छूट जाएगा, जिसके अभाव में अनुवाद विश्वसनीय तो हो जा सकता है, पर उसके निष्प्राण होने की पूरी सम्भावना बनी रहेगी। विज्ञान को मोटे तौर पर परिभाषित करते हुए इसे विषय विशेष का व्यवस्थित और परिभाषित ज्ञान (Systematic and formulated knowledge) अथवा विषय विशेष के ज्ञानार्जन की सुगठित निकाय (organised body of the knowledge on subjest) कहा गया है। इस अर्थ में तो विज्ञान की परिभाषा इतनी उदार और विराट है कि ज्ञान की सभी व्यवस्थित शाखाएँ इसमें आ जाएँगी। इन अर्थों में हम चाहें तो अनुवाद को विज्ञान मान भी लें। पर ध्यान रखना होगा कि अनुवाद सिर्फ विज्ञान नहीं है। इस विवेचन में ई.ए.नाइडा से पूरी तरह सहमत हुआ जा सकता है कि Translation is far more than a science- It is also a skill and the ultimate analysis fully satisfactory translation is always an art. इस सन्दर्भ में डा. नगीन चन्द्र सहगल का कहना समीचीन है कि 'अनुवाद प्रक्रिया में विज्ञान, साधना में शिल्प तथा सिद्धि में कला है।'

सही है कि अनूदित पाठ की संरचना एक बौद्धिक प्रक्रिया से गुजरकर तैयार होती है, पर उसके अन्तिम स्वरूम तक पहुँचने में अनुवादक का कौशल कई स्तरों

पर क्रियाशील रहता है। मूल पाठ और मूलवाचक की समग्र मौलिकता को ध्यान में रखते हुए लक्ष्य भाषा और लक्षित भावक की ग्राह्यता के मद्देनजर अनुवादक अपने विराट दायित्व के अधीन बहुत कुछ करता है। पूर्व में चर्चा हो चुकी है कि किसी एक व्यक्ति के किसी एक कथन का, किसी एक भाषा से दूसरी भाषा में अनुवाद का अर्थ केवल उस पाठ और पाठ के शब्दों का अनुवाद नहीं होता, बल्कि उस वाचक के पूरे वजूद का अनुवाद होता है, जो अप्रत्यक्ष रूप से उस कथन के भीतर अन्तःसलिला शक्ति के रूप में उपस्थित होता है। अनुवाद कर्म से जुड़े हर व्यक्ति जानते हैं कि बेहतर अनुवाद प्रस्तुत करने के क्रम में कई बार, मूल पाठ के अप्रत्यक्ष, और भौतिक रूप से अलक्ष्य दायित्वों के अनुपालन हेतु सांस्कृतिक अन्तरण में कुछ बातें लुप्त हो जाती हैं और कुछ नई बातें आ भी जाती हैं। लोप और आगम की इस क्रिया की गुणवत्ता और मात्रा, अनुवादक के कौशल और प्रतिभा पर निर्भर करती है। सम्भवतः इसी धारणा के तहत एतीने दोले (Etienne Dolet) ने अनुवादक के लिए शर्त रखी कि उसे मूल रचना के भाव और लेखक के प्रयोजन का पूर्ण ज्ञान तो होना ही चाहिए, स्रोत-भाषा और लक्ष्य-भाषा का पर्याप्त ज्ञान भी उसे होना चाहिए, अर्थ एवं अभिव्यंजना की रक्षा के लिए शब्दानुवाद से बचना चाहिए तथा मूल रचना के भाव एवं प्रभाव की समग्रता की रक्षा करनी चाहिए। ड्राइडन ने तो भावानुवाद को ही सर्वोत्तम अनुवाद माना है।

लेकिन भाषा-विज्ञान की इस पद्धति और बौद्धिक प्रक्रिया से तैयार हुई अनूदित संरचना को अनुवाद का अन्तिम और निर्णीत पाठ नहीं माना जा सकता। कई महान और कालजयी कृतियों का अनुवाद करते हुए बड़े-बड़े अनुवाद-चिन्तकों ने इस कर्म को पुनर्सृजन कहा है। जाहिर है कि पुनर्सृजन में भाषान्तर के दौरान अनुवादक को थोड़ी छूट मिल जाती है, पर यह भी सच है कि वह आजाद नहीं हो जाता। थोड़ी-सी छूट के साथ-साथ मूल पाठ और रचनाकार के साथ बँधे रहने की उसकी मजबूरी बढ़ जाती है। प्रो. जी गोपीनाथन इसी पद्धति के दौरान इस कर्म को वैज्ञानिक कला कहते हैं। उनका मानना है कि 'सहज समतुल्यता' की खोज में अनुवादक को अक्सर पुनर्सृजन करना पड़ता है। उनका मानना है, और सही ही मानना है कि हर भाषा की अपनी प्रकृति एवं विशेषताएँ होती हैं और हर लेखन की अपनी अभिव्यक्ति शैली होती है। चूँकि अनुवाद केवल शाब्दिक भाषान्तर नहीं, एक पुनराभिव्यक्ति है, जो अनुवादक की कल्पना, भाव-प्रवणता, मूल से प्रभावित होने के उनके स्तर, लक्ष्य भाषा की प्रकृति, सहज-ज्ञान एवं कलाशीलता के

अनुरूप होती है। जैसा कि पूर्व में कहा गया, जिस तरह हरेक मूल कथन में उसके वाचकध्प्रस्तोता के व्यक्तित्व का कर्त्ता, करण, सम्प्रदान आदि शामिल होता है, उसी प्रकार अनूदित पाठ में भी, मूल पाठ के प्रति तमाम निष्ठा रखे रहने के बावजूद अनुवादक का व्यक्तित्व भी शामिल होता है। प्रो. गोपीनाथन का मानना तर्कसंगत है कि मूल कृति की आत्मा को और मूल कृति में प्रतिबिम्बित मूल लेखक के व्यक्ति के प्रभाव को भी अनुवाद में उतारना अभीष्ट होता है और इस शर्त की पूर्ति की क्रिया स्वयं में ही कला है। प्रो. गोपीनाथन कहते हैं कि कृतिकार के साथ पूर्ण रूप से तदाकार होकर उसकी आत्मा को पहचानने का काम वही कर सकता है जिसमें कलाकार जैसी सम्वेदना हो, सहानुभूति हो। यह कम महत्त्वपूर्ण बात नहीं है कि दुनिया के श्रेष्ठ अनुवादक, श्रेष्ठ मौलिक कृतिकार भी थे...। प्रो. गोपीनाथन की उक्ति को एन. महापात्रा के कथन से और बल मिलता है कि कलाकर की छठी इन्द्रिय अथवा सहज ज्ञान ही है जो कृति के सौन्दर्य बिन्दु को पहचानकर उसका सम्प्रेषण कर देता है।

अर्थात, अनुवाद कार्य अपनी पूरी प्रक्रिया में विज्ञान भी है, कला भी है, शिल्प भी है। इन सभी तर्को के बावजूद यह मानने में कोई संकोच नहीं होना चाहिए कि अनुवाद कार्य की वृहत्तर आवश्यकता द्वितीय विश्वयुद्ध के बाद महसूस की गई, जब दुनिया भर के लोगों में सम्पर्क सूत्र का विस्तार हुआ। विभिन्न राष्ट्रों के बीच राजनीतिक, आर्थिक समीकरण बननेध्बघ्ने लगे। व्यापारिक सम्बन्ध बढ़े, सांस्कृतिक आदान-प्रदान होना आवश्यक हो गया। इन्हीं आवश्यकताओं के बीच अनुवाद कार्य की दक्षता और गम्भीरता महत्त्वपूर्ण हो उठी। शिक्षण पद्धति में ज्ञान की शाखाएँ इतनी बघ गईं, जानकारी अर्जन के सूत्र इतने बहुभाषिक हो गए कि अपने समय का सचेत नागरिक कहाने के लिए, और आत्म-स्थापत्य के आयुध जुटाने के लिए अनुवाद की ओर लोगों का रुझान उनकी मजबूरी हो गई। इस सन्दर्भ में ज्ञान की शाखा के रूप में अनुवाद अध्ययन एवं प्रशिक्षण, और ज्ञान की विभिन्न शाखाओं में दक्षता प्राप्त करने के लिए अनुवाद अध्ययन एवं प्रशिक्षण की आवश्यकता-- दोनों महत्त्वपूर्ण हो उठीं।

हिन्दी तो राजभाषा है, इसलिए भारत के हरेक सरकारी-गैरसरकारी दतरों में अंग्रेजी समेत अन्य भाषाओं के अभिलेखों का इसमें अनुवाद होना आवश्यक है, लेकिन इससे अलग भी नजर डालें, तो कई बातें सामने आती हैं। इस सत्य को स्वीकार करने में किसी को कोई गुरेज नहीं होना चाहिए कि जिस तरह प्रकाशन

व्यवसाय ने उच्च कुलोद्भव पण्डितों के वर्चस्व से शिक्षा को मुक्त कराकर आम नागरिक में ज्ञानालोक फैलाया, उसी तरह, अनुवाद वृत्ति ने भी उच्च शिक्षितों और बहुभाषाविदों के वर्चस्व से ज्ञान की शाखाओं को मुक्त किया। इतने बध्े संसार की बात तो दूर, अभी तक यह भी सम्भव नहीं हो पाया है कि लोग अपने देश की सभी भाषाओं में उपलब्ध सामग्री को पढ़ लिख सकें। भारत जैसे बहुभाषिक देश में तो यह दुस्कर ही लगता है। स्वाधीनता आन्दोलन के दौर के कुछ बुद्धिजीवियों और उनके बाद की पीघि के लोगों में तो थोघ बहुत बहुभाषिक ज्ञान था भी, पर बाद के लोगों ने तो त्रिभाषा फारमूला से ही काम चलाया। अपवाद स्वरूप कुछ लोग अवश्य होंगे। पर हैरत की बात अभी भी है कि कन्नघ से असमिया, या मलयालम से ओघ्यिा आदि में सीधे अनुवाद करने वालों की अनुपलब्धता बनी हुई है। भारतीय भाषाओं के बीच परस्पर अनुवाद कार्य के लिए अभी भी अधिकांश स्थितियों में अंग्रेजी, या हिन्दी को सेतुभाषा के रूप में उपयोग में लाया जाता है। इन परिस्थितियों में हिन्दीभाषी क्षेत्र की जनता आज शिवराम कारन्त, या अक्का महादेवी, या सन्त ज्ञानेश्वर, या तुकाराम, या यू. आर. अनन्तमूर्ति, या फकीर मोहन सेनापति, या ऐसे किसी भी महान रचनाकार की रचनाओं के जरिए उस जनपद की संस्कृति से परिचित हो पाता हैय या फिर फ्रांस, जर्मनी, ब्रिटेन, अमेरिका, अफ्रीका, जापान की कला, साहित्य, संस्कृति अथवा वैज्ञानिक -प्रौद्योगिक-राजनीतिक उपलब्धियों से परिचित हो पाता है, तो इसका श्रेय अनुवाद को ही जाता है। यहाँ तक कि परराष्ट्र अथवा प्रान्तेतर भाषा-क्षेत्र के विभिन्न संकायों में जो कुछ महत्त्वपूर्ण होता है, और वहाँ के संचार माध्यमों में इसकी चर्चा होती है, तो उन खबरों की जानकारी भी विश्व फलक पर अनुवाद के माध्यम से ही पहुँचती है। इस अर्थ में खबरों का अनुवाद, खुद अनुवाद कार्य के लिए महत्त्वपूर्ण हो उठती है और अन्य भाषा क्षेत्र के लोग उन कृतियों के अनुवाद की ओर उन्मुख होते हैं। ज्ञान के क्षेत्र में लोकतन्त्र की इस बहाली का श्रेय आज अनुवाद को ही जाता है कि कोई ऐसा नागरिक, जो रूसी या फ्रेंच या जर्मन नहीं जानता, यहाँ तक कि भली भाँति अंग्रेजी भी नहीं जानता, पर वह आज मैक्सिम गोर्की, दोस्तोयवस्की, सिमोन द' बुआ, हावरमास, कामू, काका, ग्राम्सी, गुण्टर ग्रास, इलियट, गेटे की बात कर सकता है।

अनुवाद के जरिए ही हम अन्तर्राष्ट्रीय सांस्कृतिक सम्बन्ध और राजनय को सुनिश्चित कर पाते हैं। हमारे राष्ट्र के हितैषी हमारे पक्ष में कहीं कुछ बोलते हैं, अथवा हमारे विपक्ष में कुछ योजना गघ्ते हैं, तो अनुवाद ही ऐसा साधन है कि हम

उससे वाकिफ हो पाते हैं। वैसे तो प्रशासन, पत्राचार, न्यायालय, शिक्षा, धर्म, शोध, विज्ञान एवं प्रौद्योगिकी, फिल्म एवं जन संचार, साहित्य-कला-संस्कृति एवं भाषा शिक्षण, राजनय, प्रतिरक्षा आदि में अनुवाद का महत्त्वपूर्ण योगदान है पर इस योगदान के साथ-साथ इसकी सम्वेदनलशीलता भी बहुत महत्त्वपूर्ण हो गई है। न केवल राष्ट्रीय-अन्तराष्ट्रीय सम्बन्धों एवं राजनय को लेकर, बल्कि भारतीय परिप्रेक्ष्य में आन्तरिक मामलों के लिए भी सम्वेदनशीलता बहुत बढ़ गई है। वैचारिक संघर्ष इतने सूक्ष्म हो गए हैं, और वक्तव्यों में विम्ब-प्रतीक के प्रयोग इतने प्रभावी हो गए हैं कि छोटे-छोटे कथन की व्यंजना विराट होने लगी है। इस परिस्थिति में इस दायित्वपूर्ण उपक्रम का दायित्व बघ जोखिम भरा हो गया है, इसलिए इसमें सावधानी की अपेक्षा भी अधिक की जाने लगी है।

अध्यापन कार्य में अनुवाद का वृहत् योगदान वेदकालीन संस्कृत से लेकर आज तक की विभिन्न भारतीय भाषाओं में, वस्तुतः दूसरे देशों की भाषाओं में भी रहा है। उसकी विधि अन्वय, व्युत्पत्तिपूलक व्याख्या, सरलार्थ, भावानुवाद, सम्पूर्ण अनुवाद, जो भी होय ज्ञानार्जन में इसके विभिन्न रूपों का योगदान होता रहा है। बाहुभाषिकता अथवा मूल पाठ की अर्थ-जटिलता की विडम्बनाओं से उबरने के लिए अनुवाद और उसकी विधियाँ काम आती रही हैं।

द्वितीय विश्वयुद्ध के बाद और फिर भारतीय स्वाधीनता के बाद से दुनिया भर के देशों का जिस तरह आपसी सम्बन्ध बना, उसमें अनुवाद की महत्ता विराट हो गई। अनुवाद प्राचीन काल से अध्यापन कार्य में सहायक होता आ रहा है। मराठी के प्रख्यात उपन्यासकार गंगाधर गाडगिल ने भी अपने ऐतिहासिक उपन्यास प्रारम्भ में सबल साक्ष्यों के साथ इस बात ही जानकारी दी है। ब्रिटिश शासन के दौरान समाज के शैक्षिक, सामाजिक, सांस्कृतिक, आर्थिक विकास के लिए अनुवाद किस तरह अपरिहार्य घटक बन गया था, इसका प्रामाणिक विवरण वहाँ दिया गया है। हमारे गौरव-ग्रन्थों का जो अनुवाद फिरंगियों ने अपनी भाषा में किया, व्यापक अर्थो में उसका सम्बन्ध भी शिक्षा-शास्त्र से ही है। वस्तुतः वे हमारी सांस्कृतिक, धार्मिक और दार्शनिक पृष्ठभूमि की जानकारी हासिल करना चाहते थे। अपनी सम्पूर्ण शक्ति लगाकर भारतीय नागरिकों के बारे में वे जितनी जानकारी हासिल कर उसके आधार पर उन्हें पूरी तरह विश्वास हो गया था कि ये भारतवासी अपनी विपन्नता में भी सम्पन्न ही दिखते रहेंगे। भूखे रहकर भी इनका सर नहीं झुकेगा। तब जाकर उन्होंने तय किया कि इसके सम्मान और मनोबल

को ध्वस्त करना जरूरी है, और ऐसा करने के लिए उनकी सांस्कृतिक विरासत की सूक्ष्मताओं को जानना जरूरी है, उनके मनोबल को तोघ्ने का सूत्र उनकी संस्कृति और रहन-सहन को जाने बगैर नहीं मिल सकता। उस हाल में उसने हमारे धार्मिक-पौराणिक ग्रन्थों का अनुवाद कर हमारी सांस्कृतिक और धार्मिक विरासत पर आघात कर, अपने धर्म और अपनी संस्कृतियों के वर्चस्व की दुहाई दी, और हमारे यहाँ की जनता का मनोबल तोघ्ना शुरू किया। गंगाधर गाडगिल के उपन्यास प्रारम्भ में इन बातों का जिक्र भी विस्तार से है। ध्यान रखने की बात है कि उपन्यास यथार्थ नहीं होता, पर हर ऐतिहासिक उपन्यास समकालीन और वर्णित देश-काल की चित्तवृत्ति की कथा अवश्य कहता है। समाज में शिक्षा के प्रचार-प्रसार, वणिक् वृत्ति के विकास, सामाजिक उत्थान, प्रगति के प्रति आम नागरिक में वैज्ञानिक दृष्टिकोण, परम्परा के सम्पोषण और रूढ़ि से मुक्ति, संचार माध्यमों के सीमित संसाधनों से जनजागरण का अलख, स्त्री शिक्षा के प्रति जागरूकता और छूआछूत से छुटकारा... इन तमाम बातों की नींव उस दौर में पघी थी और अनुवाद कार्य ने इसमें बघी भूमिका निभाई थी।

पर शिक्षा-शास्त्र के क्षेत्र में अनुवाद के महत्त्व का सर्वाधिक उछाल औद्योगिक क्रान्ति के बाद ही दिखता है। विश्व भर का मानचित्र वैज्ञानिक अवदान के कारण सिमट गया। ज्ञान-विज्ञान की कई शाखाओं का विकास हुआ। विषय विशेषज्ञता ही आवश्यकता महसूस होने लगी। ज्ञान सम्पदा का आदान-प्रदान वृहत् पैमाने पर होने लगा। परराष्ट्र की प्रतिभाओं का उपयोग शुरू हुआ। ज्ञानार्जन और अर्जित ज्ञान के उपयोग से अर्थोपार्जन की स्वाधीनता बघ गई। इन तमाम क्रिया-कलापों के विकास से अनुवाद का फलक बघ गया। और, अनुवाद परम्परा की हमारी प्राचीन पद्धति थोघी अक्षम दिखने लगी। ज्ञानलोक और चिन्तन-पद्धति के विकास के कारण विषय उपस्थान में सम्वेदनशीलता इतनी बघ गई कि अर्थ का अनर्थ होने की सम्भावना दिखने लगी। प्राचीन समय में अनुवाद के नाम पर जो टीका, व्याख्या, सारांश प्रस्तुत किया जाता था, उसमें मूल पाठ का बहुत कुछ खर्च हो जाता था। नई भाषा में आए हुए पाठ में कुछ आमदनी भी हो जाती थी। वैसे, आज भी अनुवाद क्रिया में इन सम्भावनाओं से बचा रह पाना मुश्किल है।

इसका सबसे बघ कारण होता है दोनों भाषाओं की अपनी सांस्कृतिक पहचान। हर क्षेत्र की भाषा और संस्कृति वहाँ के इतिहास भूगोल और विरासत से

सम्पोषित होती है। उस क्षेत्र की आवोहवा, वहाँ की जलवायु, वहाँ का वातावरण. ..सब मिलकर ही वहाँ के मनुष्य का तन और मानस रचा होता है। आचरण, आदत मेंय आदत, रहन-सहन मेंय रहन-सहन, प्रथा मेंय प्रथा संस्कृति में...जिस लम्बी जीवन व्यवस्था में परिवर्तित होता है, वह एक ऐतिहासिक प्रक्रिया होती है। दो भाषा क्षेत्रों की जटिल जीवन व्यवस्थाओं का तालमेल कराने में बड़े-से-बड़े महारथी कई बार विवश हो जाते हैं। अनुवाद कार्य के दौरान कुछ लोप और आगम (Loss and Gain) की स्थिति ऐसी ही विवशता में उत्पन्न होती है। वस्तुतः यह स्थिति किसी सिद्ध अनुवादक के लिए सबसे बधी चुनौती की स्थिति होती है।

पर आज के समय में, जब अनुबाद-कला का विराट महत्त्व प्रमाणित हो चुका है और विश्व फलक पर इसकी आवश्यकता दिख रही है, ज्ञान की शाखा के रूप में इसकी मान्यता बन चुकी है, इस पर कई दिशाओं से सोचने की आवश्यकता हो गई है।

बहुभाषिकता और विभिन्न राष्ट्रों के बीच राजनीतिक, कूटनीतिक, सांस्कृतिक सम्बन्ध तथा सीमावर्ती स्वायत्तता से सम्बन्धित राजनय के मद्देनजर अनुवाद की महत्ता अनिवार्य और दायित्त्वपूर्ण हो गई है। इस रास्ते शिक्षण पद्धति में इसका प्रवेश गम्भीरता से हुआ है। शासन-व्यवस्था, संचार-माध्यम, सांस्कृतिक आदान-प्रदान, राष्ट्रनिर्माण, मानवीय सौहार्द, वाणिज्य, उद्योग-धन्धा, प्रबन्धन-पद्धति, कला-साहित्य-सांस्कृति, विचार विनिमय आदि के क्षेत्र में आज अन्तर्राष्ट्रीय फलक पर अनुवाद की उपयोगिता इतनी अधिक बध गई है कि इसके बिना ये सारे तन्त्र अपंग साबित होने लगे हैं। इधर शिक्षा के क्षेत्र में विशेषज्ञता की माँग इतनी बध गई है कि इन सभी दिशाओं में विभिन्न संस्थानों में उच्चतर शिक्षा दी जाने लगी है। जाहिर है कि अनुवाद के सूक्ष्मतर उपयोग के बिना ये सारे अपूर्ण होंगे। भारत जैसे बहुभाषी, बहुसांस्कृतिक देश में तो इसकी महत्ता और भी विशिष्ट हो गई है।

नायडा, न्यूमार्क, बाथगेट जैसे अनुवाद चिन्तकों ने स्रोत-भाषा के पाठ से लक्ष्य-भाषा के पाठ तक की यात्रा में एक बेहतर अनुवाद के लिए विश्लेषण, बोधन, समन्वयन, संक्रमण, पुनर्गठन.... जितने भी पधव तय किए हैंय उन सब में बहुत सावधानी बरतने की आवश्यकता है। हर समय और हर विषय-प्रसंग का चिन्तक अपने अनभव प्रतिभा और जीवन-दृष्टि के आधार पर कोई सिद्धान्त तय करता है। जरूरी नहीं कि वह सिद्धान्त सब के लिए सभी परिस्थितियों में सफल

साबित हो। कई बार तो सिद्धान्तकर्ता कुछ समय बाद अपने ही मत को खुद खण्डित कर नए मत प्रस्तावित कर देते हैं। हमारे यहाँ तत्सम शब्दों का अन्वय विश्लेषण और शब्दों की व्युत्पत्ति प्रक्रिया ढूँढने के क्रम में पाठ की समझ विकसित करने की मंशा ही शामिल रहती है। अध्यापन, विवेचन, विश्लेषण, शास्त्रार्थ, कथावाचन आदि समस्त शैक्षिक, बौद्धिक, शास्त्रीय, लौकिक आदि उपक्रमों में अथवा सामाजिक रूप से पंचायत व्यवस्था में, वैचारिक आदान-प्रदान में, इन प्रक्रियाओं का उपयोग भारतीय पद्धति में होता आया है।

संस्कृत समस्त आधुनिक भारतीय भाषाओं की जननी है, इसके बावजूद आज भारतवर्ष में शताधिक भाषाएँ/उपभाषाएँ वजूद में हैं। भारतीय संविधान की आठवीं अनुसूची में ही बाइस भाषाएँ स्वीकृत हैं। हर भाषा का अपना खास वातावरण और अपनी विलक्षण व्यवहार शैली एवं संस्कृति है। सभी भाषाओं के साहित्य उस जनपद के जनजीवन की चित्तवृत्तियों से सराबोर है। यह भी सच है कि भारतीय नागरिकों की जीवन-शैली सदा से ज्ञानाश्रित रही, ज्ञानोन्मुख विषयों पर यहाँ सदा विचार-विमर्श होता रहा। व्यापार की दिशा में इस राष्ट्र में कभी उग्रता नहीं रही, उसे यहाँ कभी प्रतिस्पर्द्धा की दृष्टि से नहीं देखा गया, यह उपक्रम जीवन की एक सामान्य क्रिया मात्रा रहा। इस राष्ट्र के बुद्धिजीवियों के चिन्तन का केन्द्रीय विषय मानवीयता ही बना रहा। धर्म, दर्शन, ज्योतिष, आयुर्वेद, ज्यामिति, और रमल-शास्त्र यहाँ की चिन्तन परम्परा का मुख्य लक्ष्य रहा। और, इस दिशा में यहाँ पर्याप्त कार्य भी हुए। इस सम्पूर्ण विरासत में वैदिक संस्कृत से लेकर उत्तरवैदिक संस्कृत लौकिक संस्कृत, और फिर आधुनिक भारतीय भाषाओं की विकास प्रक्रिया तक में लगातार परिवर्तन होता रहा। विश्लेषण, अन्वय, टीका, व्याख्या की अनेक सरणियों से न केवल सर्जनात्मक साहित्य, बल्कि जीवन व्यवस्था के अधीन ज्ञान के सभी संकायों में अनुकथन, पुनर्कथन की दीर्घ परम्परा बनी रही। अकेले ब्रिटिश शासन काल की भारतीय जीवन पद्धतियों का सूक्ष्मता से अनुशीलन किया जाए तो इस प्रसंग में शोध और विश्लेषण की विराट सम्भावनाएँ उपस्थित हो जाएँगीं। इस पूरी व्यवस्था में, करते जाने के इतने बध्-बध् लक्ष्य, इस राष्ट्र के बुद्धिजीवियों के समक्ष आते गए कि उन्हें अपने किए हुए कार्यों का गीत गाने की सुविधा नहीं मिल सकी। इससे अलग यह भी कि यहाँ के चिन्तकों के लिए अनुकथनध्पुनर्कथनध्पुनर्प्रस्तुति के क्रम में बोधन, विश्लेषण, अन्वय, व्यख्या के जितने कार्य करने पध्, उन सबको हमारे पूर्वजों ने अपनी दिनचर्या का एक अंश मानाए इतिहास की कोई घटना नहीं। अनुवाद अध्ययन के

क्षेत्र में भारतीय चिन्तन परम्परा को यदि इस पद्धति से रेखांकित किया जाए, तो इसकी लम्बी परम्परा का सूत्र हमारे सामने होगा। कीर्ति-स्तम्भ स्थापित करने की परम्परा तो भारत में भी रही है। पर राजाओं के यहाँय बुद्धिजीवियोंधचिन्तकों की मण्डली में नहीं, इनके यहाँ तो ज्ञान-चर्चा ही सर्वाधिक महत्त्व का विषय बना रहा। देर तक तो शिक्षा व्यवस्था भी अभ्यास और मौखिक परम्परा से चलती रही। पर आज के समय में अनुवाद की स्थिति बदल गई है। भाषा और संस्कृतियों की विविधता के मद्देनजर विश्व फलक पर कई प्रसंग सामने हैं।

विज्ञान एवं प्रौद्योगिकी के साथ मनुष्य की विचार-व्यवस्था में बघ परिवर्त्तन हो गया है। विज्ञान के अवदान और मनुष्य के ज्ञान की परिणतियाँ, विध्वंसक उपलब्धियों के इर्द-गिर्द घूमने में विश्वास करने लगी हैं। राजनय और कूटनीतिक स्थितियाँ बदल गई हैं। अन्तर्राष्ट्रीय सम्बन्धों को लेकर वैचारिक संघर्षों को लेकर, विचार-व्यवस्था पर्याप्त व्याख्येय और बहुअर्थी व्यंजना से परिपूर्ण हो गई है। जाहिर है कि अनुवाद जैसे कार्य आज अत्यधिक महत्त्वपूर्ण हो गए हैं।

अनुवादक अथवा अनुवाद चिन्तक के रूप में प्रशिक्षित होने के लिए वैश्विक फलक पर उक्त सारी बातों का ध्यान रखना आवश्यक है। अनुवाद अध्यापन के क्रम में कक्षा-अध्यापन और पाठ्यक्रम का विकास करते हुए आज यह सोचना बहुत आवश्यक हो गया है कि जिन दो भाषाओं के बीच यह सम्बन्ध हो रहा है, उनके अपने अन्तस्सम्बन्ध भी अपनी-अपनी जगह रक्त-शिराओं की तरह फैले हुए हैं। मूल पाठ का बोधन, विश्लेषण करते हुए वाचकधप्रस्तोता की बौद्धिकता और विषय वस्तु के बारे में उसकी समझ से लेकर लक्ष्य-भाषा के भावक की ग्रहण-शक्ति तक की चिन्ता करनाय दोनों पाठों में अन्तःसलिल धारा की तरह अलक्ष्य, किन्तु विद्यमान संस्कृति और परिवेश का आरोपण करना कितना मुश्किल, और कितना जरूरी है--पाठ्यक्रम विकास के क्रम में इस बात का ध्यान रखना बेहद जरूरी है। इन सावधानियों से निरपेक्ष रहकर कोई भी व्यक्ति बेहतर तो क्या, सामान्य अनुवादक या अनुवाद चिन्तक भी नहीं हो सकता। अनुवाद का लापरवाह अर्थ लगाने वाले व्यक्ति के बारे में निश्चित रूप से यह कहा जा सकता है कि वे अनुवाद के विभिन्न रूपों में से हर एक को समग्र मानने की भूल कर रहे हैं। आज की तारीख में विश्वसनीय अनुवाद और बात है, और बेहतर अनुवाद और। विश्वसनीय अनुवाद पर विश्वास रखने वाला व्यक्ति ही 'गिव द आनर गेट द आनर का अर्थ 'इज्जत दो, इज्जत लो लगाते हैं, या 'प्योर काउ मिल्क इज एवलेवल हेयर' का अर्थ 'यहाँ शुद्ध गाय का दूध उपलब्ध है' लगाते हैं। इन पंक्तियों का अनुवाद कोशीय अर्थों में गलत नहीं है।

लेकिन पाठ्यक्रम विकास के क्रम में यही उदाहरण सहायक साबित होता है कि अनुवाद कार्य अथवा अनुवाद चिन्तन के समय भाषा-विज्ञान, भाषा का सांस्कृतिक परिप्रेक्ष्य, वाचकध्उद्घोषक का ध्वनि-प्रयोग, मुहावरा-लोकोक्ति, बिम्ब-प्रतीक किस तरह का चमत्कार उत्पन्न करता है। ये किसी पाठ के वैसे वैशिष्ट्य हैं, जिनकी जानकारी के अभाव में पाठ विरूपित हो जाता है।

इन दिनों मशीनी अनुवाद पर भी तल्लीनता से काम हुआ है। उस काम की सराहना की जानी चाहिए, लेकिन पाठ्यक्रम में इसका उल्लेख होना भी आवश्यक है कि मशीनी अनुवाद की अपनी सीमा है। मशीनी अनुवाद उसी पाठ का सम्भव है, जिसके प्रस्तोता मूल पाठ ही इस धारणा से प्रस्तुत करें कि इसका मशीनी अनुवाद होना है। अमिधा शक्ति के अतिरिक्त किसी और भाषा-ध्वनि का प्रयोग उसमें न हो। वर्ना मशीनी अनुवाद का सम्पादन एक जंजाल बन जाता है। वैसे भी किसी भ्रष्ट अनुवाद को सुधारने से बेहतर कार्य फिर से अनुवाद करना होता है।

इसी तरह हर भाषा-क्षेत्र की संस्कृति और शब्द-संस्कार का ध्यान रखना आवश्यक है। मिथिलांचल के ब्राह्मण माँस-मछली खाते हैं, जबकि शाकद्वीपीय ब्राह्मण माँसाहार वर्जित रखते हैं। छोटानागपुर में नानी-नाती के बीच हास-परिहास का रिश्ता होता है, बिहार में आदर और लिहाज का। बिहार में जीजा-साली में परिहास चलता है, केरल में भाई-बहन की तरह लिहाज किया जाता है। दिसम्बर माह में दिल्ली में पुरजोर ठण्ड पध्ती है। कोचीन में एअर कण्डीशन चलाना पध्ता है। अब मैथिली के किसी पाठ का अनुवाद यदि हिन्दी में हो, नागपुरी का अनुवाद मैथिली में हो, हिन्दी का अनुवाद मलयालम में हो, मलयालम का पंजाबी में हो. ..तो इस तरह की सांस्कृतिक भिन्नताय खान-पान, रहन-सहन, पहनावे-ओघवे की विविधता को अनुवाद करते समय किस तरह लिया जाना चाहिए, इसके संकेत अनुवाद के शिक्षण क्रम में होना चाहिए।

भारतीय परिप्रेक्ष्य में तो खासकर शब्दावलियों की विराट अर्थ-ध्वनियाँ हैं। सर्वनामों और क्रियापदों की विशिष्ट प्रयुक्तियाँ हैं। अंग्रेजी का 'एंगर', हिन्दुस्तानी में गुस्सा, क्रोध, कोप बनकर आता है। पर स्थिति यह है कि अंग्रेजी में परशुराम भले एंग्री हो जाएँ, हिन्दी मे वे गुस्सा नहीं होंगे, क्रोधित होंगेंय अंग्रेजी में भगवान विष्णु भले एंग्री हो जाएँ, हिन्दी में गुस्सा नहीं होगें, कुपित होंगे। इस तरह के असंख्य उदाहरण विभिन्न भारतीय भाषाओं से लिए जा सकते हैं।

सारांशतः आज के जटिल और मिश्रित पर्यवस्थिति से भरे-पूरे सामाजिक परिदृश्य में हम ब्राह्मण, आरण्यक, निघण्टु, निरुक्त से अनुवाद की भारतीय

परम्परा और सरगोन की विजय घोषणा से पश्चिमी अनुवाद परम्परा की माला भले जप लेंय पर अनुवाद अध्ययन की शिक्षा-पद्धति विकसित करने हेतु यह ध्यान हर समय रखना होगा कि मूल पाठ के वाचक एवं विषय, वाचक और विषय के उद्देश्य, भाषा क्षेत्र, परिवेश, संस्कृति, भाषा विज्ञान, लोक-प्रयुक्ति, विषय की सम्वेदनशीलता के मद्देनजर ही कोई अनुवादक या अनुवादक-चिन्तक अपने को लक्ष्य भाषा के लिए तैयार करता है और अनुवाद की कोटि तय करता है कि इस पाठ के लिए टीका, व्याख्या, अन्वय-विश्लेषण, इण्टरप्रिटेशन, अनुवाद....क्या उचित है? और इसी पद्धति में लक्ष्य भाषा के भावक के मानसलोक और बौद्धिक स्तर, भाषा-क्षेत्र के परिवेश, संस्कृति, भाषा संरचना, लोक प्रयुक्तियाँ, विषय-निरूपण आदि तय करता है। जाहिर है कि इसमें किसी अनुवादक या अनुवाद चिन्तक को इस कार्य में उसके प्रशिध्क्षण का अनुभव और व्यावहारिक पद्धति के दौरान प्राप्त पटुता ही सहायक होगा। अतः अनुवाद से सम्बन्धित पाठ्य निर्मिति में इन बातों का संज्ञान रखा जाना अनिवार्य है।

3

अनुवाद की प्रक्रिया तथा प्रविधि

अनुवाद कार्य का सीधा सम्बन्ध एक भाषा में कही गयी या लिखी हुई बात को दूसरी भाषा में उसके मर्म की रक्षा करते हुए प्रस्तुत करना होता है, जो प्रायः ही विभिन्न भाषाओं के जानकारी करते हैं। आमतौर से नित्यप्रति एक भाषा का जानकारी व्यक्ति किसी दूसरे देश या प्रदेश में रहता है, जहाँ दूसरी भाषा बोली जाती है, तो वह सामान्यतः दूसरी भाषा को सीख जाता है और वह उस भाषा में भी बातें करने लगता है। यह अनुवाद प्रक्रिया का मूल स्तर होता है। प्रायः ही मनुष्यों का दूसरे भाषा-भाषी देश, प्रदेशों में सबसे आना-जाना रहा है, और आज तो यह एक बहुप्रचलित शौक के रूप में उभर कर सामने आया है। वैज्ञानिक उन्नति ने मनुष्य को बड़े ही त्वरित और सुविधाजनक यात्रा-साधन उपलब्ध कराये हैं, इसलिये लोगों की यह देशान्तरण क्रिया भी बहुत बढ़ गयी है।

आज शायद ही कोई ऐसा देश हो जो इसे अन्तर्भाषायी प्रचलन को सामान्य रूप में न मानता हो, परन्तु सामान्य रूप में प्रचलित हुआ मानव-समाज को यह सम्मिलन अनुवाद क्रिया को करता हुआ भी उसकी प्रक्रिया को नहीं जानता, क्योंकि उसे इसकी आवश्यकता ही नहीं पड़ती। यह वैसी ही बात है जैसी सामान्य रूप से अपने दैनिक व्यवहार में बाते करने वाले लोगों को अपनी भाषा के व्याकरण को जानने की आवश्यकता नहीं पड़ती, परन्तु वह जो भी बोलता है, उसका सम्बन्ध भाषा विज्ञान और व्याकरणा से निश्चित रूप से होता है। यही

बात अनुवाद कार्य के सम्बन्ध में सत्य है। अनुवाद कार्य जब एक स्थायी चरित्र के तत्व ग्रहण कर लेता है तो अनुवादक को बहुत सावधान होना पड़ता है। यह सावधानी ही अनुवाद क्रिया और प्रविधि को जन्म देती है। अनुवाद प्रक्रिया स्वयं ही अनुवादक को उसकी प्रविधि के प्रति सचेत होने को बाध्य करती है।

अनुवाद कार्य की आवश्यकता वर्तमान युग में ही आवश्यक नहीं हुई है, इसकी आवश्यकता सदैव तथा शाश्वत काल से रही है। अनुवाद चिन्तामणि कोश में अनुवाद शब्द की दी गयी व्युत्पत्तियों के अनुसार-'प्राप्तस्य पुनः कथनम्' तथा 'ज्ञातार्थस्य प्रतिपादनम्' अनुवाद प्रक्रिया रूप ग्रहण करती है। अनुवाद कार्य, प्रथम व्युत्पत्ति के अनुसार-'प्रथम कहे गये का अर्थग्रहण कर उसका पुनः कथनानुवाद है।' और द्वितीय व्युत्पत्ति के अनुसार-"किसी के द्वारा कहे गये को भली प्रकार समझ कर उसका विन्यास"-अनुवाद है। वस्तुतः इन दोनों व्युत्पत्तियों में थोड़ी उलट-फेर करके निम्नोक्त रूप से एक व्युत्पत्ति बनायी जाये तो स्थिति अधिक स्पष्ट हो जायेगी--

'प्राप्तस्य' में भी वही तथ्य है, जो 'ज्ञातार्थस्य' में है, पुनरपि 'ज्ञाातार्थस्य' थोड़ा अधिक स्पष्ट है। अनुवाद में प्रतिपादन अर्थात् समर्थन अथवा खण्डन आदि नहीं होता। अपितु पुनः स्थापन होता है। इस रूप में 'प्रतिपादन' की अपेक्षा 'पुनः कथन' प्रयोग अधिक उपयुक्त और समीचीन है। इस परिभाषा के अनुसार-किसी के कथन के अर्थ को भली प्रकार समझ लेने पर उसे तद्वत् फिर से प्रस्तुत करने का नाम अनुवाद है। इस प्रकार से तो एक ही भाषा के क्लिष्ट प्रयोग की सरल प्रस्तुति भी अनुवाद कहलायेगी, पुनरपि आज 'अनुवाद' शब्द अंग्रेजी के ट्रांसलेशन और फारसी के 'तर्जुमा' का पर्याय है जिसका प्रयोग एक भाषा के कथ्य का दूसरी भाषा में रूपान्तरण है।

वर्तमान काल में अनुवाद के लिए ट्रांसलेशन (Translation) शब्द का प्रयोग आम रूप से होता है। यह अंग्रेजी भाषा का शब्द है जो लैटिन भाषा के Trans शब्द से निकला है। यदि हम trans शब्द को ही इसके अनुवाद रूप में समझने की चेष्टा करें तो यह उपसर्ग (prefix) है, जिसका अर्थ है-'के पार', 'उस पार का', 'पार के परे' या 'परा'। इससे अंग्रेजी भाषा के अनेक शब्द बने हैं। इन्ही में एक शब्द है ट्रांसलेशन (Translation), जिससे अनुवाद शब्द को उपर्युक्त दोनों ही व्युत्पत्तियों से सम्बद्ध किया जा सकता है। अतः वर्तमान प्रचलन के अनुसार दोनों को प्रायः एक साथ कर दिया गया है। हालांकि दूसरी व्युत्पत्ति के अनुसार 'अनुवाद' क्रिया को अंग्रेजी के ट्रांसफोरमेशन (transformation) शब्द के अधिक निकट होना चाहिए, जिसका तात्पर्य केवल 'मूल' के अनुरूपित रूप परिवर्तन से लगाना चाहिए, न कि उसके अन्यथा रूप परिवर्तन से। परन्तु ट्रान्सफोरमेशन को उसके रूढ़ अर्थ में अन्यथा रूप परिवर्तन से ही लगाया जाता है, इसलिये अनुवाद शब्द की दोनों व्युत्पत्तियाँ अंग्रेजी के ट्रान्सलेशन में समायेजित हो गई हैं।

अनुवाद के स्थानापन्न प्रयोग तथा अर्थ-प्राचीन भारत में जब लिपि का विकास नहीं हुआ था अथवा लिखन-लिखाने की आज जैसी सुविधाएँ उपलब्ध नहीं थीं तो उस समय पठन-पाठन मौखिक रूप से चलता था। उस समय शिष्य गुरू-मुख से उच्चरित पाठ को सुनकर और दुहराकर स्मरण करने का अभ्यास करता था। वेद के लिये 'श्रुति' और शास्त्र के लिए 'स्मृति' प्रयोगों का प्रचलन इसी तथ्य का द्योतक है। इस सन्दर्भ में गुरु द्वारा उच्चरित पाठ के शिष्यों द्वारा दुहराये जाने के लिए 'अनुवचन' तथा 'अनुवाक्' शब्दों का प्रयोग प्रचलित था।

यहाँ यह उल्लेखनीय है कि लौकिक संस्कृत में उपसर्ग शब्दों के साथ जुड़कर उनका अर्थ बदल देते हैं। इस सम्बन्ध में एक पद्य बहुप्रचलित है।

'उपसर्गेण धात्वर्थो बलादन्यत्र नीयते।
प्रहार-हार-संहार-विहार-परिहारवत्।।'

अर्थात् उपसर्ग धातु से बने शब्द के साथ जुड़ते ही उस धातु के अर्थ से शब्द के अर्थ को भिन्न कर देता है। उदाहरणार्थ 'हृ' धातु से बने 'हार' शब्द का अर्थ 'माला' है परन्तु इस हार के साथ प्र, सम्, वि और परि आदि उपसर्गों के जुड़ने से बने शब्दों-प्रहार, संहार, विहार और परिहार का अर्थ क्रमशः आक्रमण, विनाश, भ्रमण तथा उपनगर और त्याग (छोड़ना) हो जाता है।

लौकिक संस्कृत में अनिवार्यतः उपसर्ग शब्दों के आगे जुड़कर प्रयुक्त होते हैं परन्तु वैदिक संस्कृत में ऐसी अनिवार्यता नहीं है। उदाहरणार्थ--

अन्वेको वदति यद् ददाति।

यहाँ 'अनु' और 'वदति' एक साथ जुड़े हुए नहीं हैं, जबकि शब्द 'अनुवदति' ही है। कहीं-कहीं पर एक साथ जुड़े रूप का प्रयोग भी मिलता है--

अधिः पञ्चम्यर्थानुवादी।

वेद में 'अनुवाद' शब्द-जुड़ा अथवा पृथक् रूप में प्रयुक्त 'पुनः कथन' अर्थ लिए हुए है। यह 'पुनः कथन' पद्य का गद्य रूपान्तर था अथवा साहित्यिक भाषा की जनभाषा में प्रस्तुति थी-स सम्बन्ध में आज निश्चित रूप से कुछ भी नहीं कहा जा सकता।

'अनुवाद' शब्द का 'पुनः कथन' अर्थ में प्रयोग परवर्ती वैदिक साहित्य-ब्राह्मण ग्रन्थ, उपनिषद, सूत्रग्रन्थ तथा वेदांग-में भी मिलता है। उदाहरणार्थ--

ऐतरेय ब्राह्मण-यद् वाचि प्रोदिता याम् अनुब्रूयाद अन्यस्येवैनम्।

अर्थात् दूसरों की समझ में न आये वचन फिर से बोलने चाहिए।

वृहदारण्यक उपनिषद्-तद्-एतद् एवैषा दैवी वागनुवदति।

अर्थात् यही वाणी की विशिष्टता है कि किसी भी कथन का पुनः कथन किया जा सकता है।

निरुक्त (वेदांग)-यथा एतद् ब्राह्मणेन रूप सम्पन्ना विधीयन्त उत्युदितानुवादः स भवति अर्थात् कुशल ज्ञाता द्वारा किसी तत्व का बोध कराने के लिये उसका जो स्पष्टीकरण दूसरे शब्दों में एक बार कथित का पुनः (आवश्यकता होने पर पुनः-पुनः) कथन किया जाता है, वही अनुवाद है।

महान् वैयाकरण पाणिनि ने अपनी 'अष्टाध्यायी' के एक सूत्र--**'अनुवादे चरणानाम्'**--में अनुवाद शब्द का प्रयोग किया है। अष्टाध्यायी को "सिद्धान्त कौमुदी" के रूप में प्रस्तुत करने वाले भट्टोजि दीक्षित ने पाणिनि के सूत्र में प्रयुक्त 'अनुवाद' शब्द का अर्थ--'अवगतार्थस्य प्रतिपादनम्--अर्थात ज्ञात तथ्य की प्रस्तुति, किया है। संस्कृत के परवर्ती साहित्य के अनुवाद शब्द का प्रयोग 'पुनः कथन' के अतिरिक्त 'पुनः पुनः कथन' अर्थात् आवृत्ति (दुहराने) के अर्थ में भी हुआ है। 'गुणानुवाद' का अभीष्ट अर्थ-गुणों का बार-बार कथन ही है।

न्यायदर्शन के एक सूत्र में 'अनुवाद' और 'पुररुक्त' में अभेद माना गया है परन्तु इस सूत्र के एक व्याख्याकार वात्सयायन ने अनुवाद और पुनरुक्ति में भेद मानते हुए कहा--"अनुवाद पुनरुक्ति नहीं है क्योंकि पुनरुक्ति निरर्थक होती है, जबकि अनुवाद सार्थक अथवा सोद्देश्य पुनः कथन होता है।"

भाष्यकार के इस मत से जो विद्वान असहमति रखते हैं वह शायद न तो मूल लेखन में की गई किसी शब्द या वाक्य की पुनरुक्ति के भाव बोध के प्रति सचेत हैं, और न उससे अनुवाद रूप के प्रति, इसलिये वह यदि भाष्कार के 'सार्थक' अथवा सोद्देश्य पुनः कथन पर ध्यान दें, तो उचित होगा, अर्थात् अनुवाद कार्य में मूल की सार्थकता या सौद्देश्यता के विपरीत, केवल मूल को 'मूल लेखन' के भाव विन्यास को प्रकट न कर सकने वाली पुनरुक्ति की जाती है तो उसे व्यर्थ ही समझना चाहिये। भाष्यकार का यहाँ इसी बात से प्रयोजन है, तभी वह उसे व्यर्थ बताता है। अनुवाद में प्रक्रियात्मक रूप में पुनरुक्ति, यदि मूल के भाव को गम्भीरता को प्रकट नहीं करती तो वह व्यर्थ ही है।

किसी तथ्य को रेखांकित करने के लिये, अथवा उसे प्रभावी रूप देने के लिये पुररुक्ति का सहारा लेना मूल में या तो भाव गम्भीर्य को प्रकट करने के लिये किया जाता है या लेखन शैली के सौन्दर्य के लिये, या मूल भाव को और अधिक स्पष्ट करने के लिये। यह तो सत्य है कि किसी कथन को ज्यों का त्यों एक ही रूप में एक से अधिक बार कहना पुनरुक्ति है और इसके विपरीत किसी कथन को पूर्वापेक्षा अधिक सरल-सुबोध बना कर प्रस्तुत करना अनुवाद है।

दिये गये विवेचन से स्पष्ट है कि संस्कृत के प्राचीन साहित्य में अनुवाद शब्द का प्रयोग अवश्य मिलता है परन्तु उसका अर्थ पीछे कहना (गुरु के कथन का शिष्य द्वारा दुहराना), फिर से कहना (पुनः कथन) तथा समझ कर कहना (ज्ञात अर्थ का कथन) आदि है। संस्कृत में 'अनुवाक' तथा 'अनुवचन' जैसे शब्द 'अनुवाद' के ही पर्याय हैं जो शब्द के मूल भाव को प्रकट करते हैं। 'अनुवाद' शब्द पर विचार करते हुए प्रतीत भी वही होता है। संभवतः प्राचीन काल में एक भाषा की बात तो दूसरी भाषा में समझने की आवश्यकता कम ही रही होगी, इसलिये कालान्तर में 'अनुवाद' शब्द का क्षेत्र व्यापक हो गया, और वह रूढ़ होकर किसी बात को भाषान्तरित रूप में प्रयोग करने के लिये किया जाने लगा। हिन्दी में आज 'अनुवाद' शब्द का प्रयोग उनके इसी रूढ़ अर्थ में होता है। आज इस शब्द का प्रचलित एवं सर्वमान्य अर्थ है--किसी अन्य भाषा के अवतरण का उसकी भाषा तथा भाव, अर्थ और शैली की आत्मा की सुरक्षा करते हुए किसी दूसरी भाषा में पुनःकथन।

संस्कृत में 'अनुवाद' शब्द का प्रयोग की परम्परा प्राचीन होते हुए भी हिन्दी में इसका प्रयोग बहुत बाद में हुआ। हिन्दी में अनुवाद के स्थान पर प्रयुक्त होने वाले शब्द हैं--छाया, टीका, उल्था, तरजुमा और भाषानुवाद आदि। वस्तुतः 'टीका' शब्द का प्रयोग संस्कृत में वर्तमान में प्रयुक्त अनुवाद शब्द का अधिक पर्याय है, परन्तु संस्कृत में टीका शब्द में वर्तमान 'अनुवाद' की पर्यायता के साथ उसकी व्याख्या भी सम्बद्ध है।

संस्कृत के नाटकों में जहाँ उच्चवर्ग के पुरुष पात्र संस्कृत का उच्चारण करते हैं, वहाँ निम्नवर्ग के पुरुषपात्र तथा सभी स्तर के स्त्रीपात्र प्राकृत, अपभ्रंश आदि भाषाओं का उच्चारण करते हैं। प्राकृत-अपभ्रंश भाषाओं से अपरिचित पाठकों के लिये इन भाषाओं के वक्तव्यों में अनुवाद देने की प्रथा रही है और इस अनुवाद के लिये 'छाया' शब्द प्रचलित रहा है। छाया शब्द के प्रयोग के औचित्य के पीछे कदाचित् यही मान्यता रही होगी कि यह अनुवाद शब्दानुवाद न होकर भावानुवाद

ही होता था और टीक शब्द का प्रयोजन व्याख्यात्मक अनुवाद से था। यह बात इस बात से भी प्रमाणित होती है कि संस्कृत के उपसर्गों के हिन्दी रूपान्तरण को 'टीका' अथवा 'भाषा-टीका' नाम देने की भी प्रथा रही है। भाषा का अर्थ साधारण बोलचाल की भाषा और टीका का अर्थ अनुवाद ही था। यही कारण है कि एक ही विषय के लिये 'टीका', 'भाषा-टीका' तथा 'भाषानुवाद' आदि शब्दों के प्रयोग का प्रचलन मिलता है।

भारतेन्दु युग से पूर्व हिन्दी गद्य लेखकों में --पं. रामप्रसाद निरंजनी और पं. दौलतराम जैन प्रभूति ने अपने ग्रन्थों--भाषा योगवसिष्ठ और जैन पद्य पुराग--को मूल संस्कृत रचनाओं का उल्था ही कहा है।

भारतेन्दु हरिश्चन्द ने 'रत्नावली' नाटक की भूमिका में अनुवाद के लिये 'तरजुमा' शब्द का प्रयोग किया है--

"नाटकों का तरजुमा प्रकाशित होता जायेगा।"

उन्होंने संस्कृत से हिन्दी रूपान्तर के लिये अनुवाद शब्द का प्रयोग भी किया है। 'मुद्राराक्षस' का जब मैंने अनुवाद किया।

उपर्युक्त तथ्यों से भाषानुवाद से संक्षिप्त रूप लेकर अनुवाद शब्द के प्रचलित होने अथवा बंगला से इस शब्द के हिन्दी में आने की सम्भावना से भी इन्कार नहीं किया जा सकता।

सम्भव है कि यह (अनुवाद) शब्द भाषानुवाद से ही संक्षिप्त होकर अनुवाद रूप में चल पड़ा या फिर बंगला से ही आया हो। बंगला में व्यवस्थत अनुवादों की परम्परा हिन्दी से कहीं अधिक पुरानी है तथा वहाँ हिन्दी की तुलना में बहुत पहले से ही भाषान्तर को 'अनुवाद' कहते आ रहे हैं। आगे चलकर तो स्वयं भारतेन्दु जी ने भाषानुवाद के स्थान पर केवल अनुवाद शब्द का प्रयोग किया।

डॉ. भोलानाथ तिवारी ने अनुवाद और भाषान्तर को पर्याय शब्द मानते हुए उसे प्रतीकान्तर के तीन भेदों--शब्दान्तर, मध्यान्तर और भाषान्तर--के अन्तर्गत एक भेद माना है। उनके शब्दों में--"मैं अनुवाद या भाषान्तर को 'प्रतीकान्तर' का एक भेद मानता हूँ।....हम जानते हैं कि विचार किसी न किसी प्रकार के प्रतीक द्वारा ही व्यक्त किये जाते हैं। भाषा में ये प्रतीक शब्द होते हैं।....(इस प्रकार) एक प्रतीक द्वारा व्यक्त विचार को दूसरे प्रतीक द्वारा व्यक्त करना प्रतीकान्तर है।"

डॉ. तिवारी ने प्रतीकान्तर के तीन भेद करते हुए कए ही भाषा में व्यक्त विचार को दूसरे शब्दों में व्यक्त करने को **'शब्दान्तर'** कहा है। हाथ के संकेत के स्थान पर वाणी के प्रयोग को अथवा वाणी के प्रयोग के स्थान पर आँख के संकेत

को 'माध्यान्तर' नाम दिया है तथा एक भाषा में अभिव्यक्त विचारों को दूसरी भाषा में व्यक्त करने को 'भाषान्तर' नाम देकर वे कहते हैं--"इसी को अनुवाद या तरजुमा आदि भी कहते हैं।" इस प्रकार यह स्पष्ट हो जाता है कि एक भाषा की सामग्री के दूसरी भाषा में रूपान्तरण का नाम ही अनुवाद है।

अनुवाद प्रक्रिया के प्राविधिक मूल तत्व

यह स्पष्ट रूप से समझ लेना चाहिए कि अनुवाद प्रक्रिया अपने आप में जितनी महत्वपूर्ण है, उतनी ही परतन्त्र भी है। मूल स्रोत भाषा का रचनाकार अपने आपमें जितना स्वतन्त्र होता है, लक्ष्य भाषा का अनुवादक उतना ही परतन्त्र होता है। उसे न तो मूल कथन की भाव-व्यंजना का अधिकार होता है और न व्याख्या का, वह एक ओर मूल लेखक के भाव पक्ष से बँधा होता है तो दूसरी ओर लक्ष्य भाषा की अभिव्यक्तिक सीमाओं के बन्धन में भी होता है, क्योंकि भाषाओं की भावाभिव्यक्ति, न केवल अपने रचना शिल्प में ही भिन्न होती है, अभिव्यक्ति के उपागमों में भी भिन्न होती है। इसी कारण अनुवाद प्रक्रिया का प्राविधिक रूप समान-सा लगते हुए भी एक जैसा नहीं होता। अनुवादक को स्रोत भाषा और लक्ष्य भाषा के समानान्तरण स्वरूप के साथ-साथ उसके विभिन्नता स्वरूप का भी ध्यान रखना अनिवार्य होता है। प्रायः यह कमी दिखाई देती है। इसी कारण प्रायः विज्ञ पाठक एक कृति के विभिन्न अनुवादकों द्वारा किये गये अनुवादों में से 'अच्छा अनुवाद' खोजते हुए देखे जाते हैं। ऐसे पाठकों में प्रायः वह पाठक आते हैं, जिन्हें स्रोत भाषा का भी 'कुछ' ज्ञान होता है। अनुवाद प्रक्रिया में अनुवादक की अपनी रचना शैली भी बाधक होती है। प्रायः ही कोई ऐसा अनुवादक होता है, जो मूल लेखक की रचना शैली का अनुकरण कर सकता हो। वास्तविक बात यह है कि स्रोत रचना का विशिष्ट सौन्दर्य उसकी रचना शैली में ही निहित होता है। प्रायः यह देखा जाता है कि एक बात को विभिन्न लेखों द्वारा कहा जाता है, परन्तु वही बात किसी विशेष लेखक से स्वयमेव जुड़ जाती है। अनुवादक इस बात को अच्छी तरह जानता है कि उसका दायित्व यह भी होता है कि वह इस बात को उसी रूप में अनूदित भाषा में भी उसकी मूल प्रस्तुति को सुरक्षित करने की चेष्आ करे। इस बात से हम अनुवाद प्रक्रिया को उसकी प्राविधिकता से जोड़ सकते हैं। अनुवाद अन्तःसंप्रेषण की प्रक्रिया ही नहीं, वह इस स्तर पर अन्तः भाव संवेदना की प्रक्रिया भी बन जाती है। वह इसी रूप में मानव की मूलभूत एकता, व्यक्ति चेतना तथा विश्व चेतना की मानक रूप प्रविधि सिद्ध हो सकती है। अनुवाद

तत्ववेत्ता **थियोडोर सेवरो** इसे सम्भव मानते हैं, असम्भव नहीं, क्योंकि वह कहते हैं कि "सभी देशों के मानव मूल रूप में एक ही वंश (स्पीशीज) के हैं। यह बात जीव विज्ञान की मान्यतानुसार सत्य भी हो सकती है और नही भीं, लेकिन मनोवैज्ञानिक स्तर पर ऐसा प्रतीत होता है कि समान परिस्थितियों, वातावरण और देश-काल के संदर्भों में मनुष्य की भावात्मक तथा क्रियात्मक चेष्टाएँ समान ही होती हैं। शायद भाषाओं के गहन स्तरों पर पाई जाने वाली मान की मूलभूत एकता इसका प्रमाण भी है।

जार्ज स्टीमर के शब्दों में, "अनुवाद करने का तात्पर्य है दो भाषाओं की बाह्य भिन्नताओं की तह में जाकर मानवीय अस्तित्व के साधन तत्वों को प्रकाश में लाना। मानव की खोई सार्वभौम सामान्य भाषा की मिथकीय कल्पना यहाँ चरितार्थ होती है।" ऐसा यदि कभी था तो, सांस्कृतिक परिवेशों में व्यतिरेक ने भाषायी भिन्नता पैदा की, उनकी संरचना तथा अभिव्यक्ति व्यंजना में अन्तर आया, परन्तु अनुवादक को उसे समझ पाना इतना सरल नहीं होता कि वह इस अभिव्यक्तिव्यंजना पर गहराई से विचार कर सके। इसकी कोई प्रविधि भी नही है। फिर भी सांस्कृतिक सेतु के निर्माण का दायित्व लेकर अनुवादक अपना कार्य नहीं करता है, परन्तु यह भी ध्यान रखना चाहिए कि अनुवादक यह कार्य किसी ऐसे दायित्व का निर्वाह करने के लिये ही अनुवाद कार्य नहीं करता, कभी-कभी तो वह यंत्रवत् सरकारी अनुवाद संस्थाओं से जुड़ा होता है, जिनका उद्देश्य मूलरूप में अपने साहित्य द्वारा अपने सांस्कृतिक वैभव का प्रकाश फैलाना होता है। प्रायः ऐसे संस्थानों में विश्वबन्धुत्व के दायित्व को अनुभव करने वाले अनुवादक नहीं होते, अतः वह अनुवाद कार्य की प्रक्रिया को एक स्तरीय महत्व का कार्य समझकर स्तरीय प्रविधि से ही अनुवाद कार्य करते हैं, परन्तु ऐसा होते हुए भी अनुवादक की व्यक्तित्व अपने ज्ञान की परितृप्ति के लिये अपनी प्राविधिक चेष्टाएँ प्रकट न करता हो, ऐसा नहीं होता और अनुवाद प्रक्रिया में स्वयं ही अनुवाद कार्य के प्रभेदानुसार प्रकट होते हैं।

सामान्य रूप में अनुवादक यह पूरी तरह समझता है कि उसे अनुवाद सामग्री को स्रोत भाषा (Source Language) से लक्ष्य भाषा (Target Language) में सावधानीपूर्वक पुनर्प्रस्तुत करना है। वह भी जानता है कि एक भाषा से दूसरी भाषा में भाषान्तर करना एक चुनौती भरा कार्य है। विज्ञ अनुवादक इस चुनौतीपूर्ण कार्य को, अर्थात् एक भिन्न प्रकृति-परवेश को उससे भिन्न प्रकृति-परिवेश में परकाया प्रवेश क्रिया को कुशलतापूर्वक सम्पन्न कर भी देता है। उसी यह

कुशलता प्रक्रियात्मक रूप में उसकी प्राविधिकता को, उसके दोनों भाषाओं की वाक्य, पदबन्ध, रचनाशैली, ध्वनि, अर्थ, अर्थ-लय, शब्द-रूप, शब्द-गठन-विन्यास, अलंकार, छन्द, लोकोक्ति, मुहावरों की प्रयोग-विधि में प्रकट करती है। वह अनुवाद प्रक्रिया को एक प्रविधात्मक रूप देता है, जो अत्यन्त महत्वपूर्ण है। इसमें विशेष रूप से सांस्कृतिक, ऐतिहासिक तथा प्रकृतिगत विशेषता परिप्रेक्ष्यों का सामंजस्य करना एक अनिवार्य आवश्यकता होती है। इसका उद्देश्य केवल यही होता है कि स्रोत भाषा की विशिष्टताओं के प्रभाव को लक्ष्य भाषा की विशिष्टताओं के प्रभाव भावाभिव्यक्ति और अर्थ अभिव्यक्ति में निस्तेज न कर दे। इस कार्य को कुशल अनुवादक इस प्रकार भी सम्पन्न कर देते हैं कि स्रोत-भाषा-संरचना की सशक्त प्रभावशैली का रूपान्तरण उसी रूप में लक्ष्य-भाषा-संरचना की विशेषताओं में समायोजित करके उसे अनुकरणीय बना देता है और अनुवाद प्रक्रिया में नई प्राविधिकता का जन्म होता है। इसी प्रकार का संचरण तथा संक्रमण भाषाओं को समृद्ध भी कर देता है परन्तु यह कार्य स्रोत-भाषा की अभिव्यक्ति-क्षमता और लक्ष्य-भाषा में स्रोत-भाषा की सम्पूर्ण अभिव्यक्ति को व्यक्त करने की क्षमता कम या ज्यादा रहती है। ऐसा होने के कारण अनुवाद कार्य में घपला खड़ा हो जाता है। लक्ष्य भाषा में यदि स्रोत-भाषा की शब्द-शक्तियों को पकड़ने की सही स्थिति न हुई तो भाषान्तर या व्याख्यात्मक आवृत्ति में बड़ा अनर्थ हो जाता है। शब्द और अर्थ के इस अनर्थ से बचने के लिए भारतीय वैयाकरणों ने अभिधा-लक्षणा एवं व्यंजना नामक शब्द-शक्तियों पर विस्तार से विचार किया है। तीनों शब्द-शक्तियों के सूक्ष्म भेद-प्रभेद को समझने के लिए इन तीन शब्द-शक्तियों के अनकानेक भेद उदाहरण देकर प्रस्तुत किए हैं। शब्द और अर्थ की पारस्परिकता, भिन्नता या स्वतन्त्रता पर विचार करते हुए स्पष्ट कहा गया है--"योयं शब्दः सोर्थः स शब्दः" इति। शब्दार्थ के शक्तिवाद के लिए वैयाकरणें ने (जाति, गुण, क्रिया एवं यदृच्छा शब्द) शब्द-चतुष्टयवाद का खुलकर पक्ष लिया है। इस धारणा के मूल में यह तथ्य निहित हे कि किसी भी भाषा को पढ़-सुनकर स्रोत-भाषा में अनुवाद करते समय चूक होना सम्भव होता है। स्रोत-भाषा की अर्थ-ध्वनियाँ, नादात्मक झँकारें तथा अनुकरणात्मक और अनुरणनात्मक संगतियों में अभिव्यक्तिगत अन्तर होने के कारण लक्ष्य भाषा में स्रोत-भाषा का समानार्थक अनुवाद सम्भव नहीं होता। स्रोत भाषा के अर्थ को लक्ष्य-भाषा या तो बढ़ाती है या संकुचित करती है, या घटाती है या सन्दर्भन्च्युत कर देती है या एकदम भिन्नार्थक स्थिति में पहुँचा देती है। यही कारण है कि नुवादक सम्पूर्ण निष्ठाा से दोनों के आस-पास की अर्थ-सम्भावनाऐं

से अर्थ उजागर कर पाता है। अतः अनुवाद में समानार्थक नहीं, निकटार्थक स्थिति बन जाती है। अनुवाद एक प्रकार से समानता की कला न बनकर सम्भावनार्थक समझौते की प्रविधात्मक कला है। इसी कोण से अनुवाद में 'सम्पूर्णता' की माँग एक गलत नारा बनकर रह जाती है, क्योंकि लक्ष्य-भाषा और स्रोत-भाषा के बीच का काल-भेद, देश-भेद, जाति-भेद आदि की दूरी या निकटता के प्रश्न का अनुवाद पर गहरा प्रभाव पड़ता है। इसका उदाहरण शेक्सपियरिसन ट्रेजेडी है, जिनको आज बीसवीं शताब्दी में हिन्दी-अनुवाद करते समय यही समस्या रहती है, जिसे शेक्सपियर के नाटक 'हेमलेट के द्वारा कवि बच्चन तथा 'मैकबेथ' द्वारा कवि रघुवीर सहाय के अनुवाद से समझा जा सकता है।

कोई व्यक्ति किसी भी ऐसे पाठ (Text) का अनुवाद नहीं कर सकता, जो उसकी पकड़ या समझ से बाहर हो। उसे विषय-वस्तु (Subject matter) विशेष की पर्याप्त जानकारी हानी चाहिए। **वह जिस भाषा से अनुवाद कर रहा है और जिसमें वह अनुवाद कर रहा है, उन दोनों की पर्याप्त पकड़ के साथ-साथ उसमें दोनों में सोचन-विचारने और गहन चिन्तन करने की पर्याप्त क्षमता होनी चाहिए। इसमें कोश एक महत्वपूर्ण भूमिका अदा करते हैं,** किन्तु वे विषय की समझ और चिन्तन का तर्क-शक्ति का स्थान नहीं ले सकते। कोशगत अनुवाद से बेहतर अनुवाद प्रायः नैसर्गिक प्रतिभा के धनी, शब्द खोजी अनुवादकों में मिलता है।

अनुवाद प्राविधिकता केवल स्रोत-भाषा के पाठ को लक्ष्य-भाषा के समानार्थकों द्वारा प्रतिस्थापित करने में ही नहीं है, बल्कि अनेक ऐसे सन्दर्भों और सांस्कृतिक अर्थ-अभिप्रायों को लक्ष्य-भाषा में अन्तरित करना भी है, जो लक्ष्य-भाषा की सस्कृति में मौजूद ही नहीं है, परन्तु सांस्कृतिक अर्थ-अभिप्राय और अर्थ-गुच्छ स्रोत-भाषा में ठीक वैसे के वैसे उपलब्ध नहीं होते हैं। अतः इन्हें अभिव्यक्त करना असम्भव-सा लगने लगता है। मूल समस्या तो यही है कि स्रोत-भाषा और लक्ष्य-भाषा में पूरी तरह समानतापरक या समान अभिव्यक्तियाँ उपलब्ध नहीं हो पाती। इस स्थिति से बचने के लिए अनुवादक स्रोत-भाषा और लक्ष्य-भाषा में समानता लाने की चेष्टा में स्रोत-भाषा के ऐसे प्रयोग भी लक्ष्य-भाषा में हू-ब-हू लाने की भयंकर भूल कर बैठता है, जो लक्ष्य-भाषा की अपनी प्रकृति के अनुकूल नहीं होते या अस्वाभाविक होते हैं।

यही कारण है कि लक्ष्य-भाषा की सहजता को नष्ट करते हुए अनेक अनुवादक कृत्रिमता का संसार रचते रहते हैं। जैसे अंग्रेजी का एक वाक्य

है--`The man, who does not see that the good of every living creature is his own good, is a fool.' 'वह आदमी, जो यह नहीं देखता कि प्रत्येक जीवधारी की भलाई उसकी अपनी भलाई है मूर्ख है।' किन्तु यह हिन्दी का सहज वाक्य नहीं है। हिन्दी की प्रवृत्ति के अनुसार यह वाक्य होना चाहिए--'व आदमी मूर्ख है जो प्रत्येक जीवधारी की भलाई में अपनी भलाई नहीं देखता।' ऐसी भूलों से बचने के लिए अनिवार्य है कि अनुवादक को स्रोत और लक्ष्य-भाषा की प्रकृति और परिवेश, सांस्कृतिक-ऐतिहासिक पीठिका का प्रामाणिक एवं गहरा ज्ञान हो।

अनुवादक से पाठक प्राविधिक रूप में यह भी चाहता है कि अनूदित पाठ-सामग्री में अभिव्यक्ति की वैसी ही सुबोधगम्यता, प्राञ्जलता और प्रवाहमयता हो, जो मूल पाठ में थी। इसके साथ-साथ अनुवाद में शाब्दिक स्वाभाविकता और परिशुद्धता भी हो।

अनुवाद में मूल सृजनात्मकता के समान सहजता और स्वाभाविकता गत्यात्मकता अनुवाद प्राविधिकता में बड़े महत्व की बात होती है। इसका सफल संयोजन होने पर मूल तथा अनुवाद की तुलना करने पर यह पता लगना असम्भव-सा हो सकता है कि कौन-सा मूल है और कौन-सा अनुवाद। अनुवाद को-चाहे वह साहित्यिक अनुवाद करता हो, या तकनीकी या वैज्ञानिक अनुवाद, सफल अनुवादकर्ता के रूप में प्रतिष्ठित होने के लिये इस तथ्य को अंगीकार करना चाहिए।

अनुवाद कार्य में तीन कोणों से विचार आवश्यक होता है--(1) अनुवाद सामग्री का पर्याप्त ज्ञान, (2) जिस भाषा में अनुवाद करना है, उसमें पर्याप्त अधिकार का प्रश्न, (3) इन दोनों के बीच की प्रक्रिया। अनुवाद सम्बन्धी समस्याओं पर किये गये सभी अध्ययन इस बात को स्वीकार करते हैं कि अनुवादक के लिये पाठ-सामग्री की ज्ञानात्मक चेतना, भाषा और संवेदना, संरचनात्मक गठन, पद-सम्बन्ध, अन्तर्गठन, पदांशों की आवृत्ति, वाक्य-गठन आदि की सम्पूर्ण जानकारी आवश्यक है, परन्तु यह कितना कठिन है, स्वयमेव समझा जा सकता है।

हालांकि अनुवादक को मूल की व्याख्या करना अनुवाद कर्त्तव्यों की सीमाओं को पार करना ही माना जाता है, फिर भी अनुवादक एक व्यायात्मक कला (Interpretative Art) है, किन्तु अनुवादक ऐसी प्राविधिकता से बन्धन में बंधा हुआ व्याख्यात्मक कलाकार है जो उस मूल में जिसे वह अपने शब्दों में प्रस्तुत करना चाहता है, रचा-बसा नहीं है। प्रत्येक व्यायात्मक कलाकार की भाँति अनुवादक का कार्य पराये सौन्दर्य-बोध को अपनी ज्ञानात्मक संवेदना में तादात्मीकृत करते हुए अन्तरित करने का है।

परन्तु यह भी एक अद्भुत सत्य है कि अनुवादक भी एक मौलिक कलाकार होता है जो अपनी सृजनात्मक प्रतिभा का उपयोग मूल स्रोत को एक नई सज्जा सम्पन्नता में देता है। अनुवादक भी आत्माभिव्यक्ति का इच्छुक होता है। वह भी पूरी साधना से पराये ढाँचे में अपना अनुभव 'फिट' कर देना चाहता है। यह अनुभव ऐतिहासिक, समाजशास्त्रीय, आत्मवृत्तान्तपरक, मनोवैज्ञानिक, आर्थिक या सांस्कृतिक किसी भी प्रकार का हो सकता है। अतः इसी अर्थ में अनुवाद को 'पुरर्सृजन' या 'पुरर्प्रस्तुतीकरण' भी कहा जाता है।

कुछ विद्वान यह भी कहते हैं कि अनुवादक के पास अपना मौलिक कहने को कुछ नहीं होता, क्योंकि पाठ-सामग्री-परिवर्तन सम्भव नहीं है, पाठ सामग्री में चाहे परिवर्तन सम्भव नहीं हो परन्तु यह ध्यान रखना चाहिये कि अनुवादक जब अपनी ही सृजनात्मक अभिकल्पना से मूल भाव की भावाभिव्यक्तियों को उसकी मूल शब्द शक्ति को लाने के लिये किस शब्द-शक्ति और शैली का प्रयोग करता है वह उसकी मौलिक धारणा से प्रादुर्भूत होती है। अतः चाहे कोई भी कहे अनुवादक एक साहित्यिक कलाकार है जो अपने अनुभव की अभिव्यक्ति के लिए उपयुक्त रूप अपने से बाहर खोजता है। (The translator is a literary artist looking outside himself for the form suited to the experience he wished to express.) अनुवादक एक वैज्ञानिक भी है जो अनुवाद प्रक्रिया की प्रविधात्मक भूमि भी स्वयं तैयार करता है। ऐसी स्थिति में यह दृष्टिकोण मूलतः गलत है कि अनुवादक एक उथला कलामर्मज्ञ या खोखला रूपवादी (empty formalist) होता है या वह सर्जक नहीं है बल्कि मात्र उत्थाकार शब्द-शिल्पी है जिसके पास अपना कहने को कुछ नहीं होता।

अनुवाद क्रिया और अनुवादक के परिप्रेक्ष्य में हम अनुवाद को साहित्यिक अनुकरण के रूप में परिभाषित कर सकते हैं। स्रोत भाषा की कविता अनुवादक के लिए कएक 'मॉडल' बन जाती है और वह मात्र अनुकरण से प्रेरित नहीं होता बल्कि वैकल्पिक सादृश्य से प्रेरित होता है। वस्तु का आकर्षण उसे इतना आकृष्ट करता है कि वह अपनी वस्तु (Content) के अनुकूल रूप (Form) खोजकर तादात्म्य स्थापित कर लेता है। इस प्रकार वह एक प्राविधिक प्रक्रिया को जन्म देता है जो उसकी अपनी ही होती है और उसके नियंत्रण में होती है। अतः अनुवाद मनोवैज्ञानिक रूप से एक आभ्यन्तरीकरण की प्रक्रियात्मक प्रविधि है--पलायन की नहीं। यह निर्वैयक्तीकरण के साथ तादात्म्यीकरण की प्रक्रिया है।

अनुवाद के सिद्धान्त भाषाओं के बीच एक विशेष प्रकार के सम्बन्ध से सम्बन्धित होते हैं। अतः अनुवाद, तुलनात्मक भाषा-विज्ञान की एक शाखा है।

किन्हीं दो भाषाओं-बोलियों के बीच अनुवाद समानार्थकता (Translation equivalence) खोजी जा सकती है और अनुवाद किया जा सकता है, भले ही वे स्थानिक, कालिक, सामाजिक या अन्य किसी प्रकार से सम्बन्धित हों अथवा नहीं।

भाषाओं के बीच का सम्बन्ध सामान्य रूप से द्वि-दिशात्मक होने के कारण सदैव सन्तुलित ही हो यह आवश्यक नहीं है, परन्तु अनुवाद प्रक्रिया के रूप में तो वह एक-दिशात्मक ही होता है और उसकी प्रक्रिया सदैव एक निर्दिष्ट दिशा में होती है, क्योंकि वह सदैव स्रोत-भाषा से लक्ष्य-भाषा की दिशा में होता है। तीन प्रसिद्ध विद्वान अनुवाद की परिभाषा इस प्रकार करते हैं--

डॉटेंस्ट अनुवाद को भाषा के प्रायोगिक (अनुप्रयुक्त) विज्ञान की शाखा के रूप में परिभाषित करते हैं जो प्रतिमानिक प्रतीकों के एक समूह से दूसरे समूह में अर्थ को अन्तरित करती है। (Translation is that branch of applied science of language which is especially concerned with the problem--or the fact--of the transference of meaning from one set of patterned symbols...into another set of patterned symbols.)

जे. सी. केटफोर्ड ने अनुवाद की परिभाषा इस प्रकार से की है--"अनुवाद स्रोत-भाषा की पाठ-सामग्री को लक्ष्य-भाषा के समानार्थी पाठ में प्रतिस्थापित करने की प्रक्रिया है।" (The replacement of textual material in one language (S L) by equivalent textural material in another language (TL) ".

रेनाटो पोगिआलों ने कहा है कि 'अनुवाद एक व्याख्यात्मक कला है।' (Translation is an interpretative art.)

प्राविधिक रूप से भले ही स्रोत-भाषा की पाठ-सामग्री को सम्पूर्णता में थाहे बिना लक्ष्य-भाषा के समकक्षों द्वारा प्रस्तिस्थापित नहीं किया जा सकता। परन्तु सही प्रतीकों का लक्ष्य-भाषा में प्रतिस्थापन कार्य सम्भव है। भाषा के अनेक स्तरों पर असमानार्थी लक्ष्य-भाषा सामग्री द्वारा प्रतिस्थापन किया जा सकता है। इसके अतिरिक्त इस उद्देश्य की पूर्ति के लिये अन्तिम प्रघटन के रूप में अनेक बार कुछ भी प्रतिस्थापित न किया जा सकने पर स्रोत-भाषा की पाठ-सामग्री को लक्ष्य-भाषा में सीधे अन्तरिकत कर दिया जाए।

अनुवाद में प्रक्रिया-प्रविधि को यह अपेक्षित होता है कि सादृश्यता तथा पाठ-समानार्थकता के मध्य निहित रहने वाले पार्थक्य को स्पष्ट कर दिया जाए। किसी भी लक्ष्य-भाषा की पाठ-समानार्थकता में पाठ सदैव विशिष्ट ध्यान की अपेक्षा करता है जिसे विशिष्ट स्थितियों में प्रस्तुत किया गया हो। उसे स्रोत-भाषा

के समानार्थक शब्दों के पाठ या पाठांश के मूलार्थ को सही स्थितियों में ग्रहण करने के लिये लक्ष्य-भाषा की सामान्य सादृश्यता, जिसमें वाक्य, वाक्य-रचना, पद-बन्ध, संरचना, संरचनात्मक तत्व आदि होते हैं, अधिकाधिक निकटता से ही ग्रहण किया जा सकता है। यह भाषा की विशिष्ट संरचनात्मक-प्रकृति को समझने की बाध्यता है।

पाठ-समानार्थकता तथा बाहरी सादृश्य (Formal correspondence) में भी अन्तर किया जाना अत्यन्त आवश्यक है। समानार्थक को खोजना अनुवादक की दो भाषाओं की गहरी जानकारी और भाषा की अधिकारी क्षमता पर निर्भर रहता है। लम्बे पाठ के अनुवाद के दौरान प्रायः प्रयुक्त होने वाले स्रोत-भाषा के शब्दों के लक्ष्य-भाषा में समानार्थक अक्सर एक से अधिक हुआ करते हैं। सन्दर्भ एवं प्रसंग के अनुसार भी उनमें अर्थ-भेद हो जाना स्वाभाविक है। किसी भी शब्द का कोई भी शब्द अन्तिम समानार्थी शब्द नहीं माना जा सकता। अनुवाद-समानार्थकता की सम्भावनाओं के आधार पर हम शब्दों को खोजने का प्रयास करते हैं, जिसमें सीमाओं को बचाया जा सकता है।

अनुवाद प्रक्रिया के मार्ग-निर्देशक सूत्र

कुछ विद्वान अनुवाद-प्रक्रिया को उसके स्वरूप को स्पष्ट करने वाली क्रिया के रूप में देखते हैं, तो कुछ इसे संप्रेषण की क्रिया से जोड़ते हैं। कुछ विद्वान अनुवाद-प्रक्रिया को अनुवाद करने की कला के रूप में पहचानते हैं तथा उसकी प्रविधि किन वैज्ञानिक तत्वों से निहित होनी चाहिए इस पर विचार करते हैं। अनुवाद के स्वरूप को अनुवाद की प्रक्रिया स्पष्ट करती है और जिन संप्रेषण तत्वों से युक्त होकर अनुवाद का स्वरूप पुष्ट होता है, उन्हें हमारे सामने प्रस्तुत करती है। वस्तुतः अनुवाद का स्वरूप किन तत्वों से सचेत होकर सशक्त संप्रेषण करता है, रेखाचित्र अनुवाद को कौन से निदेशक सिद्धान्त संप्रेषण शक्ति प्रदान करते हैं, उसे सौष्ठावित करने के लिए अनुवादक को क्या करना चाहिए, यह सभी बातें अनुवाद प्रक्रिया और उसकी प्रविधि के अध्याय है। अनुवाद कला मनुष्य की संप्रेषण आवश्यकताओं के साथ ही जन्मी और पली-बढ़ी है, इन्हीं के कारण मानव जीवन के इतिहास में उसका सदा से वर्चस्व भी रहा है। अनुवाद में मौलिक सृजनात्मकता के तत्व होते हैं। सृजनात्मकता किसी बात की एक ही भाषा में पुनरावृत्ति प्रस्तुत करने से लेकर, दूसरी भाषाओं में उसके प्रनर्प्रकटीकरण तक अपने चमत्कार दिखाती है।

अनुवाद वैज्ञानिक विषयों का भी हो सकता है तथा ऐसे अन्य विषयों का भी जो मनुष्य की जीवन चर्या और ज्ञान को विभिन्न रूपों से प्रकट करते हैं। दूसरे शब्दों में यदि कहें कि वह सभी कुछ जिनको हम दूसरों तक पहुँचाना चाहते हैं, या दूसरों से ग्रहण करना चाहते हैं, अनुवाद क्रिया के आश्रित होते हैं। अतः अनुवादक मानव-जीवन की बहुत महत्वपूर्ण सेवा करता है, परन्तु यह सिद्धि तभी सार्थक होती है, जब अनुवादक स्रोत के विषय को लक्षित भाषा तक ले जाने के लिये निम्नांकित तीन बातों का ध्यान रखे--

(1) विषय के लेखक या वक्ता ने क्या कहा है ?

(2) विषय, जो रचित रूप में जिसके द्वारा प्रस्तुत हुआ है, उसके बारे में वह स्वयं क्या सोचता है तथा क्या उसके मर्म को उसने ह्रदयंगत कर लिया है ? तथा

(3) क्या वह उसके मूलभाव तथा मर्म-व्यंजना को यथारूप में लक्षित भाषा या वाणी का रूप दे सकता है ?

वास्तविक जानकारी को प्रभावपूर्ण ढंग से समझने के लिये लेखक के आधार-वाक्य या कला के आगमनात्मक (Inductive) तथा निगमनात्मक (Deductive) तर्कों और उनके निष्कषों के समग्र रूप पर भी ध्यान देना आवश्यक है क्योंकि अनुवादक को लेखक के लेखन या वक्ता के वक्तव्य संदर्भ में अनुवाद को पक्षान्तरित करना होता है। अनुवादक से यह स्वाभाविक रूप में अपेक्षित होता है कि वह स्रोत-लेखन या वक्तव्य का यान्तिरण बिना उसके चरित्र तत्व में फेरबदल किये ही करेगा, इसलिए इस सावधानी की सुरक्षा हेतु अनुवादशास्त्रियों ने अनुवाद-प्रक्रिया सम्बन्धी कुछ दिशा-निर्देश दिये हैं, हालांकि इन्हें सिद्धान्त रूप में तो अंगीकार नहीं किया जा सकता, क्योंकि अनुवाद सम्बन्धी कोई मानक-क्रिया निर्धारित करना उतना ही कठिन है, जितना कि संगीत-कला, चित्रकला या काव्य-कला पर नियम-प्रविधि का निरूपण करना। फिर भी अनुवाद कार्य में जो स्वाभाविक रूप से अपेक्षित होता है, उसकी उपलब्धि के लिये इनको ध्यान में रखना उपयुक्त होगा।

अनुवादक को चाहिए--

1. अनुवाद में मानसिक क्रमबद्धता, एकरूपता तथा सुबोधगम्यता लाने के लिए अनुवाद करते समय एक-एक पैराग्राफ पढ़कर अनुवाद करते जाने के बजाय सम्पूर्ण स्रोत-भाषा से समग्रता में परिचय बेहतर होता है।
2. किसी भी नयी जटिल, अपरिचित पाठ-सामग्री पर अनुवाद कार्य आरम्भ करने से पहले स्रोत-भाषा में उसके नवीनतम ग्रन्थ सूचीपरक सन्दर्भों की खोज कर लेनी चाहिए ताकि सन्दर्भों से पारिभाषिक समस्याओं का समाधान

किया जा सके। प्रायः लक्ष्य-भाषा में प्रत्यक्ष सन्दर्भ उपलब्ध नहीं हो पाते, इस स्थिति में विश्वकोशों तथा विषय से सम्बन्धित कोशों से सहायता लेनी चाहिए। विशेषज्ञों से परामर्श लेना भी उचित होता है।

3. नये शब्दों, तकनीकी मुहावरों, वनस्पति-विज्ञान की शब्दावली, व्यावसायिक नामों, उत्पादों, संघटनात्मक संकल्पनापरक पारिवर्णी शब्दों (Acronym) के दोनों भाषाओं में समकक्षों को अन्योन्य सन्दर्भों के साथ सूचीबद्ध रूप में रखना बहुत सुविधाजनक होता है। इन सूचियों को समय-समय पर अद्यतन बनाते रहने से विभिन्न विषयों की नवीनतम शब्दावली अनुवादक के पास हर समय रहेगी।
4. समसामायिक पुस्तकों, निबन्धों, पत्र-पत्रिकाओं के अनुवाद के सम्बन्ध में यदि स्वयं लेखक से सम्पर्क स्थापित किया जाए तो अनुवाद सर्वथा प्रामाणिक तथा उपयुक्त हो जाता है, क्योंकि तकनीकी, वैज्ञानिक एवं साहित्यिक विषयों के अनुवाद या प्रकाशन के बारे में लेखक को पता चलता है, तो वह सामान्य रूप से हर सम्भव प्रकार से उसे अद्यतन बनाने में सहायक होता है।
5. अनुवादक को चाहिए कि स्रोत-भाषा की सामग्री से तादात्मीकरण करे। उसका यह प्रयास उसे लक्ष्य-भाषा में निर्वैयक्तिकता के साथ पुनर्सृजित करने में बहुत सहायक होता है। अपनी भाषा से विदेशी भाषा में अनुवाद करने पर विचार-क्षेत्र में परिवर्तन करना होता है, क्योंकि उसके अपने जीवन-ढंग, रहन-सहन, आचार-विचार-व्यवहार आदि सभी से परिचित एवं विलक्षण होते है। तादात्मीकरण की प्रक्रिया की अनुवाद में बड़ी भूमिका होती है।
6. भाषा का स्वरूप परिवेशबद्ध होता है। इसलिये स्रोत तथा लक्ष्य-भाषाओं की परिस्थितिजन्य स्थितियों से अनुवादक को अवगत रहना उपयुक्त होता है।
7. साहित्यिक और मानविकी से सम्बन्धित विषयों के अनुवाद में भाषागत सांस्कृतिक सन्दर्भों की जानकारी प्रत्येक अनुवादक को होना एकदम अनिवार्य है, क्योंकि सांस्कृतिक संघर्ष और द्विविधाएँ भाषा पर विशेष छाप डालती है।
8. अनुवादक को यह समझ लेने की विशेष रूप से आवश्यकता है कि वह विषय को ध्यान में रखते हुए उसका अनुवाद किस प्रकार करे। अनुवाद के प्रकारों पर ध्यान देना उसके लिये पूरी तरह उचित रहता है।

4

अनुवादक का उत्तरदायित्व

बुनियादी रूप से अनुवाद का काम व्यवसाय नहीं है, बल्कि वह व्यवसाय-कौषल है। वह विज्ञान भी है और कला भी। अनुवाद के उद्देश्यों, उसकी सीमाओं, उसके विभिन्न परिणामों एवं उससे उत्पन्न सम्भावित खतरों की चर्चा विज्ञान का विषय है। अनुवाद के सम्बन्ध में विभिन्न सिद्धान्तों अथवा तकनीक पर बहस भी विज्ञान के अन्तर्गत है। किन्तु, वह एक बहुत नाजुक और महत्वपूर्ण कला भी है। कल्पना कीजिए एक ऐसी सभा की जिसमें कोई विदेषी-लेखक-कवि अथवा राजनेता हमारे सामने अपनी बात अपनी भाषा में कहता जाता है और फिर उसके तुरन्त बाद हमारी समझ के लिए हमारी भाषा में उसकी बात का अनुवाद कोई दुभाषिया करता जाता है। न तो बोलने वाला हमारी भाषा समझता है और न हम उसकी भाषा समझते हैं। कहने का तात्पर्य यह है कि बोलने वाला यह नहीं जानता की उसका दुभाषिया उसकी बात का अनुवाद हमारी भाषा में कितने सही और प्रामाणिक तौर पर कर रहा हैय और हम भी यह नहीं जानते कि दुभाषिया हमारी भाषा में जो बोल रहा है उसका आषय और अर्थ ठीक वही है या नहीं जो बोलने वाला अपनी भाषा में बोल रहा है। फिर भी, हम दोनों इस बात का अंदाज लगा सकते हैं कि दुभाषियें द्वारा प्रस्तुत अनुवाद प्रामाणिक है या नहीं। सही अन्दाज लगा सकने का कारण यह है कि हम बोलनेवाले द्वारा किये गए शब्दों के उच्चारण के साथ उन पर दिए गए बल, उसके स्वर-तेवर तथा भाव-भंगिमाओं के अर्थ समझते हैं।

बोलने वाला भी ऐसा ही अंदाज यह देखकर लगा सकता है कि दुभाषिये द्वारा की गई अभिव्यक्ति के तौर तरीकों में उसके खुद का इन्वाल्वमेण्ट अथवा कमिट्मेण्ट है या नहीं, और दुभाषिये के जरिये उसकी बात सुनकर हमारी प्रतिक्रिया पार्टिसिपेषन की है या नहीं, अथवा उससे संवाद करने की तबीयत जाहिर करने वाली है या नहीं। दुभाषिये के लिए यह स्थिति और भी अधिक मुश्किल होगी अगर उस पर दोनों पक्षों के बीच संभाषण चलाने की जिम्मेदारी हो। यह मुश्किल इसलिए है कि उभय पक्षों के बीच अगर संवाद कायम करने में वह सफल नहीं होता तो उसकी सारी भूमिका ही व्यर्थ हो जाती है। उसकी उपयोगिता, उसकी प्रामाणिकता, सभी नष्ट हो जाती है। ऐसे मौके पर अनुवाद का महत्व एक कला के रूप में जाहिर होता है। वास्वत में, वह संवाद कायम करने की ही कला है।

एक और अर्थ में भी अनुवाद को कला कहा जा सकता है। यह अर्थ भी पहले वाले अर्थ से प्रामाणिकता की बात के कारण असम्पृक्त नहीं है। फिर भी इस अर्थ में अनुवाद को कला कहने के सिलसिले में कुछ बातों का खास तौर पर उल्लेख जरूरी है। किसी दूसरी भाषा में कही गई बात की प्रामाणिकता को सुरक्षित रखते हुए अपनी भाषा में सहज होने की कला का नाम ही अनुवाद है। दूसरे शब्दों में, अनुवाद तभी अनुवाद है जब वह अनुवाद न लगे। एक भाषा में जो विचार अभिव्यक्त हुए हैं वे दूसरी भाषा में अगर ऐसे ही तरीके से अभिव्यक्त हों कि ऐसा लगे कि जैसे वे मूलअतः इस दूसरी भाषा में लिखे गए थे, तो अनुवाद सचमुच में अनुवाद है। कहने का तात्पर्य यह है कि कोई अनूदित साहित्य पढ्ते समय हमारे मन में श्दूसरी भाषा' के विचार का सम्पूर्ण निषेध ही अनुवाद की सफलता है। ऐसी सफलता वास्तव में बघे कष्टसाध्य है, लेकिन कला इसी बात में है कि कष्टसाध्य चीज भी सहज-प्राप्य लगे। जिस तरह किसी शफिजीक शो' में हिस्सा लेने वाले प्रतिद्वन्दी अपनी मांसपेषियों को लय भरी थिरकन देकर पूरे शो को कला का शो बनाते हैं, अथवा जिस तरह एक्राबेटिक्स में शरीर-संचालन का एक मोहक और नितान्त सहज सिलसिला उसे कला का दर्जा देता है, उसी तरह अनुवाद में मिलने वाली वह स्पाण्टेनिटी–जो उसमें मौलिकता पैदा कर उसे प्रभावी और उपयोगी बनाती है-अनुवाद को कला के रूप में स्थापित करती है। फिजीक शो अथवा एक्राबेटिक्स में देखी जा सकने वाली शरीर एवं मांसपेषियों की थिरकन कुषल नर्तकी द्वारा प्रस्तुत एकदम आयासहीन और लय-ताल में बंधे शरीर संचालन के समतुल्य हैय वह सचमुच सुंदर है, कलात्मक है। इन कलाओं में जिस

तरह शरीर का गत्यात्मक सहज संचालन और मांसपेषियों का संगीत एक लम्बे अभ्यास, अनुषासन और अर्जित नियंत्रण-षक्ति का परिणाम होने के बावजूद भी इस लंबी कठिन साधना का बोध जन-साधारण को नहीं होने देते, उसी प्रकार कला के रूप में अपने को प्रतिष्ठित करने के लिए यह जरूरी है कि अनुवाद का कोई भी टुकघ किये गए प्रयास, श्रम अथवा अभ्यास का बोध न कराए।

अनुवाद के सिलसिले में श्अपनी भाषा में सहज होने' का काम जितना आसान दिखता है उतना ही वह कठिन है। उसके कई कारण है। हरएक भाषा की अपनी प्रकृति और अपनी संस्कृति होती है, और उसका अपना एक विषिष्ट ढांचा भी होता है। अनुवाद के लिए कम से कम उन दो भाषाओं की प्रकृति, संस्कृति उनकी ऐतिहासिक बनावट एवं बुनावट को जानना और समझना जरूरी है जिसमें अनुवाद किया जाने को है और जिसमें अनुवाद की मूल सामग्री उपलब्ध हो। वैचारिक स्तर पर किसी भी भाषा के तार्किक स्वरूप की पहचान एवं भाषा के विविध उद्देश्यों के सन्दर्भ में उसकी कार्मिक क्षमता की जानकारी अनुवाद के काम में हमें सहायता भले ही पहुंचा सकती हों किन्तु अनुवाद की भाषा में हमारे सहज होने में सम्भवअतः वे कोई मदद नहीं पहुंचाती। इसलिए दोनों भाषाओं की प्रकृति और संस्कृति को आत्मसात् करने पर उनमें मिलनेवाले शब्दों, मुहावरों अथवा वाक्यांषों के प्रयोग हमारे लिए सहज हो पायेंगे।

हम अपने सोच व अनुभव की किसी बात को इन दोनों भाषाओं में से किसी एक में सहज और प्रामाणिक तौर पर अभिव्यक्त कर सकते है। लेकिन जब एक भाषा में अभिव्यक्त अपनी बात को दूसरी भाषा में अनुवाद के रूप में हम प्रस्तुत करना चाहते हैं तब हम अपने को कुछ सीमाओं से घिरा हुआ पाते हैं। एक भाषा में उपलब्ध वाक्यों के क्रम में उलट-फेर अनुवाद के नियम में फाउल माना जाता है। अनुवाद में न किसी शब्द अथवा वाक्यांष पर टिप्पणी करने की स्वतन्त्रता होती है और न उनके सम्बन्ध में सम्पादन के कर्म का समावेष होता है। लेकिन, दो विभिन्न भाषाओं के चारित्रिक अथवा सांस्कृतिक भेद के कारण अभिव्यक्ति के स्तर पर एक ऐसी दरार कायम हो जाती है जो अनुवाद के लिए एक बघी बाधा भी होती है और एक चुनौती भी। इस श्लेंग्वेज-गैप' के कारण हमारी बोली में जरा भी तुतलाहट या हकलाहट पैदा हुई तो हमारी अभिव्यक्ति अप्रामाणिक, अप्रभावी और निरर्थक हो जायेगी। इस गैप को भरने का कौषल अथवा अभिव्यक्ति को सहज और सार्थक बनाने की टेकनीक कैसे पैदा की जाये, यह अनुवादक को ही बतलाना होगा। अनुवादक की उपरोक्त समस्या के समाधान के मामले में इतना जरूर सुझाया जा

सकता है कि अनुवादक पहले इस बात पर विचार करे कि अनुवाद को प्रामाणिक और प्रभावी बनाने के लिए कौन-कौन से सिद्धान्त हो सकते हैं और फिर यह तय करें कि अपने अनुवाद के काम के लिए किस सिद्धान्त का कितना उपयोग करें। उसका यह निर्णय जिन तमाम बातों पर निर्भर करता है उनका विचार और उन बातों से उत्पन्न संम्भावित खतरों और बुरे परिणामों का विचार अनुवादक के लिए केवल जरूरी नहीं है बल्कि यह सब उसके उत्तरदायित्व का हिस्सा भी है। अनुवादक के लिए यह जरूरी है कि उसे अनुवाद की विषय-सामग्री और उस विषय-सामग्री से सम्बन्धित क्षेत्र का व्यापक ज्ञान हो, उसे दोनों भाषाओं में उपलब्ध ईडियम और डिक्षन की बारीक जानकारी हो, और भाषा के प्रयोग के मामले में जन-जीवन से जुघे बातों की उसे इतनी अच्छी समझ हो कि वह अपनी भाषा में अभिव्यक्ति की नजाकत और संवेदनषीलता को कायम रख सके। यइन बातों की चर्चा अलग से अगले लेख में करना उचित होगा, जिसमें दर्षन जैसे वैचारिक और कविता जैसे भावात्मक विषयों के अनुवाद की कठिनाइयों का जिक्र भी किया जा सकेदूघ। फिलहाल इतना कहना चाहूंगा कि अनुवाद एक ऐसी कला है जो विज्ञान-सम्मत है, अथवा जिसका एक वैज्ञानिक आधार हैय और अनुवादक का यह कर्तव्य है कि वह इस विज्ञान को समझे और फिर अपनी इस समझ और अपनी भाषा-क्षमता का अपने काम के लिए ऐसा उपयोग करे कि अनुवाद को कला की प्रतिष्ठा मिले।

अगर दूसरी भाषा में कही गई बात की प्रामाणिकता का सुरक्षित रखते हुए अपनी भाषा में सहज होने की कला का नाम ही अनुवाद है, तो अनुवादक के लिए यह समझना नितान्त आवश्यक है कि श्प्रमाणिकता को सुरक्षित रखने’ तथा श्भाषा में सहज होने से’ तात्पर्य क्या है। इन दोनों मुद्दों पर सोच-विचार का दायरा बहुत अधिक व्यापक हैय इसलिए अनुवाद की सफलता के प्रश्न पर विचार करते समय ऐसी अनेक बातों पर भी विचार करना होगा जो सामान्यअतः अनुवाद के काम से जुड़ी हुई नहीं लगतीं लेकिन जिनका स्वतन्त्र रूप से अध्ययन किसी विज्ञान के अन्तर्गत होता है या हो सकता है। इसलिए तो अनुवाद एक विज्ञान है और विज्ञान पर आधारित कला भी। भाषा में श्सहज होने’ और भाषा में अभिव्यक्त कथ्य अथवा शैली के ‘प्रामाणिक’ होने में एक रिश्ता है, जो भले ही उपरी तौर पर नजर न आता हो किन्तु है वह बहुत ही महत्वपूर्ण।

किसी भी भाषा में मौलिक लेखन प्रामाणिक तो होता ही है साथ ही साथ वह यह भी दर्षाता है कि लेखक अपनी भाषा में अपनी बात कहते हुए कितना

सहज है। अपनी भाषा की संस्कृति, उसकी प्रकृति एवं उसमें मिलने वाले शब्दों, वाक्यांषों या मुहावरों से परिचित होने के कारण लेखक और पाठक के बीच समझ का रिश्ता कायम रहता है। लेकिन लेखक की बात यदि किसी दूसरी भाषा में कही जाती है तो इस दूसरी भाषा की संस्कृति, उसकी प्रकृति और उसमें मिलने वाले शब्द अथवा मुहावरे अनुवादक को अभिव्यक्ति और भाषा के प्रयोग के स्तर पर सहज नहीं होने देते। ऐसी स्थिति में अन्य खतरों एवं कठिनाइयों के अतिरिक्त इस बात का खतरा उत्पन्न हो जाता है कि मौलिक लेखन की प्रामाणिकता ही नष्ट होने लगे। इसका परिणाम फिर यह भी होता है कि इस दूसरी भाषा में कही गई बात भाषाभिव्यक्ति के असहज होने के कारण लेखक और पाठक के रिश्ते को एक तरह से ताेड़ देती है। पाठक की समझ, दिलचस्पी और हिस्सेदारी को सक्रिय होते हुए देखने की लालसा अनुवादक की क्षमता के लिए चुनौती बनकर सामने आती है। किसी मौलिक रचना के कुछ क्लिष्ट हिस्सों के अर्थ सरल तरीके से प्रस्तुत करने के लिए अथवा रचना में अभिव्यक्त विचारों के बीच संगति और निरन्तरता स्थापित करने के लिए अथवा विचारों के महत्व को रेखांकित करने के लिए जिस तरह टीका या व्याख्या काम आती है, कुछ उसी तरह का काम अनुवाद से भी लिया जा सके तो पाठक का पार्टिसिपेषन अधिक सार्थक हो सकता है। वैसे , अनुवाद व्याख्या या टीका नहीं हैय इसलिए उसमें किसी शब्द अथवा प्रत्यय के अर्थ को समझाने की मंषा से ज्यादा जगह घेरने की इजाजत अनुवादक को नहीं दी जाती। दिये गये वाक्यों के क्रम की ऐतिहासिकता अनुवाद के लिए एक सीमा-रेखा होती हैय और दूसरी सीमा-रेखा शब्दों एवं वाक्यांषों के अर्थ के स्पष्टीकरण के मामले में मितव्ययिता का सिद्धान्त होती है। इसलिए अनुवाद की प्रक्रिया में अनुवाद-सामग्री की मात्रा अनूदित-सामग्री के रूप में ज्यादा बघी हुई नहीं हो सकती। ऐसी सीमाओं के खींचे जाने के कारण ही प्रामाणिकता का प्रश्न भी अधिक जटिल हो जाता है। मौलिक रचना में तो प्रामाणिकता के सुरक्षित रह पाने का एक कारण यह भी है कि उसके मूल पाठ मे प्रयुक्त तकनीकी शब्दों और मुहावरों का इस्तेमाल ज्यों का त्यों हो सकता है। किन्तु, अनुवाद के मामले में दूसरी भाषा में अगर इन्हीं शब्दों और मुहावरों के संतोषजनक पर्याय नहीं मिलते तो कठिनाई उत्पन्न होती है। एक भाषा का सांस्कृतिक सन्दर्भ दूसरी भाषा का सांस्कृतिक सन्दर्भ नहीं बन सकता। यों यह संभव है कोई संस्कृति कई भाषाओं की पृष्ठिभूमि में हो। लेकिन दो विभिन्न संस्कृति वाली दो भाषायें अनुवाद के स्तर पर बराबर समानान्तर चल सकें, यह सचमुच कठिन है। ऐसी स्थिति में प्रामाणिकता

को कायम रखने के लिए यह जरूरी हो जाता है कि अनुवादक एक भाष की संस्कृति के पारिभाषिक शब्दों को दूसरी भाषा में ज्यों का त्यों अपना ले। उसी तरह किसी दर्षन अथवा विचार-व्यवस्था में अगर किन्हीं शब्दों या मुहावरों के प्रयोग स्थिर हो चुके हों तो उनको भी अनुवाद के जरिये दूसरी भाषा में स्थापित कर लें। इससे दूसरी भाषा की शब्द-सम्पदा बढ़ेगी, अभिव्यक्ति अपेक्षाकृत अधिक सहज और बोध-गम्य हो सकेगी, और विषिष्ट अथवा तकनीकी अर्थ में प्रयुक्त मूल शब्दों के अर्थ के क्षरण की सम्भावना भी नहीं रहेगी। लेकिन, पहली भाषा के शब्दों और मुहावरों को यथारूप अपनाने के मामले में बधी सावधानी बरतने की आवश्यकता भी है, क्योंकि इस मामले में अनुवादक का तनिक भी अतिरिक्त उत्साह अपनी भाषा के बहाव में बाधक होगा और उसकी प्रकृति को भी नुकसान पहुंचायेगा। प्रामाणिकता के नाम पर भी अपनी भाषा में सहज होने की प्रक्रिया को ताध्डा नहीं जा सकता। इसके खतरे अनेक है। सबसे बघ खतरा तो इस बात का है कि इससे अपनी भाषा का स्वरूप विकृत होता है। भाषा किसी एक की निजी सम्पत्ति नहीं है, वह सबकी सम्पत्ति हैय और इसलिए हम अकेले उस भाषा का रूप तय करने वाले कोई नहीं होते। दूसरी भाषाओं के शब्द हमारी अपनी भाषा में आ सकते हैं, लेकिन अधिकतर हमारी भाषा की संस्कृति से जुघ्ने के बाद। वैसे शुद्द्घ वैचारिक स्तर पर ज्ञान की अभिप्राप्ति के लिए अथवा उसका दायरा बघने के लिए विभिन्न भाषाओं में प्रयुक्त तकनीकी शब्दों और मुहावरों का उपयोग इस तरह किया जा सकता है जैसे वे भाषा के बजाए मूलअतः ज्ञान से सम्बन्ध रखते हैं। ज्ञान किसी एक भाषा में, किसी एक संस्कृति अथवा देष में नहीं बंध सकता और इसलिए उसके हित में प्रयुक्त होनेवाली शब्दावली सभी भाषाओं में एक जैसी हो सकती है। भाषा के मामले में अनुवादक की समझ भाषा की सहजता बनाए रखने एवं प्रामाणिकता को सुरक्षित रखने के उद्देश्यों को पूरा करने में काफी हद तक सहायक हो सकती है।

यह सचमुच बघे दुर्भाग्य की बात है कि हमारे यहां अनुवाद के जरिए हमारे सार्वजनिक क्षेत्रों में हमारे इस्तेमाल के लिए एक ऐसी भाषा गघी गई है जो शहिन्दी' कहलाने के बावजूद उन लोगों के समझ में भी ठीक से नहीं आती जिनकी मातृ-भाषा हिन्दी है। इसका मतलब तो यही है कि वह सचमुच में हिन्दी न होकर हिन्दी के समानान्तर एक और भाषा है जो कोई स्वाभाविक भाषा नहीं है। मात्र देवनागरी लिपि में लिखे जाने और वाक्य-विन्यास हेतु हिन्दी भाषा के व्याकरण-नियमों का पालन करने से वह हिन्दी कहलाने की हकदार नहीं है। यदि सचमुच यह

स्वाभाविक भाषा का नमूना होती तो वह श्रची हुई' नहीं होती। स्वाभाविक भाषा तो लोगों के अचेतन-मन का संस्कार बन कर आती है और लोक-मानस से जुध्कर जनता की सम्पत्ति होती है। यह बात नहीं है कि हम अपनी भाषा को विकसित करने के लिए अथवा उसको समृद्ध बनाने के लिए कोई प्रयास अथवा श्रम नहीं कर सकते। हम उसके तार्किक ढांचे का अध्ययन कर सकते हैं, उसका व्याकरण बना सकते हैं, उसमें प्रयुक्त होने वाले शब्दों के अर्थ का विश्लेषण कर सकते हैं, शब्दों और मुहावरों के प्रयोग-स्थिर कर सकते हैं अथवा उनके अर्थ का विस्तार कर सकते हैं। इतना ही नहीं, हम अपनी कोई बात कहने के लिए अथवा अपने किसी विचार को बघी बारीकी से अभिव्यक्त करने के लिए अन्य भाषा में उपलब्ध शब्दों और प्रयोगों को अपनाकर अपनी भाषा का हिस्सा बना सकते हैं। लेकिन, ऐसा करते समय भी दूसरी भाषा के शब्दों को अपनी भाषा के व्याकरण-रूप और प्रयोग-भेद के अन्तर्गत कहां कैसे रखें यह पहले से तय भी नहीं करते। हमारे लिए सिर्फ इतना ही काफी है कि हम उनका प्रयोग एकदम सहज होकर करेंय न उनमें दूसरी भाषा के व्याकरण अथवा प्रयोग का आग्रह दिखे और न अपनी भाषा में वे ऐसे लगे कि इसके व्याकरण और प्रयोग के ढांचे में वे कभी फिट नहीं होंगे। उनका स्वाभाविक प्रचलन कालान्तर से उनके प्रयोग को स्थिर बना देगा और फिर भाषा के व्याकरण-भेदों में उनकी जगह भी निश्चित हो जाएगी। उदाहरण के लिए, अंग्रेजी के एक शब्द श्कैटेगरीश्श्यबंजमहवतलद्ध को लें। समान विचार अथवा गुण के आधार पर वस्तुओं और वर्गों के बीच प्रकार-भेद बतलाकर एक से अधिक उपश्रेणियोंयेनइध्बसेंमे की बात की जा सकती है। लेकिन, मान लिजिए कि किसी विचार-व्यवस्था में इस शब्द का प्रयोग तकनीकी अर्थ में हुआ और उसके अर्थ को प्रामाणिक रूप से अपनी भाषा में कहने के लिए हमारे पास कोई शब्द नहीं है। ऐसी अवस्था में हम इस शब्द को ज्यों का त्यों अपनी भाषा में अपना सकते हैं। परन्तु, ऐसा करने पर कठिनाई इस बात को लेकर हो सकती है कि अनुवाद करते समय इस शब्द का बहुवचनी प्रयोग कैसे किया जाये। अंग्रेजी व्याकरण-नियम का अनुसरण करते हुये हिन्दी में श्कैटेगरीज' कहना उचित नहीं है। लेकिन, इस शब्द पर हिन्दी व्याकरण-नियम लागू करते हुए अनुवाद करते समय सन्दर्भानुसार इसके लिए श्कैटेगरियां' अथवा श्कैटेगरियों' जैसे शब्दों का इस्तेमाल भी उचित नहीं है। वास्तव में, अनुवादक दूसरी भाषा के शब्द को ग्रहण तो कर सकता है, लेकिन अपनी भाषा में उसका प्रयोग खुद तय नहीं कर सकता। कहने का तात्पर्य यह है कि वह इस शब्द को अपनी भाषा में प्रवाह में डाल भर सकता हैय किन्तु

जन-साधारण द्वारा अनेक अवसरों पर इस शब्द का सहज रीति से किया गया प्रयोग ही इसके लिए बहुवचनी रूप तय करेगा। फिर भी, अनुवादक की कठिनाई इस बात को लेकर बनी रह सकती है कि एकवचनी शब्द का प्रयोग करते हुए वह बहुवचन में प्रयुक्त इस शब्द के अर्थ को कैसे अभिव्यक्त करे। सन्दर्भानुसार वह इस तरह के मुहावरों का इस्तेमाल कर सकता है जैसे-इस उदाहरण को तो किसी न किसी अथवा एक न एक कैटेगरी में रखना होगाय और, इस विषय में बतलाए गए सभी प्रकार-भेद को समझाने के लिए हमें एक के बाद एक कैटेगरी के नाम भी लेने होंगे।

अनुवाद के जरिये समानान्तर भाषा का गघ जाना भाषा की उत्पत्ति और विकास के नियमों के प्रतिकूल है और इसलिए वह हमारी जरूरतों और हमारे उद्देश्यों को पूरा नहीं कर सकती। कृत्रिम रूप से जो भाषा तैयार की जाती है वह केवल संकेतों की भाषा होती है। वह एक तरह का श्कोडयबवकमद्ग्घ होती है। गणित की भाषा, तार-कोड अथवा सैनिक-संकेत आदि अनुवाद की भाषा तो नहीं हो सकते। एक प्राकृतिक भाषा से दूसरी प्राकृतिक भाषा में ही अनुवाद संभव होता है। एक भाषा में उपलब्ध कुछ शब्दों प्रयोगों के उचित पर्याय जब दूसरी भाषा में नहीं होते तो उनको इस दूसरी भाषा में अपनाया जा सकता है। पहले उनको किसी सहज अभिव्यक्ति की रीति में भाषा की बहती धारा में उतार दिया जाता है और फिर भाषा की प्रकृति स्वयं उनके विविध रूप और प्रयोग निश्चित कर देती है। भाषा की आन्तरिक प्रकृति के खिलाफ अनुवाद की प्रक्रिया नहीं चल सकती। उसे चलाने की कोषिष भी नहीं की जानी चाहिए। परन्तु, यह दुख की बात है कि अपने यहां कुछ पंडितों ने भाषा के मामले में वकालत करके अनुवाद की प्रक्रिया को अपनी भाषा की प्रकृति के प्रतिकूल खघ किया और उसके कारण होने वाले नुकसान पर या तो विचार नहीं किया, या उसे ठीक से समझा नहीं, या फिर संस्कृत-निष्ठ हिन्दी भाषा के प्रति अपने दुराग्रह के चलते जानबूझकर उसे नजरअंदाज किया। यह सही हो सकता है कि सस्कृत भाषा में किसी को हिन्दी भाषा की बुनियाद नजर आती होय किन्तु हिन्दी जिस तरह विकसित हुई है उसे देखते हुए उसे संस्कृत के खूंटे से बांध रखने की कोषिष दकियानूसी, पिछघपन और बेवकूफी है। हिन्दी भाषा में तो अरबी, तुर्की, फारसी, उर्दू, अंग्रेजी के शब्द भी हैं और अन्य भारतीय भाषाओं और बोलियों के शब्द भी। विदेषी भाषाओं के मूल वाले शब्द हिन्दी भाषा के प्रयोगों में अगर सहज हैं तो यही मानना चाहिए कि वे हमारी भाषा के भी शब्द हैं। जैसे-जैसे हमारी जिन्दगी बदलती गई और

जैसे-जैसे हमारी संस्कृति बदलती गई हमारी भाषा भी नये-नये शब्दों को अपनाकर सम्पन्न होती गई। अगर मुगलों का हमारे देष पर शासन रहा तो स्वअतः हमारी भाषा में वे तमाम शब्द आ गए जिनका उपयोग उन्होंने अपना शासन व प्रषासन चलाने के लिए किया। उसी तरह अगर दो सौ वर्ष अंग्रेजों का हम पर शासन रहा तो स्वाभाविक था कि हमारी भाषा में वे शब्द आ जाते जिनका इस्तेमाल उन लोगों ने उन विभिन्न संस्थाओं के सिलसिले में किया जो उनके समय में ही जन्मी अथवा पनपीं। ये संस्थाएं राजनीति, प्रषासन, कानून, उद्योग, व्यवसाय, वाणिज्य, यातायात, षिक्षा, संचार आदि से सम्बन्ध रखने वाली थीय और इन क्षेत्रों में प्रयुक्त होने वाले अधिकांष अंग्रेजी शब्द हमारी भाषा के भी शब्द है। उन शब्दों का विदेषीपन तो कब का मर चुका। किन्तु भाषा के मामले में शुद्घतावादी दृष्टिकोण अपनाने वाले विद्वानों को उनमें आज भी विदेषीपन की गंध आती है और वे संस्कृत धातुओं को लेकर उन शब्दों के पर्याय गड़ने का प्रयास करते हैं। किन्तु उनके द्वारा रचे गए ये पर्यायवाची शब्द न तो संस्कृत भाषा की मूल संस्कृति में खप सकते हैं और न हिन्दी की सहज प्रकृति से मेल खाते हैं।

विकास के साथ नये-नये विचार पैदा हुए, नई-नई चीजें आईं, और कार्यसम्पादन की नई-नई रीतियां और प्रक्रियाएं आई और इन सबके साथ ऐसे अनेक शब्द हमारे व्यवहार में आए जो मूलअतः हमारी भाषा के नहीं थे। कहने का तात्पर्य यह है कि इससे हमारी भाषा और विकसित हुईं। क्योंकि हमारे शब्दकोष में दूसरी भषा के शब्द भी जुघ्ते गये। ये शब्द ऐसे हैं जिनके अर्थ उनके प्रयोग के साथ पहले ही तय हो चुके और जिन्हें हम समझ भी चुके हैं। यह बात बहुत अटपटी है कि जो शब्द हमारे लिए बोधगम्य है उन्हें हम छाघ्ड दें और उनके द्वारा अभिव्यक्त अर्थों के लिए नये शब्दो की तलाष करें। यह बात भी समझ के परे है कि जो वस्तुएं व प्रक्रियाएं संस्कृत के जमाने में सोची तक नहीं जा सकती थीं उनके लिए अब संस्कृत-नाम ढूंढे जायें और उनकी व्याख्या संस्कृत की भाषा-षैली में की जायें वास्तव में, संस्कृत का आग्रह पालनेवाला शुद्घतावादी भाषायी दुष्टिकोण हमारे लिए जिन शब्दों को प्रचलित शब्दों के पर्याय के तौर पर हमारे सामने रखता है वे न तो अर्थपूर्ण होते हैं और न सहज। फिर भी, यदि इन तथाकथित पर्यायवाची शब्दों का प्रयोग किसी दबाव के अन्तर्गत किया जाए तो वह हमारी भाषा को इतना कृत्रिम और बोझिल बना देगा कि वही हमारे लिए परायी हो जायेगी। स्वातन्त्रोत्तर भारत में इस बात का हमें अनुभव भी है। अनुवाद की प्रक्रिया में यदि अपनी भाषा ही परायी बन जाए तो यह हमारी समूची संस्कृति

के लिए बड़ी खतरनाक बात होगी। हिन्दी की तुलना में फिर अंग्रेजी ज्यादा सहज लग सकती है। प्रामाणिक ज्ञान की तलाष में हमारा झुकाव अंग्रेजी की ओर स्वाभाविक ही हो जायेगा। अंग्रेजी का माध्यम हिन्दी की तुलना में कहीं अधिक लाभदायी सिदूघ होगाय क्योंकि जहां अंग्रेजी षिक्षा का स्तर बनाये रखने वाली भाषा समझी जायेगी वहीं हिन्दी स्तर को गिराने वाली भाषा मानी जायेगी। फिर अंग्रेजी द्वारा शोषण क्यों नहीं होगा? इस शोषण से तभी उबरा जा सकता है जब हिन्दी को एक ऐसे माध्यम के रूप में विकसित किया जाए जो ज्ञान-विज्ञान, कला-संस्कृति, शासन-प्रषासन तथा अन्तर्राष्टीय सम्बन्धों को समझने और समझाने का कारगर उपाय बनें। अनुवादक की भूमिका और उसका उत्तरदायित्व इस प्रश्न के सम्बन्ध में बहुत महत्वपूर्ण है।

5

अनुवाद और सांस्कृतिक परिप्रेक्ष्य

अनुवाद, या अनुवचन, या अनुकथन की परम्परा भारत देश में बहुत प्राचीन है। विभिन्न राष्ट्रों के लोग अपने यहाँ की अनुवाद परम्परा को प्राचीनतम साबित करने के लिए विभिन्न राजाओं के शासन काल के द्विभाषी-त्रिध्भाषी शिलालेखों का उल्लेख करते हैं। भारतीय अध्येताओं को इस दिशा में अधिक उद्यम करने की आवश्यकता नहीं पध्गी। प्राक्वैदिक काल की लोक संस्कृति और लोकजीवन में, वैदिक काल के गुरुकुल के अध्यापन कौशल में, और फिर ऋग्वेद की ऋचाओं का सामवेद में सांगीतिक उपयोग, यजुर्वेद में यज्ञ विधानादिक उपयोग, तथा अथर्ववेद में विधागत परिवर्तनात्मक उपयोग में, उत्तरवैदिक काल के लोकजीवन के कृषि संस्कृति से वाणिज्य संस्कृति की ओर प्रवेश में, ब्राह्मण, आरण्यक, उपनिषदों के विवेचन में, निरुक्त, निघण्टु की रचना प्रक्रिया में, बौद्ध धर्म की अन्तर्राष्ट्रीय ख्याति में, अश्वघोष की रचना वज्रसूची के प्रचार-प्रसार में, सिद्ध साहित्य के विवेचन में, रामायण, महाभारत, के विभिन्न अनुवादों में हम इस परम्परा को ढूँढते हुए आगे तक आ सकते हैं।

कहा जाता है कि अनुवाद की सबसे बड़ी आवश्यकता धर्म, दर्शन, साहित्य, कला के प्रचार हेतु हुई। बात सच भी है। पर इससे भी पहले अनुवाद की प्राथमिक आवश्यकता हुई, मनुष्यों और मानव समुदायों के बीच आपसी समझ बनाने में, ताकि वे एक दूसरे की भावनाओं और अपेक्षाओं को समझ सकें। एक

दूसरे को जानने की यह पूरी प्रक्रिया थोघी जटिल है। यह कई सोपानों में तय हो पाता है। वस्तुतः एक दूसरे को जानने का अर्थ, उसका नाम, गाँव, वर्ण, मुखमण्डल जान लेना नहीं होता, इस उद्यम का तात्पर्य उस पूरे पैकेज से है, जो उस जनपद की पूरी संस्कृति को जानने से सम्पन्न होता है। यह संस्कृति किसी समाज का ऐसा घटक है, जो जनजीवन के आहार-व्यवहार, धर्म, दर्शन, साहित्य, कला...सब में समाहित रहता है।

जाहिर है कि किसी व्यक्ति को सम्पूर्णता में जानने की पूरी प्रक्रिया उस व्यक्ति को उसके जनपद और उसकी संस्कृति के साथ जानने से ही पूर्ण होगी। किसी मनुष्य की बोली-बानी, विभिन्न परिस्थितियों में प्रमुख उसके भाषा फलक, उसके द्वारा प्रयुक्त शब्दाविलयों, और किसी विषय-व्यक्ति-परिस्थिति पर उसकी दर्ज क्रिया-प्रतिक्रया से भी उसका आचार-विचार-संस्कार जाना जाता है। इस बात को सम्प्रेषण के कई फलक के उदाहरण द्वारा इस तरह स्पष्ट किया जा सकता है-

ओ ए केशव, एक गिलास पानी ले आओ!
केशव, एक गिलास पानी ले आना!
केशव जी एक गिलास पानी ले आएँगे!
केशव भाई, जरा एक गिलास पानी ले आएँगे!
भाई साहब, एक गिलास पानी की जरूरत है!

ये सारे वाक्य एक ही भाषा में कहे गए हैं। लेकिन हर वाक्य में सम्बोध्य और सम्बोधक के आपसी सम्बन्ध और सम्बोधक के संस्कार परिलक्षित हैं। पहले दोनों वाक्य में स्पष्ट है कि सम्बोधक और सम्बोध्य का रिश्ता नियोजक और मातहत का है। लेकिन पहले वाक्य के सम्बोधक की नजर में सम्बोध्य के प्रति मानवीय भाव नहीं है। जबकि दूसरे वाक्य में वह भाव भी है। तीसरे चौथे वाक्य का संस्कार ऐसा है कि सम्बोधक-सम्बोध्य का नियोक्ता भी हो सकता है, जो बहुत भला इनसान है, या फिर मित्र भी हो सकता है। पाँचवे वाक्य से साफ जाहिर होता है कि सम्बोधक और सम्बोध्य का रिश्ता यदि पुराना है, और सम्बोधक का ओहदा सम्बोध्य से बघ है, तो निश्चय ही वह व्यक्ति अत्यन्त सज्जन और सरल है, या सम्बोधक कोई गैर है, तो वह अनुनय कर रहा है।

यह स्थिति अलग अलग तरीकों से हर भाषा में उपस्थित हो सकती है। ऐसी परिस्थिति में अनुवादक के समक्ष बहुत बघी चुनौती खघी होती है। यहीं आकर हम मूल रचनाकार के उस मौलिक भाव और आचरण को भी समझ पाते हैं, जिससे निर्देशित होकर वह अपने द्वारा सृजित पात्रों को भाषा देता है, या

फिर उन पात्रों के आचरण पर अपनी टिप्पणी करता है। यहाँ तक कि उन पात्रों के सृजन सन्धान में भी वह रचनाकार जिनका ब्रह्मा होता है, उसके नामकरण, चरित्र-चित्रण मनोदशा, सामाजिक-आर्थिक हैसियत, कथोपकथन...सब कुछ में हम उस रचनाकार का और रचनाकार द्वारा रचे गए समाज के उद्‌भव-परिवेश का संस्कार ढूँढ लेते हैं।

बात सच है कि कोई रचनाकार समाज में जो देखता-सुनता-भोगता है, अपनी रचनाओं में उसे ही प्रभावी ढंग से अंकित करता है। जन-जन तक वस्तुस्थिति का असली रूप प्रस्तुत कर आम नागरिक की सुसुप्त चेतना को उदबुद्ध करने की चेष्टा करता है, स्थगन से भरे सामाजिक व्यवस्था में हलचल पैदा करता है। जीवन-यापन के शान्त तालाब में बुराइयों की, रूघ्यों की, मानव विरोधी आचरणों की, मानव मूल्यों के अवमूल्यन की जो काई-कदाली जम गई होती है, उसमें खरोंच डालकर, कंकघि मारकर उसकी तहों को काटता है और सामाजिक परिदृश्य का परिष्कार करना चाहता है। इन तमाम बातों में भाषा-व्यवहार की जितनी भी परतें होती हैं, वह पूरी तरह समकालीन समाज की सांस्कृतिक संरचनाओं से लिपटी रहती हैं। पाठ चाहे साहित्य का हो, सामाजिक विज्ञान का हो या इतिहास भूगोल का...भाषा के सांस्कृतिक रचाव से वह पृथक नहीं हो सकती। इसलिए अनुवाद के समय संस्कृति एक अहम त्तव के रूप में सामने आती है। अनुवादक इसकी गरिमा-संरक्षण में अपनी समस्त ऊर्जा और कौशल झोंक देता है।

किसी पाठ का अनुवाद करना, केवल उनकी शब्दाविलयों, क्रियापदों, और सन्देशों का उल्था भर नहीं होता, बल्कि उस पूरी प्रक्रिया में भाषावैज्ञानिक, व्याकरणिक, और कोशीय उपस्करों के उपयोग के अलावा एक अकृश्य काम होता रहता है, वह है मूल पाठ की संस्कृति का अनुवाद।

उक्त उदाहरणों में, या ऐसे और भी कई उदाहरण जो सोचे जा सकते हैं, जिसमें शब्दों, पदों का केवल कोशीय अर्थ पर्याप्त नहीं होगा। कोशीय अर्थों में हिन्दी के शब्द--चाची, ताई, मौसी, मामी, बुआ सबके लिए अंग्रेजी का एक शब्द है आण्टी, पर इन सबके सांस्कृतिक सन्दर्भ एक नहीं हैं। भाषा के सन्दर्भ में संस्कृति बहुत बघ मसला है। भारतीय सन्दर्भ में सम्बन्धों को लेकर ही चलें, तो इसका व्याकरण इतने स्तरों का वैविध्य लिए हुए है, और उसका अन्वयार्थ इतना विराट है कि कोशीय अर्थ उस व्याख्या को ध्ध्वनिघ्त नहीं कर सकता। परराष्ट्रीय भाषाओं की संस्कृति के साथ तुलना करके देखें तो साफ-साफ दिखाई देता है कि जिस जनपद में साली, सरहज, भाभी, बहू, चाचा, ताउ, मामा, मौसा फूफा जैसे

सम्बन्ध ही नहीं हैं, वहाँ इन सम्बन्धों के साथ किए जाने वाले आचार-विचारों की क्या व्याख्या होगी! वैज्ञानिक, ज्ञानात्मक, वाणिज्यिक, ऐतिहासिक, भौगोलिक, सर्वेक्षणपरक, गणितीय पाठ अर्थात जिसका सम्बन्ध केवल भाषा और तथ्य से है, उनमें सांस्कृतिक सन्दर्भ की बातें तो केवल भाषा-व्यवहार और तथ्य के प्रति रचनाकार के रवैये से जानी जाती है, पर साहित्यिक, सांस्कृतिक, धार्मिक, राजनीतिक, सामाजिक पाठ, जिसका सीधा सम्बन्ध सामाजिक जीवन-यापन, आचार-विचार, राग-विराग, लोक-व्यवहार और आचरण-अस्मिघ्ता, बिम्ब-प्रतीक, अलंकार-मुहावरे, भाषा वैविध्य, उक्ति वैचिर्त्य से है, वहाँ पाठ का सांस्कृतिक सन्दर्भ बड़ी व्याख्या की माँग करने लगता है।

पश्चिमी देशों में नाते रिश्तों की उतनी शाखाएँ नहीं हैं जितनी भारत में हैं। केवल भारत की ही बात करें तो मिथिलांचल की स्त्रिघ्याँ अपने जेठ और मामा ससुर से उस हद तक परदा और परहेज करती हैं जैसे दोनों एक दूसरे के लिए अछूत हों, ऐसा देश के अन्य प्रान्तों में नहीं है। इसका सीधा सम्बन्ध वहाँ की दीर्घकालीन प्रथा से है। फिर पूरे बिहार का सन्दर्भ लें तो छोटे रिश्ते की बहुएँ घर परिवार या समाज के मर्दों के समक्ष सामान्य स्थिति में अपनी बात रखने के लिए भी मुँह नहीं खोलती, वे घर की बुजुर्ग स्घत्रिघ्यों या बच्चों के माध्यम से अपनी बात पहुँचवाती हैं, ऐसा देश के और क्षेत्रों में नहीं है। बिहार, उत्तर प्रदेश में जीजा साली के रिश्तों में जितना खुलापन और रसपूर्ण परिहास भरा रहता है वह केरल में नहीं होता, वहाँ सालियाँ अपने बघ्े बहनोई को बघ्े भाई का दर्जा देती हैं! फिर से मिथिलांचल की तरफ चलें, वहाँ सालियों के भी दो दर्जे हैं--पत्नी की बघी बहन के साथ सास जैसा व्यवहार किया जाता है जबकि पत्नी की छोटी बहन के साथ पूरा खुलापन रहता है। बिहार के कुछ खण्डों में मामी-भान्जे के साथ भी परिहास के रिश्ते रहते हैं। छोटानागपुर के कुछ खण्डों में नानी-नाती के बीच परिहास होता हैं। उघीसा के कुछ क्षेत्रों में 'दूध' का रूढ अर्थ स्तन हो गया है, वहाँ पायस को 'दूध' माना जाता है, मिथिलांचल में स्त्रिघ्यों का श्मशान घाट जाना विर्जत है, इस्लाम में स्त्रियों का मजार-क्षेत्र में प्रवेश विर्जत है। पश्चिमी देशों की नागरिक-समझ इस बात से पूरी तरह अनुकूलित हो चुकी है कि दो में से किसी एक के, अथवा दोनों के विवाह-पूर्व विवाहेतर सम्बन्ध की आशंका से अपना वर्तमान नष्ट न किया जाए, पर ऐसा भारतीय स्त्री-पुरुष सामान्य स्थिति में नहीं सोच सकता।...

इन तमाम बातों से आज यदि वे लोग भी वाकिफ हैं, जो कभी इस क्षेत्र में नहीं गए, और उस क्षेत्र की भाषा भी नहीं जानते तो इसका श्रेय अनुवाद को ही

जाता है। अलग से कहने की आवश्यकता नहीं, कि ये जानकारियाँ कोई रचनाकार अपने पाठ में सूक्ति की तरह नहीं देते, ये सारे तिय उस पाठ में समाहित होते हैं और अनुवादक को इन सबके संरक्षण और सम्वर्द्धन का ध्यान रखना होता है। ऐसा कहना चाहिए कि हर पाठ अनूदित भाषा के नए रूप में आकर भावक को यह सुअवसर प्रदान करता है कि वह लक्ष्य भाषा में विवेचित पाठ के सांस्कृति सन्दर्भ, सामाजिक आचार-विचार, जीवन-यापन, रहन-सहन, प्रेम-संघर्ष, द्वन्द्व-दुविधा के मूल स्वरूप से परिचय करे, उसे जाने, और अपने भौगोलिक परिवेश और सामाजिक सांस्कृतिक सन्दर्भों से उसका साक्षात्कार करते हुए, अपना तथा अपनी सांस्कृतिक समझ का विकास करे। दरअसल संस्कृति एक अमूर्त, सूक्ष्म और अपरिभाषेय बिम्ब है, इसे समझा तो जा सकता है, पर ऊँगली रखकर बताया जाना कठिन है कि संस्कृति यह है, एक जगह बता भी दें कि इस भूखण्ड, इस समुदाय के लोगों की संस्कृति यह है, तो अगले ही क्षण फिर दूसरी परिभाषा देनी पद्द जाएगी। मानव-सभ्यता के विकास-क्रम सदियों के आचार-विचार, आहार-व्यवहार, रहन-सहन, जीवन-यापन, सम्बन्ध-सरोकार की प्रथा-परम्परा की परिणति और प्रतिफल की एक शृंखला है जो मनुष्य के जीवन की तरह ही गतिशील और अग्रोन्मुख होती है और इनकी संचरण क्षमता इतनी तेज होती है कि किस रास्ते, किस क्षण इसमें नए किसलय खिल जाएँ, पता नहीं चलता। आज सम्पूर्ण भारतीय परिवेश के पहनाने-ओढावे, खान-पान, बोली-बानी, आहार-व्यवहार में आई सार्वत्रिघ्कता के मद्देनजर इस बात तो रेखांकित करना बघ आसान होगा।

एक समय साहित्य अकादेमी के सम्मान समारोह में अपने अध्यक्षीय भाषण में यू.आर.अनन्तमूर्तिघ ने एक वक्तव्य दिया था कि श्आज हमारा भारतीय साहित्य बाइस भाषाओं में एक बात करता है(उन दिनों साहित्य अकादमी बाइस भाषाओं के रचनाकारों को सम्मानित करती थी)।' कहना न होगा कि उनके इस विचार-वक्तव्य का प्राथमिक आधार अनुवाद ही रहा होगा। भारतीय मनीषा में ऐसे कई पुरोधा हुए हैं जिन्हें कई भाषाओं का ज्ञान रहा है, पर अधिकांश लोग ऐसे ही रहे हैं जिन्हें सभी क्षेत्र की भाषाओं का ज्ञान भले न हो, अनुवाद अथवा अन्य स्रोतों से वहाँ की जानकारी हासिल करते रहते हैं।

विश्व फलक पर जब से अनुवाद कार्य और प्रकाशन व्यवस्था का चलन हुआ है, संसार के कोने-कोने से विचार की यात्रा तेजी से होने लगी है। संचार-माध्यम के अपरिमेय संचरण के कारण जिस तीव्रता से विचार का प्रसार हुआ, उसमें वहाँ की संस्कृति का भी प्रभावित हो जाना लाजिमी था। सामान्य जन

की चित्त-वृत्ति, जीवन-वृत्ति और समकालीन शासन-व्यवस्था के दस्तावेज के रूप में साहित्य, समाज विज्ञान, अथवा इतिहास के पृष्ठों में आज तक जो कुछ भी दर्ज हुआ है, और होता चला जा रहा है उन सबका सीधा सम्बन्ध समाज और संस्कृति से है। नागरिक परिवेश की वर्चस्वगत नीतियों, संस्कृति और समाजशास्त्र से साहित्य के अन्तर्संबन्धों, वर्चस्व और प्रतिरोध के नागरिक संघर्षों को लेकर रेमण्ड विलियम्स, अन्तोनियो ग्राम्शी, ई-पी-थामसन, रिचर्ड होगार्ड ने पर्याप्त विचार किया है, वह यहाँ विचार का विषय नहीं है। यहाँ केवल उन प्रसंगों का सहयोग भर लेना है। अन्तोनियो ग्राम्शी की राय में कोई भाषा, जनपद की संस्कृति का ही रूप होती है। उन्होंने समान भाषा-भाषी लोगों की अभिव्यक्ति में ऐतिहासिक और सामाजिक रहने वाले भाषाई अन्तर को मुक्त कण्ठ से स्वीकारा है। यह अन्तर व्यक्ति की सामाजिक हैसियत, ऐतिहासिक सूत्र पारम्परिक सम्बन्ध पद्धति, वर्ग-भेद के कारण भाषा प्रयोग की विघधिघ्याँ, आर्थिक-शैक्षिक हैसियत के कारण उसके बोध का स्तर आदि पर निर्भर करता है। इसके साथ-साथ संचार-माध्यमों के फैलाव और अनुवाद-कार्य द्वारा जो विचारों का विघनिघ्मय स्थानान्तरण होता है, और आगत विचारों का उस सामाजिक परिवेश में अधिघ्ग्रहण होता है, उससे वहाँ की संस्कृति, वहाँ के नागरिक जीवन की प्रक्रिया प्रभावित हुए बगैर नहीं रह पाती है। नागरिक परिदृश्य का रहन-सहन, वेश-भूषा, खान-पान, आहार-व्यवहार, तीज-त्यौहार...सब के सब उससे प्रभावित होता है। यह बात सच है कि हर जनपद के साहित्य का सीधा सम्बन्ध वहाँ की भाषा में अनुगुम्फित होता है, किन्तु इसके साथ सचाई यह भी है कि वह भाषा खुद ही वहाँ के नागरिक जीवन की उपज होती है। हर क्षेत् की भाषा के सुस्थिर स्वरूप में वहाँ के नागरिक जीवन का अतीत मौजूद रहता है, जो जनपदीय संस्कृति से रससिक्त रहती है। इस रास्ते चलकर यह कहा जाना चाहिए कि अनुवाद के रास्ते चलकर जो वैचारिक और सांस्कृतिक सम्वर्द्धन समाज में होता है, उसका असर पुनर्सन्धान के रूप में बाद के मौलिक लेखन पर भी पघ्ने लगता है।

सामाजिक जीवन-यापन के दौर में यह देखा गया है कि चाहे नागरिक जीवन के संघर्ष के उत्पाद के रूप में हो, शविचारों' के समागत स्वरूप की सार्वजनिक स्वीकृति के रूप में, हर समय वर्चस्ववादी परम्परा के समानान्तर एक प्रतिरोधी शक्ति खघि होती है, जो स्थापित परम्परा की मजबूत और जघिभूत ताकत से जूझती हुई अपने नए मूल्य की परम्परा कायम करने लगती है। फलस्वरूप नागरिक जीवन एक नए भाव-बोध के साथ अपना जीवन संघर्ष शुरू करता है।

अधिक पीछे न जाएँ, भक्ति-आन्दोलन पर ही नजर डालें तो वहाँ सांस्कृतिक उत्थान और नागरिक जीवन के संघर्ष की छवियाँ अनेक रूपों में सामने आती हैं। अपने विराट और विस्तृत चिन्तन के साथ मैनेजर पाण्डेय ने गौर किया कि भारतेन्दु युग के बालकृष्ण भट्ट भक्तिकाल के साहित्य को श्जनसमूह के हृदय-विकास' की रचना स्वीकरते हुए उसे अपने युग का श्रेष्ठ साहित्य माना है। उनकी नजर में आचार्य रामचन्द्र शुक्ल ने भी भक्ति-काव्य का अनुशीलन करते हुए वैसा साहित्य विवेक विकसित किया जिस कारण वे रीतिवादी और जनविरोधी साहित्य का डटकर मुकाबला कर सके। प्रो- मैनेजर पाण्डेय ने स्पष्टतः स्वीकार किया कि सामान्य जनता की संस्कृति से उन भक्त कवियों की कविता निर्मित हुई थी... सन्त-काव्य में पुरोहितवाद, धार्मिक आडम्बर, जातिभेद, सामाजिक विषमता और ऊँच-नीच के भेद-भाव का जो खण्डन तथा विरोध है, वह सामन्ती समाज-व्यवस्था और उसकी विचारधारा के विरुद्ध विद्रोह की अभिव्यक्ति है...।

भारतीय परिदृश्य में वस्तुतः भक्ति आन्दोलन ऐसी घटना है जिससे न केवल भारतीय साहित्य को बल्कि भारतीय संस्कृति और भारत के नागरिक जीवन को भी एक नई दिशा दी। जाति, सम्प्रदाय, ओहदा, सामाजिक हैसियत, आचार-विचार, रहन-सहन आदि की हदबन्दी के अलावा बाकी भी कई सीमाओं, दीवारों को तोध्कर इस आन्दोलन ने एक कर दिया। कई धर्मों, जातियों, कर्मों के कवियों द्वारा इस समय का साहित्य लिखा गया। कबीर, तुकाराम, नामदेव, रैदास, आखो, दादू, रहीम, रसखान, मीरा, अक्का महादेवी आदि बहुभाषिक तो थे ही, इसके अलावा ये सब के सब विभिन्न जाति और सम्प्रदाय के थे। बुनकर, दर्जी, सोनार, चर्मकार, धोबी, शिकारी आदि कई वर्गों से आए ये लोग एक तरफ से पण्डितवाद और पुराणवाद की वैचारिक पृष्ठभूमि के निषेध के साथ आगे बध्े। जाहिर है कि एक समन्वित भारत और समग्र मानवीय अवधारणा के साथ इन सबकी सांस्कृतिक दृष्टि आगे बध् रही थी। ध्यातव्य है कि इसी दौर में रामायण और महाभारत का अनुवाद अथवा पुनर्सृजन विभिन्न आधुनिक भारतीय भाषाओं में हुआ, जिनमें से अधिकांश आज अपनी-अपनी भाषा का मौलिक और आधार ग्रन्थ माना जाता है। गुरु नानक ने श्गुरु ग्रन्थ साहिब' में विभिन्न धर्म ग्रन्थों से पद लेकर संकलित किया, दक्षिण में बासवेश्वर, निन्गैय्या कम्बन, एचुत्तायन, उत्तर में तुलसीदास, शंकरदेव, कृतिवास, चण्डीदास, पश्चिम में मीरा, तुकाराम, ज्ञानेश्वर, नामदेव आदि इस धारा के पुरोधा माने गए। हिन्दू मुसलमान का भेद समाप्त हुआ। लोक नाट्य के माध्यम से भक्ति सन्देश का फैलाव होने लगा। भेद-भाव मिटाने में इस पद्धति

का असर भी कम नहीं हुआ। आगे चलकर सती-प्रथा, छुआछूत, वर्ण-विभेद आदि सामाजिक कुरीतियों पर भी सांस्कृतिक आन्दोलन की शृंखला का सीधा प्रभाव पड़ा।

गरज कि अनुवाद के जरिए जब कोई साहित्य किसी दूसरी भाषा में जाता है तो स्रोत-भाषा का पाठ, लक्ष्य-भाषा में अपने साथ पूरे जनपद के अतीत, परम्परा, रहन-सहन, खान-पान, वेश-भूषा, आहार-व्यवहार, सम्बन्ध-सरोकार, बिम्ब-प्रतीक, मिथक-यथार्थ, शब्द-संस्कार, पात्रों के वर्ग-संघर्ष, जीवन-संघर्ष, तमाम बातों के साथ ही जाता है। और इतना तो तय है कि हर जनपद का सांस्कृतिक, वैचारिक और व्यावहारिक पहल इन्हीं बातों पर निर्भर करता है। एक बात यह भी है कि अनुवाद के जरिए जब कोई संस्कृति किसी दूसरे परिवेश में पहुँचती है तो वहाँ वह वैसी की वैसी नहीं रह जाती। या तो वह वहाँ की मौजूदा संस्कृति में प्रविष्ट होकर अपने लिए जगह बना लेती है, या वहाँ के नागरिक जीवन की सुविधा के मद्देनजर अपने को पुनर्गठित कर लेती है, या फिर वहाँ की संस्कृति के साथ मिलकर एक अलग ही संस्कृति निर्मित कर देती है। यह स्थिति वाचिक-परम्परा के पाठ के साथ तो कई बार हो जाती है। कभी-कभी सामान्य पाठ के साथ भी होता है। भक्ति-आन्दोलन की कई रचनाएँ इसके उदाहरण हो सकते हैं। प्रचार-प्रसार के दौरान नेपाल, चीन, तिब्बत, खोतानी, ब्रह्मदेश, इण्डोनेशिया, मध्य जावा, बाली द्वीप, मलय द्वीप, सिंहल देश, अरब-इरान, यूरोप आदि में रामकथा का स्वरूप परिवर्तित होते-होते जैसा हो गया है, उसमें यही पद्धति कारगर रही होगी। यदि विश्व फलक पर लोक-साहित्य का अनुशीलन करें तो यह बात और साफ-साफ दिखेगी। कई अफ्रीकी लोक-कथाएँ ऐसी हैं, जो बिहार में या भारत के कई भूखण्डों में अपने स्थूल रूप में एक-से हैं, पर हर भाषा में जाकर वह वहाँ के नागरिक जीवन के साथ रचने-बसने के क्रम में स्थानीय आवरण और वेशभूषा की हो गई हैं। ठीक यही बात भारत के भीतर ही विविध राज्यों-क्षेत्रों की लोक-कथाओं के बारे में कही जा सकती है। यहाँ तक कि रामायण, महाभारत तक का जो अनुवाद विविध भाषाओं में हुआ है, उसमें भी स्थानीय व्यवहार होते गए हैं। और, जब एक ही देश में सांस्कृतिक संचरण का यह वैविध्य हो जाए तो फिर विदेशी भाषाओं के साथ क्यों न हो।

शोधपरक तथ्य है कि प्राचीन काल में रामकथा के सम्पोषकों ने भारत के पड़ोसी देशों में जहाँ-जहाँ अपना व्यापारिक अथवा औपनिवेशिक सम्बन्ध बनाया, वहाँ-वहाँ अपने धर्म-प्रचारक भेजकर रामकथा का प्रचार-प्रसार किया। उत्तर में

नेपाल, तिब्बत, चीन और खोतान, पूरब में ब्रह्मदेश, स्याम और चीन, दक्षिणपूर्व में मलय, यव द्वीप, बाली और लंबक आदि के जनजीवन में रामकथा का महत्त्वपूर्ण स्थान है। यह दीगर बात है कि उन स्थानों की रामकथा अब वाल्मीकि अथवा तुलसी की रामकथा जैसी नहीं रहीं। वैसे रहे भी क्यों। जब वाल्मीकि की रामकथा से तुलसी की रामकथा भिन्न है, और तुलसी की रामकथा से कृतिवास और कम्बन की रामकथा भिन्न है तो फिर चीन की रामकथा भारत से भिन्न क्यों न हो। अनुवाद और इतिहास की सरणियाँ पार करने के बाद तो इतनी तब्दीलियाँ आ जाती हैं कि कभी-कभी सच, झूठ जैसा लगने लगता है। इस्वी सन के प्रारम्भ के समय कुषाण वंश का राज्य काशी से खोतान तक फैला हुआ था। दूसरी शताब्दी के आते-आते बौद्ध धर्म, बौद्ध साहित्य और बौद्ध संस्कृति का प्रचार मध्य एशिया से चीन तक सब जगह होने लगा था। आगे के वर्षों में नेपाल, और तिब्बत होते हुए भारत के साथ चीन का सम्बन्ध और बघ। तीसरी सदी के आते-आते बौद्ध साहित्य श्अनामक जातकम' का चीनी अनुवाद हुआ जिसमें रामकथा के सूत्र मिलते हैं। आठवीं-नौवीं शताब्दी की उपलब्ध तिब्बती रामायण, नौंवी शताब्दी की खोतानी रामायण से रामकथा के सूत्र मिलते हैं। शोध सूत्रों के आधार पर इसी तरह ब्रह्मदेश, इण्डोनेशिया, मध्य जावा, बाली द्वीप, सिंहल देश, अरब ईरान, यूरोप आदि में रामकथा की मौजूदगी और लोकप्रियता की जानकारी परशुराम चतुर्वेदी ने अपनी पुस्तक श्भारतीय संस्कृति विश्व मंच पर' में विस्तार से दी है। इसी तरह उन्होंने बौद्ध धर्म और जैन धर्म के प्रचार-प्रसार की सूचनाएँ भी एकर्त की हैं और उनके प्रचार-प्रसार एवं लोकप्रियताओं की व्याख्या दी है। तय है कि पहली-दूसरी शताब्दी के आते-आते बौद्ध-धर्म का प्रचार-प्रसार और तेजी पकध चुका था, इसलिए वाजिब ही है कि पहले से संचरित रामकथाओं पर पीछे से आई हुई जातककथाओं के विषय वस्तु आदि का प्रभाव पघ हो, या फिर वहीं के कल्पनाशील नागरिकों का रचना-कौशल रहा हो, जिस कारण उन कथाओं में तब्दीली आती गई हो।

प्राक् उपनिवेशकालीन, उपनिवेशकालीन और उत्तर उपनिवेशकालीन भारतीय साहित्य के मद्देनजर भारतीय बौद्धिक मानस का अनुशीलन विस्तृत फलक पर करें तब भी सांस्कृतिक संचरण का विस्तार बघी स्पष्टता से दिखता है। वैसे अनुवाद कार्य के उद्देश्य के सम्बन्ध में प्राच्य-पाश्चात्य पुराने नजरियों की तुलना करने पर रोकच सन्दर्भ सामने आता है। इस सन्दर्भ में स्वर्ग-बहिष्कृति की बाइबिल की कथा का उल्लेख करते हुए जेकृ हिल्स मिलर ने अनुवाद को श्सतत निर्वासन की भटकती अवस्था' कही है। भारतीय चिन्तकों के मन में ऐसी चिन्ता कतई, कभी

नहीं हुई। कहें कि इस अवधारणा की ओर कभी नजर ही नहीं गई। बहुभाषिकता, बहुसांस्कृतिकता और अनुवाद की समझ भारत के आम नागरिकों के लिए सदा से सहचरी बनी हुई है। अनुकथन, अनुवचन, व्याख्या, विश्लेषण, अन्वय, अर्थ, सार, टीका, भावानुवाद, अनुवाद...कई पदबन्ध यहाँ की मान्यताओं में बसे रहे हैं। भारत में सबसे बघी बात यह दिखती रही है कि लोक-कण्ठों में बसे गीतों, कथाओं, गाथाओं, सन्दर्भों का संचार जहाँ-जहाँ हुआ, वहाँ-वहाँ एक नए रूप की संरचना भी हुई। इन अर्थों में हमें सहज स्वीकार्य होना चाहिए कि दो संस्कृतियों, दो पाठों की भाषिक समझ के अन्तर के कारण ही अनुवाद की जरूरत होती है, अर्थात अनुवाद दो संस्कृतियों, दो पाठों के भाषिक, व्यावहारिक अन्तर की मूक स्वीकृति है और सांस्कृतिक सख्य के विस्तारण का प्रयाण है। स्वाधीनता पूर्व के समय की स्थितियों को देखने से तो साफ-साफ तय होता है कि फिरंगियों ने भारतीय मनीषा के धार्मिक, पौराणिक, सांस्कृतिक ग्रन्थों का अनुवाद करवाया ही इसलिए था कि वे यहाँ की संस्कृति को समझ सकें। श्पालिटिक्स आफ ट्रान्सलेशन’ का यह बहुत शानदार नमूना है कि किसी भी क्षेत्र विशेष के सामान्य नागरिक की सांस्कृतिक अस्मिता को जाने बगैर वहाँ शासन कर पाना असम्भव है। किसी व्यक्ति के साथ महीनों रहकर आप केवल उस व्यक्ति के उतने दिनों के व्यवहार को जान सकते हैं, लेकिन उस क्षेत्र की संस्कृति को जान लें तो वहाँ की पूरी जनता को जान जाएँगे। कहने की आवश्यकता नहीं कि भारतीय विद्वान सदा से कर्मों में विश्वास करते रहे हैं, कर्मों को परिभाषित और महिमामण्डित करने में नहीं। यहाँ अनुवाद कार्य हो अथवा मूल वाचन-लेखन, उन्हें सिर्फ सम्प्रेषण या अभिव्यक्ति समझा गया। शायद यही कारण हो कि प्रस्तुत कथन के पुनर्कथन में यहाँ पर्याप्त छूट ली जाती रही है। आधुनिक भारतीय भाषाओं के साहित्येतिहास पर नजर डालें तो साफ दिखता है कि कई नई विधाओं का विकास-विस्तार वहाँ पौराणिक सामग्रियों के पुनकर्थन से ही हुआ है। अकेले रामायण की बात करें तो हमारे यहाँ तुलसीदास, कृतिवास, कम्बन, एचुत्तायन आदि द्वारा रचित रामायण अपनी भाषाओं के मूल ग्रन्थ माने जाते हैं। बहुत बाद में आकर यह कार्य मैथिली भाषा में भी हुआ, जो चन्दा झा, लालदास जैसे विलक्षण कवि ने किया। तथ्य है कि फ्रांस के महान अनुवाद चिन्तक एतीन दोलेत को अनुवाद में छूट लेने की वजह से फाँसी चघ दिया गया था, वैसी परम्परा भारत में अपनाई गई होती, तो भक्तिकाल के सारे रचनाकार फाँसी चघ गए होते। सन्त ज्ञानेश्वर के अर्जुन अपने उपदेशक कृष्ण से कहते हैं कि तुम्हारी बात देववाणी में मेरी समझ में नहीं आती, तुम शुद्ध मराठी

में अपनी बात समझाओ। गुरु नानक ने श्गुरु ग्रन्थ साहिब' में न जाने कितने सन्तों की बानियों को अपनी भाषा में संकलित किया। महाकवि विद्यापति ने जाने कितने सन्दर्भों को अवहट्ट और मैथिली में तराशा, चन्दवरदायी ने पृथ्वीराज रासो में अपने नायक के लिए अपने राष्ट्रीय सन्दर्भ का उल्लेख किया। अनुवाद के जरिए सांस्कृतिक संचरण की इस विराट शृंखला को ध्यान में रखते हुए हमें थोघ और पीछे जाकर देखने की आवश्यकता पघ्गी, जब बौद्ध साहित्य का प्रचार-प्रसार शुरू हुआ। सर्वास्तिवादी और थेरवादी परम्परा के प्रचार-प्रसार के दौर में चीनी सहित कई भाषाओं में बुद्ध वचनों का अनुवाद हुआ, और कई ग्रन्थ वहाँ से पुनः अनूदित होकर, वहाँ की संस्कृतियों के संस्पर्श के साथ भारत आ गई। भारतीय सन्दर्भ में अनुवाद कार्य के दौरान इस छूट और सांस्कृतिक विस्तार का सदा स्वागत हुआ है। भांरत का भाषा-शास्त्् और केन्द्रीय विषय की प्रमाणिकता के नियन्ता लोग कभी इस चिन्ता में दुबले नहीं हुए कि हमारा मूल कहीं खो जाएगा, यहाँ सदा इन अभिकर्मों को सांस्कृतिक अस्मिता के सन्धान और अनुवाद कार्य की अनिवार्य आवश्यकता के रूप में देखा गया।

आज इस बात को लेकर सावधान होने की जरूरत है। इस क्रम में इस चिन्ता की भी कोई खास आवश्यकता नहीं कि स्वातन्त्र्योत्तर काल के ब्रिटिशों ने अपनी सत्ता के अहंकार में हमें इतिहासहीन घोषित करने की असफल चेष्टा की। इतिहास गवाह है कि क्रूर और बर्बर शासक अपने शासितों को इतिहासहीन, छिन्नमूल, असभ्य, कुसंस्कृत कहता है। अंग्रेजों ने भी उसे दुहराया। अपने फतबे से उन्होंने भारत की साहित्यिक, सांस्कृतिक भव्यता को अमान्य किया, उसे पिछघ और अर्थहीन बताया। ब्रिटिश शासन काल में अपनी भौतिक सुविधाओं के लालच में आए कुछ भारतीय भी तो अंग्रेजीदाँ हो ही गए थे। वे उन्हीं की रुचियों, मन्तव्यों के अनुरक्षक, सम्पोषक हो गए थे। वैसे ही भारतीय बुद्धिवादियों के साथ मिलकर अंग्रेजों ने अनुवाद कार्य की पहरेदारी की, और अपनी रुचि के हिसाब से ऐसे अनुवाद कार्य करवाए और उसे प्रोत्साहन दिया, पुरस्कृत किया, जिनमें भारतीय साहित्य और संस्कृति की गरिमा आहत होती रही। श्द एरेन्जमेण्ट्स आफ एन एलाइन्स' शीर्षक अपने लेख में सूजी थारू ने और अपने विश्लेषण में रोमिला थापर ने इन प्रसंगों का विस्तार से उल्लेख किया है।

हमें इन चिन्ताओं में सिर खपाने के बजाय अपनी शक्ति का सकारात्मक उपयोग करना है। यह तो उनके लिए ही शर्म की बात होनी चाहिए कि जिस अनुवाद को उनके चिन्तक, श्निर्वासन की भटकती अवस्था' कहा करते थे, उसी अनुवाद ने उन्हें भारतीय

संस्कृति को समझने का हुनर और सुविधा दी और फिर उसी अनुवाद-कार्य में लोमघिगिरी करने लगे। हमें यह देखना है कि इन तमाम विडम्बनाओं के बावजूद, इतने-इतने झंझावातों को सहते रहने के बावजूद, भारतीय साहित्य और संस्कृति का वैविध्य और उसकी गरिमा निरन्तर ऊँचाई पाती गई है। और, ऊँचाई देने वाला यह घटक है अनुवाद-कार्य, जो स्वयं अपनी सम्पूर्ण निष्ठा और उज्ज्वलता के साथ आगे बघ जा रहा है। प्राघ उपनिवेशकालीन सृजन और अनुवाद की उदारता और उपनिवेशकालीन वैचारिक संकीर्णता के संघर्ष के परिणामस्वरूप भी हमारे साहित्य और संस्कृति को कम लाभ नहीं हुआ। इसका श्रेय हमारे यहाँ के बुद्धिजीवियों, रचनाकारों और अनुवादकर्मियों के सकारात्मक सोच को जाता है कि भाषिक और सांस्कृतिक तौर पर पूर्णतया और स्पष्टतया इतनी भिन्नता बने रहने के बावजूद दुनिया के सबसे बघे गणतन्त्रात्मक राष्ट्र भारत के नागरिकों के मन में अपनी सांस्कृतिक विविधता के प्रति सम्मान भाव बना हुआ है। फणीश्वरनाथ रेणु के श्मैला आँचल' यू-आर- अनन्तमूर्तिघ के श्संस्कार'' मोहन राकेश के श्अन्धेरे बन्द कमरे' तकषी शिवशंकर पिल्लै के श्क्वैर' श्री लाल शुक्ल के श्रागदरबारी' भालचन्द्र नेमाडे के श्कोसाला' कृष्णा सोबती के श्जिघ्न्दगीनामा' राजकमल चौधरी के श्मछली मरी हुई' ललित के श्पृथ्वीपुत्र' गोपीनाथ मोहन्ती के श्परजा' सोहन सिंह शीतल के श्तूताँ वाला खूँह' महाश्वेता देवी के श्अग्निगर्भ' जैसे उपन्यासों और भारतीय साहित्य के अनगिनत कथाकारों, नाटककारों, कवि-चिन्तकों के लेखन में उत्तर उपनिवेशकालीन जिन सांस्कृतिक विरासत की महक और उन्मुक्तता हम सब देख रहे हैं, उसका असली संस्पर्श इतने बघे बहुभाषी देश के नागरिकों को अनुवाद के सहारे ही मिल रहा हैं। और, हर जनपद की संस्कृतियाँ एक दूसरे को निरन्तर सम्पुष्ट करती जा रही हैं। आसाम अथवा बिहार के नागरिक श्ओणम' की महत्ता, केरल, कर्णाटक के नागरिक श्बिहू' और श्छठ' की महत्ता को समझने लगे हैं, तो अधिकांश श्रेय अनुवाद को ही जाता है।

उल्लेखनीय है कि हर जनपद की भाषा अपनी सांस्कृतिक अस्मिता के साथ ही महत्त्वपूर्ण होती है। और हर जनपद की सांस्कृतिक धारा मूल पाठ में कई स्तरों तक रची बसी होती है। इस पूरी प्रक्रिया में जब स्रोत-भाषा का सन्देश लक्ष्य-भाषा में पहुँचता है, तब अनुवादक के लाख प्रयास के बावजूद उसकी मौलिकता अपने मूल सन्दर्भ से गहरे जुघव के कारण बची ही रहती है। भाषान्तरण की इसी प्रक्रिया में एक जनपद की संस्कृति का दूसरी भाषा की संस्कृति में कायान्तरण होता है। भारत जैसे बहुसांस्कृतिक, बहुभाषिक देश में दो भाषा-भाषी क्षेत्रों की संस्कृतियों का सम्वर्द्धन और संचरण इसी रास्ते होता है।

इन अर्थों में अनुवाद के जरिए न केवल एक भाषा का सन्देश दूसरी भाषा के पाठक तक पहुँचता है, बल्कि सबसे पहले दो संस्कृतियों का आपस में परिचय होता है, फिर संघर्ष होता है, और, उसके बाद फिर विकास होता है। यह कहने में काई हिचक नहीं होनी चाहिए कि अनुवाद संस्कृतियों और विचारों की सुदूर यात्रा की सरणि भी है, और इस तरह राष्ट्रीय एकीकरण में अपनी महत्त्वपूर्ण भूमिका निभाता है। अधिक पीछे न जाकर सन् 1857 से सन् 1947 तक के नब्बे वर्षों के अनूदित साहित्य पर ही विचार करें, बाते बहुत सफाई से सामने आती हैं। या फिर भारतीय साहित्य के केवल स्वातन्त्र्योत्तरकालीन अनुवाद में बंकिम, शरत, रवीन्द्र, प्रेमचन्द, निराला, नागार्जुन, महाश्वेता, वैकम मुहम्मद बसीर, शिवराम कारन्त, यू आर अनन्तमूर्ति, केसव रेड्डी, पन्नालाल पटेल, समुत्तिरम, भालचन्द्र नेमाडे, कर्तार सिंह दुग्गल, आदि की रचनाओं के विभिन्न भारतीय भाषाओं में हुए अनुवाद को देखकर, राष्ट्रीय फलक पर सांस्कृतिक सौहर्द की जितनी स्पष्ट छवि बनती है, उसका सारा श्रेय अनुवाद कार्य को ही जाता है। आशा की जाती है कि आने वाले कुछ वर्षों में अनुवाद से जुड़े तमाम अभिकरण निश्चय ही बहुत अच्छी तस्वीर पेश करेंगे।

6

अनुवाद के विभिन्न रूप

कार्यालयीन हिन्दी-अनुवाद

स्वतन्त्रता प्राप्ति के पश्चात् भारत की राष्ट्रभाषा के पद पर हिन्दी वैधानिक रूप से आरूढ़ हो गयी। अतः प्रशासनिक कार्यों को, जो अब तक अंग्रेजी में होते चले आ रहे थे, हिन्दी में किये जाने का चलन भी वैधानिक रूप में ही आरम्भ हुआ। अंग्रेजी में जो कार्य हो रहे थे, उन्हें हिन्दी भाषा में कर पाने में, अंग्रेजी में कार्य करने वाले अभ्यस्त बाबू और अफसर सम्प्रदाय के सामने कठिनाई तो थी, कार्यालयी हिन्दी में अधिकांश ऐसे शब्द आ गये थे जिनके सन्दर्भ, आख्या, प्रयोजन और अर्थान्तर ज्ञान का पूरी कार्यालय व्यवस्था व प्रशासन को ज्ञान ही नहीं था, दूसरे बहुत से लोग तो ऐसे थे जो हिन्दी में कार्य करना बहुत हेय समझते थे। इसके अनन्तर भारतीय गणतन्त्र के बहुत से राज्य भी ऐसे थे जिनको हिन्दी का ज्ञान ही नहीं था। वह या तो अपनी मातृभाषा जानते थे या अंग्रेजी। इस समस्या का निदान वैधानिक रूप से यह किया गया था कि वह अपने यहाँ राष्ट्रभाषा हिन्दी को अपनाना चाहें तो वह पूर्ववत् अंग्रेजी का ही चलन बनाये रख सकते हैं। हालांकि इसके लिये प्रशासनिक हिन्दी या भाषा में पुरानी प्रक्रिया, शब्दावली इत्यादि अनुवाद हुए एवं उनका व्यापक प्रचार-प्रसार हुआ, फिर भी एक लम्बे समय तक कठिनाइयाँ तथा हिन्दी में कार्य करने के प्रति उपेक्षा धारण की जाती रही। अंग्रेजी में कार्य करते रहे बाबुओं तथा अफसरों को स्वतन्त्रता प्राप्त

करने के बाद भी हिन्दी में काम करना पसन्द नहीं था। अन्ततः यह प्रवृत्ति कम हुई। हिन्दी भाषा का व्यवहार आरम्भ हुआ और जहाँ-जहाँ भाषा का व्यवहार किया गया, वहाँ-वहाँ अनुवाद की आवश्यकता हुई। आधुनिक युग में विज्ञान, प्रौद्योगिकी, विधि आदि क्षेत्रों के प्रमाण ग्रन्थ मुख्यतया अंग्रेजी में रहे हैं। भारत के स्वाधीन होने के बाद इन ग्रन्थों की जगह भारतीय भाषा में ग्रन्थ का प्रयास हुआ है। इस प्रयास में अनुवाद और मौलिक ग्रन्थों का निर्माण सम्मिलित है।

प्रशासन भाषा-व्यवहार का एक मुख्य क्षेत्र है। अतः प्रशासन में भी अनुवाद का प्रसंग आता है। इसे स्पष्ट करने के लिये हमें अपने देश की प्रशासनिक प्रणाली पर प्रकाश डालना आवश्यक है। भारत संसार के प्रजातंत्रवादी देशों में प्रमुख है। यहाँ शिक्षित-अशिक्षित सबको बालिक होने पर मत देने और विधायक अनने का अधिकार है। इसलिये प्रशासन की भाषा भी जनता की भाषा ही हो, यही उचित था, किन्तु प्रशासन विशिष्ट क्षेत्र है अतः प्रशासन की तकनीक की जानकारी पाए बिना कोई व्यक्ति प्रशासनिक कार्य कर नहीं सकता। प्राचीन युग में मनुस्मृति, कौटिल्य का अर्थशास्त्र आदि प्रमाण ग्रन्थ थे। प्रशासन में मौलिक रूप से उन्हीं का आश्रय लिया गया और उनमें उपयुक्त प्रशासनिक शब्दों का चयन किया गया। उन्हीं की व्याख्या भी की गई।

मुसलमानों और अंग्रेजों के राज्य में प्रशासन की भाषा

मुगल काल में दिल्ली एवं दिल्ली शासन से प्रभावित राज्यों में फारसी प्रशासन की भाषा रही थी। सब लोग तो फारसी नहीं जानते थे, लेकिन शासन में भाग लेने वालों के लिए फारसी का ज्ञान जरूरी था, किन्तु केरल जैसे सुदूर राज्यों की रियासतों में मलयालम जैसी प्रांतीय भाषाएँ प्रशासन का भी माध्यम रही थीं। उन्हें प्रशासन करने में दिक्कत भी नहीं होती थी, किन्तु दिल्ली दरबार को अपने यहाँ की बातों की सूचना देने के लिए दिल्ली की भाषा फारसी में अपनी भाषा मलयालम की बातें अनुदित करनी पड़ती थीं। सिद्धान्त रूप में इसी बात का अनुकरण इस बार फारसी की जगह हिन्दी में समझाने का कार्य भी आरम्भ हुआ।

जब हमारे दशे में प्रशासन के सारे स्तरों पर अंग्रेजी स्वीकृत हो गई थी, तब प्रशासन से सामान्य जनता का सम्बन्ध कटने लगा था। स्थानीय भाषा में पारंगत लोग भी अंग्रेजी न जानने पर प्रशासनिक क्षेत्र की काई बात नहीं समझ पाते थे। स्वतन्त्रता के पश्चात् प्रशासन के नियम, कार्यालयीन आदेश, ज्ञापन, परिपत्र, अधिसूचना, इत्यादि समस्त प्रारूपों का अनुवाद हिन्दी में हुआ एवं अधिकतर

पत्र-व्यवहार अनूदित रूप में होने लगा था, परन्तु यह अनुवाद कई बार क्लिष्ट एवं विकट होता था। इसमें ऐसे वाक्यांश जोड़े जाते हैं कि विधि की दृष्टि से पत्राचार बिल्कुल नियमित हो और अदालत में उसे चुनौती न दी जाए। अंग्रेजी की वाक्य संरचना और हिन्दी की वाक्य रचना में एक स्वाभाविक अन्तर होता है। प्रायः अंग्रेजी के शब्दों से जो अवधारणा को स्पष्ट करने के लिए नवीन शब्दों का निर्धारण भी हुआ, परन्तु वह जिस अवधारणा के लिये प्रयोग किये जाने हैं, उसकी व्याख्या की आवश्यकता अनिवार्य थी। अतः इसके लिये कोश निर्मित हुए। अतः कार्यालयीन हिन्दी के व्यवहार में ऐसे कोशों की सहायता से ही अनुवाद सम्बन्धी समस्याओं का समाधान सम्भव हुआ। सामान्य व्यवहार में प्रायः कार्यालय कर्मी यह शिकायत करते रहे हैं कि हिन्दी के शब्द क्लिष्ट हैं, परन्तु यह बात, जब अंग्रेजी या फारसी का प्रचलन हुआ होगा, तब भी आई होगी। शब्दों की उपयुक्त अवधारणा उनके निरन्तर प्रयोग से ही मस्तिष्क को पकड़ पाती है। हिन्दी वाक्य संरचना का निर्वाह करते हुए मूल की सारे बातें अनुवाद में लाना अवश्य ही प्रारम्भ में कुछ कठिन रहा होगा, परन्तु अभ्यास से यह कठिनाइयाँ दूर हो चुकी हैं।

प्रशासनिक अंग्रेजी का जैससा अनुवाद अब हिन्दी में किया जाता है उसकी जटिलता के बारे में हालांकि अभी तक भी शिकायत की जाती है, परन्तु शिकायत करने वालों में अधिकांश लोग प्रशासनिक भाषा की विधि सम्बन्धी समस्याओं पर कम सोचते हैं। शिकायत कुछ ठीक भी है। इस जटिलता का कारण यह है कि अब जो भी प्रशासनिक हिन्दी लिखते हैं वे पहले प्रशासनिक अंग्रेजी का रूप मन में कल्पित कर लेते हैं, जबकि उन्हें अब इस विधि को त्याग देना चाहिए और उन्हें प्रशासनिक हिन्दी का प्रयोग अनुवाद की बात सोचे बिना मूल रूप में ही करनी चाहिए। इसमें योग्यता, अनुभव की मानसिकता तीनों निर्णायक घटक होते हैं, जो मनुष्य को अध्ययन तथा मौलिक चिन्तन की प्रेरणा देते हैं।

इस प्रसंग में सैद्धान्तिक रूप से भी विचार करना उपयुक्त होगा। अनुवाद की समस्याएँ दो वर्गों में विभाजित की जा सकती हैं--शैली प्रधान तथा सूचना प्रधान। **शैली प्रधान अनुवाद कार्य** सर्जनात्मक साहित्य में किया जाता है, जबकि **सूचना प्रधान अभिलेखों** में व्यवहारिक औपचारिकता निहित होती है। आवश्यकता इस बात की है कि उसे उसके पूर्णरूप में अनूदित कर दिया जाये। उसमें रचनात्मक साहित्य की शैली से प्रस्फुटित भाव तथा क्षेत्रीय सन्दर्भों की मूल अवधारणा के साथ अनुवाद कार्य में विशेष रूप से सावधान रहना होता है। सूचना प्रधान अनुवाद में मुख्य समस्या पारिभाषिक शब्दों की आती है। इनका प्रयोग

करते समय उनकी वास्तविक अवधारणा के प्रति सावधानी बरतनी होती है। कार्यालयी साहित्य सूचना प्रधान साहित्य में ही आता है। इसमें लिखने वाले की वैयक्तिक शैली का प्रश्न ही नहीं उठता। एक अधिकारी किसी एक समस्या को जिस शैली में लिखता है, उस पद पर रहने वाले प्रायः सभी, अधिकारी उसी शैली में लिखेंगे, क्योंकि कार्यालयी भाषा प्रायः सुनिश्चित ही होती है। चाहे वह शब्द प्रयोगी हो या वाक्य रचनात्मक। भाषा की अन्य प्रयुक्तियों में कर्तृवाच्य की प्रधानता होती है। कार्यालयी रूप में कर्मवाच्य की प्रधानता होती है। उसमें कथन व्यक्ति-सापेक्ष नहीं होता, वह निरपेक्ष होता है, जैसे--सर्वसाधारण को सूचित किया जाता है (न कि--मैं सर्व साधारत को सूचित करता हूँ।), या कार्यवाही की जाय (न कि--कार्यवाही करें), स्वीकृति दी जा सकती है (न कि--स्वीकृति दे दीजिए या स्वीकृत करिये।)

कार्यालयी हिन्दी अनुवाद की समस्या

कार्यालयी हिन्दी की जो प्रवृत्ति है, वह सहज न होकर अनुवाद कार्य के फेर में पड़कर विकृत हुई है, जबकि ऐसा नहीं होना चाहिए था। यही कारण है कि कार्यालयी हिन्दी में की गई बहुत-सी विज्ञप्तियाँ सामान्य लोगों द्वारा समझना टेढ़ी खीर होती है। प्रायः सुशिक्षित लोग भी उन्हें नहीं समझ पाते। इसका कारण अंग्रेजी के प्रति विशेष मोह है तथा कार्यालयी कार्य करने की अंग्रेजी प्रवृत्ति है। इस बात का प्रत्यक्ष अनुभव किसी भी सरकारी सूचना या सरकारी, अर्द्धसरकारी पत्रों को देखकर किया जा सकता है।

कार्यालय साहित्य की कोई सीमा नहीं हो सकती, क्योंकि कार्यालय सभी विभागों में हो सकते हैं, (जिनकी गिनती करना भी सम्भव नहीं)। सभी कार्यालयों में कार्य को हिन्दी में करने पर बल दिया जाता है, अतः अनुवाद होता है। यह अनुवाद पुराने साहित्य का भी हो सकता है तथा नये साहित्य का भी। यदि अनुवादक के पास पारिभाषिक शब्दों का पर्याप्त भण्डार हो तो अनुवाद की समस्या एक सीमा तक कम हो सकती है, यदि कार्यालयों में काम करने वाले कर्मी, इस कार्य को करने में कुछ श्रम करें, केवल लकीर न पीटें तथा पारिभाषिक शब्दों का ज्ञानवर्द्धन करें। वर्तमान व्यवस्था के अन्तर्गत प्रगति का ऐसा चक्र चल रहा है कि एक ही विषय पर किये जाने वाले कार्य करने वाले कार्यालय का विभाजन विषय की जटिलता तथा प्रशासनिक कठिनाइयों को दूर करने के लिये कर दिया जाता है और उसके अंग-विच्छेदन के फलस्वरूप कार्यालय बढ़ा दिये

जाते हैं, विभागों में भी फेरबदल हो जाता है। सभी कार्यालयों के कार्य की प्रकृति निश्चित रूप से समान नहीं होती, अतः हिन्दी में कार्य करने में कठिनाइयाँ आती हैं। इनका कार्य करने के लिये, स्वाभाविक रूप से अंग्रेजी का सहारा लिया जाता है, अतः उनका अनुवाद कार्य सहज नहीं हो पाता। यह भी देखा गया है कि एक ही अंग्रेजी प्रारूप के अनुवाद विभिन्न कार्यालयों में समान रूप से नहीं हो पाते। इसके कई कारण हैं।

पहला कारण तो यह है कि अभी तक सभी अंग्रेजी शब्दों का हिन्दी-सम-शब्दों में निर्धारण नहीं हुआ है। बहुतायत में इस सम्बन्ध में समस्या तब उठती है, जब किसी भी नित्य की सामान्य कार्य व्यवहार में प्रयुक्त होने वाले शब्द की तरह ही हिन्दी में उसी 'वजन' का शब्द नहीं मिलता। जैसे रेल से सम्बन्धित एक प्रचलित शब्द है 'दि ट्रेन'। यह रेल यातायात में सामान्य रूप से प्रयोग में आने वाला शब्द है, लेकिन इसी के वजन तथा प्रवाह को बोध कराने वाला शब्द हिन्दी में अपनी पहचान नहीं बना सका है, अतः इसी शब्द का सुविधा से प्रयोग होता है। इस शब्द तथा अन्य ऐसे शब्दों का 'हिन्दीकरण' इन्हें हिन्दी में स्वीकार करके किये जाने का चलन आम हो चला है। सामान्य जनता भी ऐसे अंग्रेजी शब्दों का प्रयोग करने लगी है, जिन्हें वह आम बोलचान में बोलना स्तरहीन समझती है या असुविधाजनक प्रवाह से रहित अनुभव करती है, जैसे शौचग्रह या 'शौचालय' बोलचाल में इसका प्रयोग नगण्य है और 'लैट्रीन' शब्द आम प्रयोग में आ गया है, अशिक्षित लोग भी इसका प्रयोग करते हैं।

इसी प्रकृति का एक उदाहरण और दिया जाता है। अंग्रेजी के देशज हैं--Aggression तथा Attack। भारत सरकार के शिक्षा और समाज कल्याण मंत्रालय के केन्द्रीय हिन्दी संस्थान द्वारा प्रकाशित वृहत् पारिभाषिक शब्दकोश के परवर्ती संस्करण में इन दोनों शब्दों का (हिन्दी में) प्रतिशब्द आक्रमण दिया गया है। 'आक्रमण' को attack के प्रतिशब्द रूप में ग्रहण किया जाना तो उचित है, लेकिन aggression के लिये नहीं। यदि किसी मूल कत्य में इन दोनों शब्दों का ही प्रयोग होता है, तो हिन्दी में उसके मूल भाव को एक शब्द द्वारा प्रकट करना सम्भव नहीं होगा। ऐसे ही कुछ शब्दों को और भी उदाहरण रूप में प्रस्तुत किया जा सकता है। कार्यालयी अंग्रेजी में प्रायः--Yours faithfully, Yours sincerely, Yours very truly, Yours truly शब्दों का प्रयोग होता है। हम नित्य-प्रति के व्यवहार में भी इनका प्रयोग अंग्रेजी लेखन में करते हैं, लेकिन इनमें से प्रत्येक का पर्याय हिन्दी में नहीं है।

कार्यालयी अनुवाद की समस्या केन्द्रीय सरकार द्वारा प्रकाशित किये जाने वाले 'परिभाषिक' शब्द-संग्रहों को लेकर भी सामने आती है, जिनमें अपने नये संस्करणों में शब्द पर्यायों को बदल दिया जाता रहा है। यह बात सन्1964 तथा 1974 के संस्करणों में लक्ष्य की जा सकती है। वस्तुतः बात यह है कि इन संग्रहों के 'सुयोग्य चिन्तन' के आधार पर तैयार नहीं किया गया है।

प्रायः देश की सभी सरकारें भी एक अंग्रेजी शब्द का समान पर्याय प्रयोग में नहीं ला पायी है। प्रायः सभी सरकारों के अंग्रेजी पाठ के अनुवाद पक्ष समान नहीं होते। इसके अतिरिक्त एक ही शब्द का प्रयोग केन्द्र तथा विभिन्न प्रदेशों में समानार्थ रूप में नही किया जा रहा है। जैसे हिन्दी में नये-पुराने ज्ञात शब्द काफी मिलते-जुलते हैं--भाग, विभाग, अनुभाग, उपविभाग, अनुविभाग, संभाग, प्रभाग, केन्द्रीय सरकार के लिये भाग--Portion, विभाग--Department, अनुभाग--Section हैं तथा प्रभाग--Division हैं, लेकिन उत्तर प्रदेश के लिये Section-- खण्ड है, तो मध्य प्रदेश के लिये 'अनुविभाग' और 'उपविभाग' हैं।

वस्तुतः अनुवाद के प्रयोग में शब्द-निर्माण में काफी कठिनाइयाँ हैं। अंग्रेजी में कई ऐसे शब्द कार्यालयी व्यवहार में प्रयुक्त होते हैं जो एकार्थक नहीं हैं, जैसे Dismiss । हिन्दी में इसे बर्खास्त करना भी कहेंगे तथा खारिज करना भी। अब कहाँ इसको किस अर्थ में प्रयोग किया जायेगा, यह अनुवादक के सोचने की बात है। ऐसे शब्दों में इनकी भी गिनती है--

Certificate of Posting = तैनाती का प्रमाण-पत्र, डाक का प्रमाण-पत्र

Capacity = क्षमता (व्यक्ति की), धारिता (डिब्बे आदि की)

Tour = दौरा (Tour Programme), पर्यटन (Tour Publishing Officer)

अतः अनुवादकों तथा शब्द संयोजन या सृजन करने वाले विद्वानों से कार्यालयी हिन्दी में सुधार करने की बहुत आवश्यकता है। निश्चित रूप से ऐसी समस्याओं को निराकरण करना एक दिन में सम्भव नहीं है।

जनसंचार माध्यमों का अनुवाद

जनसंचार से जो सामान्य अर्थ बोध होता है, वह है जनता में सूचना संप्रेषण। सूचना सम्प्रेषण की प्रक्रिया 'मानव जीवन' की शाश्वत आवश्यकताओं में से एक रही है। 'प्रत्यक्ष वार्तालाप' मूल रूप में प्रारम्भिक सम्प्रेषण क्रिया थी। इसके बाद ही सूचना सम्प्रेषण के माध्यमों की क्रिया में विकास हुआ, क्योंकि सूचनाओं का आदान-प्रदान मानव जीवन की एक व्यावहारिक आवश्यकता थी।

वैज्ञानिक युग के आगमन से पूर्व मनुष्य के पास जैसे साधन उपलब्ध थे उन सभी का प्रयोग मनुष्य ने किया। वैज्ञानिक आविष्कारों ने संचार प्रक्रिया में उसी तरह की नई क्रान्ति की, जैसी उसने वर्तमान सांसारिक जीवन के हर क्षेत्र में कर दी है। रेलगाड़ियों तथा प्रेस के प्रादुर्भाव ने सूचना-वाहकता तथा समाचार सम्प्रेषणता में क्रान्तिकारी कार्य किया। समाचार-पत्रों ने समाचार और वैचारिक संप्रेक्षण को जल्दी से जल्दी हर सुबह आम जनता के द्वार पर पहुँचा देने वाला बना दिया। इसी कड़ी में बिना तार का तार, दूरभाष, चलचित्र, आकाशवाणी तथा दूरदर्शन का विकास हुआ। सम्प्रेषण के क्षेत्र में मोबाइल, फैक्स ने तो मनुष्य को विराट् बना दिया और संसार को अत्यन्त लघु।

इन वैज्ञानिक आविष्कारों में मनुष्य के कार्यक्षेत्र को चूँकि विराट आयाम दे दिये हैं, अतः वह विराट हो गया है तथा संचार-माध्यमों ने मनुष्य के कार्य-व्यापार को इतना गतिशील कर दिया है कि उसकी दृष्टि, उसकी श्रवणेन्द्रियाँ वाणी और उसकी भौतिक क्रियाएँ संसार के हर कोने में ही नहीं दूर अन्तरिक्ष तक क्षणमात्र में पहुँचने में सक्षम हो गई हैं, अतः संसार उसके लिये अत्यन्त छोटा, जैसे उसके हाथ में एक गेंद के समान आ विराजा है। वह बिना कहीं जाये किसी से भी साक्षात्कार कर सकता है, उससे बात कर सकता है, उसे आदेश औन निर्देश दे सकता है।

आज संसार के मानव को एक ऐसे युग में जीने का अवसर प्राप्त हुआ है, जैसा उसे ज्ञात इतिहास ने कभी पहले नहीं दिया, इसलिये वह एक-दूसरे से किसी न किसी रूप में जुड़ गया है। वह एक-दूसरे के दुख-सुख में प्रत्यक्ष या अप्रत्यक्ष रूप में एक-दूसरे का भागीदार हो गया है, इसीलिये तो वह संसार के समाचार जानने को लालायित रहता है, समाचार-पत्र भी उसे सुबह होते ही चाहिए, रेडियो सुनना और दूरदर्शन देखना उसकी प्रथम आवश्यकताओं में शामिल हो चुका है। कभी एक साधारण व्यक्ति को जरा-भी इच्छा नहीं होती थी कि वह अपने राज्य की राजधानी के समाचारों की ही टोह लेता, लेकिन आज उसे यह जानने की ललक रहती है कि अमेरिका ने सद्दाम हुसैन को गिरफ्तार किया है, तो उसके साथ क्या व्यवहार किया जायेगा। ब्रिटेन में क्या हो रहा है। यदि कोई ऐसी धार्मिक घटना घटित होती है, जो इस्लाम के लिये अपमानजनक हो तो संसार का हर मुसलमान उसे सिर्फ पन्द्रह-बीस मिनट में जान लेगा और अगले 24 घण्टे में सभी मुसलमान उसकी भर्त्सना करते दिखाई देंगें। ऐसे राजनीतिज्ञ

जिन्हें मुस्लिम मिल्लत से कुछ स्वार्थ साधने हैं तो वह भी उस घटना को लेकर बवाल मचा डालेंगे। यही बात ईसाई समुदाय की भी है। यह विश्व की वर्तमान संचार व्यवस्था की ही देन है।

आज के युग में एक साधारण किसान भी जिसे राजनीति का 'क ख ग' भी नहीं मालूम, प्रेसीडेण्ट बुश, प्रधानमन्त्री अटल बिहारी वाजपेई, मायावती तथा जयललिता की बात करता दिखाई दे सकता है। इसका मूल कारण है कि आज के युग का मनुष्य राजनीति का खिलाड़ी नहीं है तो क्या हुआ, वह राजनीति का समालोचक तो है। यदि गहराई से देखा जाय तो यह समझने, कहने और जान लेने में हमें संकोच नहीं करना चाहिए कि वर्तमान युग केवल संचार चक्र के नियन्त्रण में आ चुका है। संचार माध्यम राई को पर्वत और पर्वत को राई बनाने में सक्षम हो चुके हैं। यह आमतौर से अनुभव करने की बात है कि कोई समाचार, या कोई अन्य प्रसारण चाहे वह कोई अचम्भीय समाचार या प्रसारण ही क्यों न हो, जन-जनार्दन के लिये वेदवाक्य की तरह स्वीकार्य होता है। कारण--संचार माध्यमों की विश्वसनीयता और यह भी लक्ष्य करने की बात है कि सूचना प्रदायकों के रूप में संचार माध्यम एक से एक बढ़कर इस क्षेत्र में प्रतिष्ठित होने की स्पर्द्धा में लगे हुए हैं। अर्थार्जन का भी वह भीमकाय उद्योग बन चुका है। जनता के ज्ञान की भूख मिटाने को उसे नित्य ही राष्ट्रीय और अन्तर्राष्ट्रीय स्तर की सामग्री चाहिए।

इस कार्य में अनुवाद कार्य उसका सबसे बड़ा साधन है। जनता को राजनेताओं के और अभिनेताओं के वचनों, घोषणाओं, जीवन-चर्याओं, भेदों और रहस्यों की जानकारी उनकी अपनी भाषा में चाहिए। स्वाभाविक बात है कि इस जरूरत की पूर्ति अनुवाद कार्य से ही हो सकती है। आज हर चिन्तन और समाचार का अनुवाद हर भाषा की व्यावसायिक आवश्यकता है। समाचार, विज्ञान, प्रवचन, नाटक, वार्ता, साक्षात्कार आदि, कौन सी ऐसी विधा कही जा सकती है, जिसके अनुवाद की संचार माध्यमों को आवश्यकता नहीं हैं। महत्वूपर्ण बात यह है कि यह अनुवाद अन्य अनुवादों की अपेक्षा यांत्रिक वेग की अपेक्षा रखता है। चाहे दैनिक पत्रों का अनुवाद हो या रेडियों, दूरदर्शन आदि का, अनुवादक के पास कम समय रहता है और उसे उतने ही समय में सारी सामग्री का अनुवाद करना पड़ता है। तीसरी महत्वपूर्ण बात यह है कि यह अनुवाद एक साथ करोड़ों पाठकों एवं श्रोताओं के पास पहुँचता है, इसलिये उसमें संप्रेषणीयता, रोचकता, प्रभावोत्पादकता आदि गुण सहज में ही होने आवश्यक होते हैं।

जनसंचार माध्ययमों के विविध प्रकार

विभिन्न जनसंचार माध्यम इस प्रकार है--

(1) विद्युतीय या इलैक्ट्रॉनिक माध्यम--जो इस प्रकार है--

(i) आकाशवाणी, (ii) दूरदर्शन, (iii) दूरभाष या टेलीफोन, (iv) फैक्स, (v) तार या टेलीग्राफ।

(2) अन्य माध्यम--ये इस प्रकार है--

(i) समाचार-पत्र, (ii) पत्र सूचना कार्यालय, (iii) प्रकाशन विभाग, (iv) सिनेमा या चलचित्र, (v) डाक प्रणाली।

(3) अन्तरिक्ष विज्ञान-(i) कम्प्यूटर, (ii) ई-मेल, (iii) अंतरिक्ष में छोड़े गए यान का उपग्रह।

इन सभी माध्यमों में अनुवाद की प्रक्रिया निरन्तर चल रही है, जो इस प्रकार है--

1. आकाशवाणी--आकाशवाणी के कार्यक्रम हिन्दी, अंग्रेजी ही नहीं भारत की अनेक भाषाओं एवं विदेशी भाषाओं जैसे--फ्रैंच, पोर्तुगीज, जर्मनी इत्यादि में प्रसारित होते हैं। इन कार्यक्रमों के अनुवाद निरन्तर हो रहे हैं एवं इनका प्रसारण हिन्दी में धड़ल्ले से हो रहा है। इनकी पट्कथा, कहानियाँ, गीत, समाचार, इत्यादि समस्त विधाओं का अनुवाद हो रहा है।
2. दूरदर्शन--दूरदर्शन ऐसा माध्यम है जिसके द्वारा समाचार, चलचित्र, गीत, नाटक इत्यादि लाखों प्रकार के कार्यक्रमों का प्रसारण होता है। विश्व के अनेकों चैनल जैसे--स्टार प्लस, बी. बी. सी., जी टी. वी., सी. टी. बी., ओ. टी. जी., दिल्ली दूरदर्शन इत्यादि अपना प्रसारण कर रही हैं। इण्टरनेट एवं केबिल के द्वारा सब एक साथ मिल गए हैं। दूरदर्शन के कार्यक्रम विश्व के अनेक भाषाओं में प्रसारित होते हैं जिनका अनुवाद एवं रूपान्तर हिन्दी में सतत् हो रहा है।
3. दूरभाष--टेलीफोन संचार उपक्रम अनुवाद कार्य में अछूता नहीं है।
4. फैक्स--फैक्स मशीन द्वारा अनुवाद भी दिया जाता है एवं इसके साहित्य का अनुवाद हिन्दी में हो गया है।
5. तार--समाचार-पत्रों के लिए संवाददाता प्रायः इस संचार उपक्रम की सहायता लेते हैं। दूरभाष आदि साधनों से भी वह समाचारों को संपादक की टेबिल पर पहुँचाने का कार्य करते हैं।

6. समाचार-पत्र--समाचार-पत्रों का कार्य तो अनुवाद के बिना एक चरण आगे नहीं बढ़ सकता।
7. पत्र सूचना कार्यालय-- केन्द्रीय एजेन्सी द्वारा अनूदित पत्र भेजे जाते हैं। इनका प्रयोग बहुलता से हो रहा है। ये सूचनाएँ देशी-विदेशी, दैनिक समाचार-पत्रों, समाचार पत्रिकाओं, समाचार एजेन्सियों, रेडियों और दूरदर्शन संगठनों को भेजी जाती है। भारम में चार समाचार एजेन्सियाँ हैं--प्रेस ट्रस्ट ऑफ इण्डिया, यूनाइटेड न्यूज ऑफ इण्डिया, समाचार भारती, तथा हिन्दुस्तान समाचार। ये एजेन्सियाँ भी अपने कार्यालयों में हिन्दी का अनुवाद करती रहती है।
8. प्रकाशन विभाग--प्रकाशन विभाग राष्ट्रीय महत्व के विषयों पर हिन्दी-अंग्रेजी और अन्य भाषाओं में पुस्तकें एवं पत्रिकाएँ प्रकाशित करता है। उनका विक्रय देश-विदशों में होता है। इस विभाग द्वारा अनेक भाषाओं का अनुवाद हिन्दी में होता रहता हैं।
9. सिनेमा या चलचित्र--देश-विदेश के अनेक चलचित्रों का अनुवाद हिन्दी में हो रहा है। हजारों चलचित्रों का अनुवाद विभिन्न भाषाओं से हिन्दी में हो रहा है एवं कभी-कभी वे अत्यन्त लोकप्रिय हो रहे हैं। यह सर्वविदित बात है।
10. डाक प्रणाली--डाक-प्रणाली में भी डाक से सम्बन्धित अधिकांश कार्य अब हिन्दी भाषा में हो रहे हैं एवं अनुवाद द्वारा ही यह सम्पन्न हो रहा है।
11. अंतरिक्ष विज्ञान--इसमें कम्प्यूटर अब हिन्दी में कार्य करने लगे हैं। कम्प्यूटर के माध्यम से हिन्दी में अनुवाद किया जाने लगा है। इतना ही नहीं कम्प्यूटर के माध्यम से ई-मेल कनेक्शन द्वारा विश्व के अनेक कार्यक्रम हिन्दी में हो रहे हैं। अब उसके लिए हिन्दी में फ्लापी बन रही है। कम्प्यूटर सम्बन्धी जानकारी के लिए हिन्दी में अनेक पुस्तकें अनूदित की गई है।
13. केबल और ई-मेल द्वारा कई भाषाओं के कार्यक्रम--सिनेमा, नाटक, कविता, कहानी, उपयोगी जानकारियाँ, व्यापार, खेलकूद की गतिविधियों की सूचना अनुदित होकर हिन्दी में प्रयुक्त हो रही है। ई-मेल ने समस्त विश्व को हिन्दी से जोड़ दिया है। अब ई-मेल की कुछ वेब एवं वेबसाइटें हिन्दी में उपलब्ध हैं।
14. अंतरिक्ष में छोड़े गए यानों, उपग्रहों का विवरण एवं उनके द्वारा प्राप्त सामग्री या जानकारी अनुदित होकर अब हिन्दी में मिलने लगी है। देश द्वारा अनेक

प्रशिक्षिण केन्द्र जो अंतरिक्ष विज्ञान से सम्बन्धित है, अनुवाद का कार्य कर रहे हैं एवं उनके द्वारा अनुदित सूचनाएँ हिन्दी में भी उपलब्ध हो रही है।

जनसंचार माध्यमों में अनुवाद की प्रयोजनीयता

उपर्युक्त सभी साधन संचार माध्यम है। इनके द्वारा जिस सामग्री का प्रयोग होता है, उसमें मौलिक तथा अनुवादित सामग्री, दोनों ही होती है। समाचार-पत्रों में अनुवाद कार्य की विशेष व्यवस्था होती है। दूरदर्शन तथा आकाशवाणी के समाचार बुलेटिनों में भी ऐसी व्यवस्था होती है। समाचार-पत्रों में यह कार्य इस प्रकार होता है--

समाचार प्रमुख रूप से समाचार एजेन्सियों एवं संवाददाताओं से प्राप्त होते हैं जो देश-विदेश की अनेक भाषाओं से अनुदित होकर विभिन्न भाषाओं के समाचार-पत्रों के सम्पादकों के पास पहुँचते हैं। प्रायः समाचार पत्रेत्तर भाषा में मिले समाचारों का सम्पादकों को अनुवाद करना पड़ता है। संवाददाताओं द्वारा भेजे गये समाचार-प्रायः इस समाचार पत्र की भाषा में ही होते हैं परन्तु इन समाचारों का संपादक कभी-कभी इस सीमा तक पहुँच जाता है कि वह एक प्रकार से भाषा का भाषा में ही अनुवाद कहा जा सकता है।

समाचार दूरमुद्रक द्वारा भी प्राप्त होते हैं। अनुवाद करते समय आवश्यक सम्पादन भी किया जाता है। इस तरह समाचारों के अनुवाद में सम्पादनकला एवं अनुवादकला का संगम होता है। विषयों का व्यापक ज्ञान, समकालीन घटनाओं के प्रति सजगता, व्यापक अध्ययन, शब्दों का अजस्र भण्डार, शीघ्र अनुवाद करने की क्षमता एवं अनुभव समाचारों के अनुवादकों के लिए अपेक्षित गुण हैं। सभी विषयों की सामान्य जानकारी रखते हुए भी कुछ विषयों में उसकी गहरी पैठ भी होना चाहिए क्योंकि आजकल दूर-संचार के क्षेत्र में भी विशेषज्ञता का प्रवेश हो रहा है, जैसे--राजनीतिक समाचार, अन्तर्राष्ट्रीय राजनीतिक गतिविधियाँ, खेलकूद, व्यापार मण्डी, सांस्कृतिक समाचार, फिल्म समाचार आदि। चूकिँ उसको अपने अनुवाद के संशोधन के लिए अधिक समय नहीं मिलता इसलिये उसे सतर्क रहना पड़ता है। कि कहीं जल्दबाजी में कोई ऐसी त्रुटि तो न आ जाए जिससे समाचार-पत्र की साख पर आँच आ जाए।

समाचार के अनुवाद में सबसे बड़ी कठिनाई उसकी भाषा के सम्बन्ध में होती है। समाचार सम्पादक प्राप्त सूचनाओं में उलट-फेर तो नहीं करते, लेकिन समाचार के शब्दानुवाद का प्रयास गड़बड़ी का कारण हो सकता है। अंग्रेजी में

प्राप्त समाचारों के साथ अक्सर यही कठिनाई होती है। अक्सर इन समाचारों का भाव लेकर उसे सरल एवं स्पष्ट भाषा में लिख देना ही सबसे उत्तम उपाय होता है। परन्तु कठिनाई तो नये-नये शब्दों एवं प्रयोगों के अनुवाद के सम्बन्ध में होती है। कोश आदि से परामर्श करने का समय भी अक्सर नहीं मिलता और अनेक नये शब्द तो काश में भी नहीं मिल पाते क्योंकि वे दुनिया की दूर-दूर की भाषाओं से आते हैं।

प्रामाणिकता लाने के लिए उद्धरण, कानूनी व्यवस्था आदि का शब्दानुवाद अपेक्षित होता है। समाचारों के अनुवाद में प्रायः भाव एवं विचारों पर ही अधिक ध्यान दिया जाता है। शब्दानुवाद तभी किया जाता है, जब ऐसा करना अपरिहार्य हो।

दूरसंचार के अनुवाद आकाशवाणी और दूरदर्शन, श्रव्य और दृश्य स्थितियों से सामंजस्य रखने के कारण एक विशेष तकनीक की अपेक्षा करते हैं। एक प्रकार से इनकी रूपान्तरण क्रिया में सृजनात्मक तत्व भी मिले होते हैं और संपादकीय तत्व भी। अतः वर्तमान में दूरसंचार माध्यमों की तकनीक ने अनुवाद क्रिया को एक नई कला का ही रूप दे दिया है।

कई विदेशी भाषाओं जैसे जापानी आदि की ध्वनियों को अंग्रेजी के बजाय यदि उन भाषाओं से सीधे भारतीय भाषाओं में लिखा जाय तो ज्यादा सहज लग सकती है। रोमन के कारण बड़ी गड़बड़ी होती है, जैसे मलयालम के पट्टम ताणु पिल्लै को अंग्रेजी के माध्यम से प्राप्त समाचारों के कारण 'पोथम थाणु पिल्ललाई', लिखा जाता है और हिन्दी का लाठी शब्द मलयालम में 'लाती' बल जाता है।

शीर्षकों के अनुवाद में यह ध्यान रखना आवश्यक है कि वह उत्सुकता और कौतूहलवर्द्धक हो, उनके साथ दी गई समाचार सारीय पंक्तियाँ भी वैसी ही भाषा में होनी उपयुक्त होती है। शीर्षकों को अंग्रेजी आदि से नकल न करे स्वतन्त्र रूप से रचित होना शीर्षकानुवाद में उत्तम होता है। यह लक्ष्य-भाषा के अनुरूप होना चाहिये। वाक्य-रचना में भी लक्ष्य-भाषा की स्वाभाविक वाक्य-रचना को अपनाना चाहिए। जटिल वाक्य-रचना की अपेक्षा सरल एवं लघु वाक्य समाचारों को सहज रूप से गेय करते हैं।

प्रायः हर रचनाकार की यह धारणा रहती है कि उसका लेखन दृश्यसिद्ध भी है, और श्रव्यसिद्ध भी, परन्तु ऐसा नहीं होता, उसको भव्य और दृश्य सिद्ध करने के लिये उसका रूपान्तरण करना ही पड़ता है, जिसे न तो शब्दशः अनुवाद ही कहा जा सकता है और न दृश्यतः ही। उसमें स्वयमेव सृजन के तत्व आ जाते हैं,

क्योंकि प्रायः बहुत से वर्णनात्मक कथ्य को श्रवणात्मक और दृश्यात्मक भी बनाना पड़ता है। इस स्थिति में अनुवादक की सक्षम कल्पनाशीलता ही दृश्य को सशक्त बना पाती है।

वैज्ञानिक, तकनीकी तथा प्रौद्योगिकी क्षेत्रों में अनुवाद

वैज्ञानिक एक तकनीकी क्षेत्र में अनुवाद

विश्व के ज्ञात ऐतिहासिक युग में कुछ ऐसे अवशेष अभी भी इस धरती पर विद्यमान दिखाई देते हैं, जिनका काल निर्णय इतिहासकार अनुमान के आधार पर करते हैं, परन्तु जो अनुमान वह लगाते हैं, वह भी इतना प्राचीन है कि मिस्र के पिरामिडों को देखकर यह आश्चर्यजनक लगता है कि इतने बड़े-बड़े विशाल शिलाखण्ड पिरामिडों की चोटी तक कैसे पहुँचाये गये होंगे। इसके अतिरिक्त उस समय की निर्माण कला क्या सचमुच उन्नत थी? सम्भवतः मिस्र में पिरामिड न पाये जाते, भले ही साहित्य में उनका उल्लेख भी होता तो भी आज का इतिहास ऐसे आलेख को शायद ही स्वीकार करता। सम्भवतः जब पिरामिड बनाये गये तब भी वैज्ञानिक युग ही रहा होगा, परन्तु उस समय का विज्ञान ऐसे युग से सूत्रपात का कारण नहीं बना था, जैसा 16वीं-17वीं शताब्दी का वैज्ञानिक युग, जिसका जन्म यूरोप में हुआ। इस वैज्ञानिक युग में मनुष्य ने उन्नति के वह आयाम छुए, जिनको मनुष्य द्वारा छूने का कोई प्रकरण इससे पहले का नहीं मिलता। इसी कारण विज्ञान आधुनिक सभ्यता और संस्कृति को नये क्षितिज तक ले पहुँचा है। 19वीं शताब्दी तक विज्ञान का विकास पूरे संसार में फैल गया। वैज्ञानिक क्रान्ति के इस युग ने वह साधन ाी उपलब्ध कराये, जो विज्ञान के मर्म को अपने साथ लेकर विश्व के कोने-कोने में पहुँचे। उनमें शिक्षा और ज्ञान का बड़ी सहजता से विस्तार कर दिया। विज्ञान और तकनीकी ज्ञान केवल एक भाषा से दूसरी, दूसरी से तीसरी और तीसरी से चौथी भाषा की गोद में कूदता हुआ संसार की प्रायः सभी उन्नत भाषाओं की गोद में खेलने लगा। विज्ञान को एक भाषा से दूसरी तीसरी, चौथी आदि भाषाओं की गोदों को पवित्र करते हुए अग्रसर होने की शक्ति अनुवाद ने दी थी। विज्ञान की पुस्तकां तथा विज्ञान साहित्य का अनुवाद जिस प्रकार संसार की भाषाओं में किया गया, उसने अनुवाद की भूमिका को पूरी तरह स्पष्ट कर दिया, और अनुवाद को एक नया क्षेत्र प्राप्त हुआ।

उद्योग और व्यापार ही नहीं वैज्ञानिक अनुसंधानों ने कृषि क्षेत्र से लेकर अन्तरिक्ष तक अपने पाँव फैला दिये। निर्माण और विनाश, संचार और बौद्धिक

सूक्ष्मता को विज्ञान ने आश्चर्यजनक उपलब्धियाँ कराई। राजनीतिक और सामाजिक संस्कृति में क्रान्किारी परिवर्तन आया, तो संसार में विकसित तथा विकासशील देशों के नवीन सम्बन्धों का जन्म हुआ। वैज्ञानिक और तकनीकी शिक्षा प्राप्त करना विकासशील देशों की अनिवार्य आवश्यकता हो गई तो अनुवाद ने ही इसे पूरा करने का दायित्व ग्रहण किया। नित्य नये अनुसंधान और उपलब्धियाँ विकसित देशों के लिए साधारण बात बन गयीं थी, जबकि विकासशील देशों को अभी उनके स्तर तक पहुँचने में देरी थी, परन्तु विकासशील देशों को उस स्तर तक पहुँचने की लगन और प्रयत्नों का रुख सीधा था। इसलिए वे विकसित देशों से शिक्षा और ज्ञान प्राप्त करने में आज भी लगे हए हैं। सभी विकासशील देश यह समझते हैं कि विभिन्न देशों के वैज्ञानिक अनुसंधानों से जीवन्त और तात्कालिक परिचय रखने के लिए विज्ञान एवं टैक्नोलॉजी का अनुवाद नितान्त आवश्यक है। जो देश जितना प्रगतिशील है वह उतना ही लगन और तत्परता से इस काम में लगा हुआ है।

वैज्ञानिक तथा तकनीकी साहित्य का अनुवाद कार्य बहुत सावधानी और सूक्ष्म ध्यान का विषय है। स्रोत-भाषा में व्यक्त वैज्ञानिक और तकनीकी सूचनाओं का लक्ष्य-भाषा में इस प्रकार अन्तरण करना आवश्यकत होता है कि मूल स्रोत-भाषा में अनुवाद करते हुए नष्ट न हो जायें या वह दिग्भ्रमित करने वाली बनकर न रह जाये। अतः वैज्ञानिक और तकनीकी अनुवाद करना भी एक प्रकार से वैज्ञानिक कार्य है।

साहित्यिक एवं वैज्ञानिक तकनीकी अनुवाद के बीच मूलभूत अंतर यह हे कि साहित्यिक अनुवाद में प्रमुखता उसकी शैली, अभिव्यंजना, भाव-भंगिमा के लिए है जबकि वैज्ञानिक अनुवाद में अभिव्यक्त विचार ही प्रमुख हैं। वैज्ञानिक अनुवाद में 'कैसे' की अपेक्षा 'क्या' का अधिक महत्व है। यही विषय मुख्य है और शैली गौण। वैज्ञानिक पुस्तकों के पाठकों की रुचि केवल उसमें दी गयी सूचनाओं, संकल्पनाओं तथा तथ्यों तक ही सीमित रहती है। वैज्ञानिक एवं तकनीकी साहित्य का अनुवाद प्रायः वैज्ञानिक एवं तकनीकी विषय के विद्वानों एवं छात्रों के लिए ही होता है। उनके लिए महत्वपूर्ण तो केवल उसमें अभिव्यक्त विचार ही है। शैली पर बल केवल कुछ लोकप्रिय वैज्ञानिक तकनीकी रचनाओं के अनुवाद में होता है जो साहित्यिक कोटि में आने के कारण वैज्ञानिक तकनीकी सामग्री से भिन्न प्रकृति की रचनाएँ होती हैं। उनमें कल्पना एवं भावना का समावेश होने के कारण शैली की रंगीनी भी आ जाना स्वाभाविक है।

वैज्ञानिक तकनीकी अनुवाद में अनिवार्य शर्त यह है कि अनुवादक विषय का सम्यक् जानकार हो । अतः वैज्ञानिक एवं तकनीकी विषयों में प्रशिक्षित व्यक्ति ही अनुवाद कर पाते हैं। उसका क्षेत्र वास्तव में विशेषज्ञता को क्षेत्र हैं अतः दुनिया में वैज्ञानिक तकनीकी अनुवादकों का जो विशिष्ट वर्ग विकसित हो गया है, उसका प्रमुख कारण यही विशेषज्ञता हैं। अनूदित सामग्री जितनी विशिष्ट होगी, अनुवादक को भी उतना ही विशेषष होना पड़ेगा। इसलिए हर वैज्ञानिक तकनीकी विषय विषय के लिए विशेष प्रशिक्षण प्राप्त व्यक्तियों की आवश्यकता है। भारत में दिल्ली का वैज्ञानिक अनुवादकों का संगठन (ISTA) तथा यूरोप के अनेक वैज्ञानिक तकनीकी अनुवादकों के संगठन ऐसे ही विशेषज्ञ अनुवादकों की सूची अपने पास रखते हैं। अभिव्यक्त विचारों की प्रामाणिकता इस तरह के अनुवादों का अनिवार्य तत्व है और प्रामाणिक अनुवाद तो केवल विषय के अधिकारी अनुवादक ही प्रस्तुत कर सकते हैं।

विषय ज्ञान की तरह महत्वपूर्ण है वैज्ञानिक अनुवाद की भाषा। वैज्ञानिक भाषा की सबसे बड़ी विशेषता तो उसकी वस्तुनिष्ठता एवं तथ्यपरकता है, यह तो स्वयंसिद्ध है। तकनीकी भाषा की प्रकृति को उसके तकनीकी शब्दों एवं मुहावरों से समझा जा सकता है। साहित्यिक भाषा में अर्थ की संदिग्धता सम्भव है जबकि वैज्ञानिक तकनीकी अनुवाद में अर्थ की स्पष्टता एवं सुबोधता में संदिग्धता अनुवाद के प्रयोजन को ही नष्ट कर देती है, इसलिए सरल, सुबोध भाषा का प्रयोग वैज्ञानिक अनुवाद में मूल शर्त होती है।

वैज्ञानिक-तकनीकी अनुवाद में पारिभाषिक शब्द किसी विशिष्ट शब्द किसी विशिष्ट क्षेत्र में किसी विशिष्ट अर्थ या संकल्पना को अिािव्यक्त करने के लिए प्रयुक्त किये जाते हैं। इसलिए उनके अनुवाद की समस्याओं के कारक बन जाते हैं। वैज्ञानिक सूत्रों, संकेताक्षरों एवं अन्तर्राष्ट्रीय शब्दावली का प्रयोग वैज्ञानिक अनुवादकों के संरचना में होना अनिवार्य है। अन्य तरह के पारिभाषिक शब्दों के निर्माण एवं अनुकूलन वैज्ञानिक-तकनीकी अनुवाद की सबसे बड़ी समस्या है। भारत में शब्दावली निर्माण के प्रारम्भिक कार्य हो चुके हैं। परन्तु इस शब्दावली के प्रयोग एवं उपयोगिता की सस्याएँ समाप्त हो गई हों, ऐसा सम्भव नहीं हुआ। लोकप्रिय वैज्ञानिक साहित्य में पारिभाषिक शब्दावली की बहुलता नहीं होती, लेकिन विशिष्ट वैज्ञानिक-तकनिकी विषयों *के अनु*वाद में विशिष्ट पारिभाषिक शब्दावली का प्रयोग ही सम्भव है, उसकी उपेक्षा नहीं की जा सकती। यदि यह कहा जाए कि विज्ञान की भाषा की एक अलग भाषा है, अर्थात एक अन्तर्राष्ट्रीय

भाषा। इसको अपनाना ही वैज्ञानिक और तकनीकी अनुवाद के लिये श्रेयास्कर है। वैसे भी अन्तर्राष्ट्रीय स्तर पर होने वाला सामाजिक संक्रमण इस मार्ग को स्वाभाविक रूप से खोलता है। अतः विज्ञान के क्षेत्र में भारत को शब्द-ग्रहण एवं अनुकूलन की दिशा में उदार नीति अपनानी होगी।

चूँकि वैज्ञानिक अनुवाद कार्य का आधार तत्व स्पष्अता और बोधगम्यता है, अतः अनुवाद को हर प्रकार से अभिव्यक्त विचारों को सुबोधता देने का ध्यान रखते हुए स्पष्ट रूप से व्यक्त करना एक ऐसी आवश्यकता है, जिसका अतिक्रमण नहीं किया जा सकता। इसके लिए पहली आवश्यक बात यह है कि संकल्पनाओं और विचारों को हू-ब-हू लक्ष्य पाठ में उतारने की आवश्यकता होते हुए भी शब्दानुवाद की प्रवृत्ति से बचा जाए। यहाँ तक कि आवश्यक स्थलों पर व्याख्या, पाद टिप्पणी आदि देकर तथ्यों को समझाना भी अनुवादक के लिए आवश्यक हो जाता है, क्योंकि नियत अर्थ पर बल देने पर भी कभी-कभी मूल विचार शब्दानुकरण से स्पष्ट नहीं हो पाते यहाँ पर अनुवादक व्याख्याता बन जाता है। मूल की वाक्य रचना का अंधानुकरण न कर स्रोत-भाषा की सहज अभिव्यक्तियों एवं वाक्य-विन्यास क अनुसार विचारों को गूँथने का कौशल भी वैज्ञानिक अनुवादक की विशेषता माना जाता है। यूनेस्कों के एक प्रकाशन में इस तथ्य पर विशेष जोर दिया गया है कि मूल की जो बातें मूल भाषा-भाषी प्रदेश के विद्वानों के लिए स्पष्ट हों और लक्ष्य भाषा-भाषियों के लिए स्पष्ट नहीं हो, उनको स्पष्ट बनाना अनुवादक का कर्तव्य है।

अंग्रेजी तथा अन्य यूरोपीय भाषाओं की जटिल वाक्य रचना भी अनुवाद में दुरूहता का एक कारण बन जाती है। जहाँ तक भारतीय भाषाओं में इन विदेशी भाषाओं से अनुवाद की समस्या है, वाक्य-रचना की दृष्टि से सरलता एवं स्पष्टता का मानदण्ड ही अनुवादक को अपनाना चाहिए। अतः अनुवादक का विषय-ज्ञान के साथि ही लक्ष्य-भाषा की सहज गति से परिचित होना बहुत आवश्यक है। दूसरे शब्दों में इसी बात का स्पष्टीकरण इस रूप में किया जा सकता है। साहित्यिक अनुवाद के सौन्दर्यानुभूतिपरक महत्व की तुलना वैज्ञानिक एवं तकनीकी विषयों के अनुवाद के व्यावहारिक एवं तथ्यात्मक लक्ष्यों से की जा सकती है। वैज्ञानिक तथा तकनीकी अनुवाद में किसी भी विषयगत सूचना को एक भाषा से दूसरी भाषा में रूपित करना यथार्थता एवं परिशुद्धता से सम्बन्धित होता है। यदि अनुवादक मूल कथ्यों से हट जाता है तो उसकी यह गलती कदापित क्षम्य नहीं हो सकती। दूसरी

ओर साहित्य के अनुवादक को कुछ अंश तक स्वतन्त्रता होती है कि उपन्यास, कहानी, नाटक, कविता आदि का अनुवाद करते समय वह मौलिक कल्पना का सहारा ले ले।

यह सत्य है कि तकनीकी विषय के अनुवादक को भाषा के साथ वैसा श्रम नहीं करना पडत्रा जैसा कि साहित्य के अनुवादक को करना पड़ता है। अतः वैज्ञानिक और तकनीकी विषयों का अनुवाद साहित्य के अनुवाद की तुलना में अपेक्षाकृत सरल प्रक्रिया कही जा सकती है जिसके लिए अनुवादक को विषय की शब्दावली का ज्ञान होना मात्र पर्याप्त है, किन्तु यह बात पूर्ण सत्य नहीं है। इस बात को अपने आप में अन्तिम समझ लेना भारी भूल होगी। किसी वैज्ञानिक अनुसंधान की जटिल विकास-प्रक्रिया का विश्लेषण प्रस्तुत करने वाले किसी लेख या उद्योग सम्बन्धी नवीन तकनीकी कार्य के आरम्भ करने के सम्बन्ध में किसी लेख (जिसमें उस तकनीक विशेष की प्रक्रिया को प्रस्तुत करने के लिए व्यापक तर्क प्रस्तुत किए गए हों) का अनुवाद करने के लिए भाषा पर वैसा ही सहज और समृद्ध अधिकार अपेक्षित होगा जैसा कि किसी अच्छी साहित्यिक कृति के अनुवाद के लिए अपेक्षित है। इसके विपरीत ऐसी अनेक साहित्यिक कृतियाँ होती हैं। जिनमें विधि, युद्ध, खेलकूद, जैविकी आदि अनेक विषयों का सम्मिश्रण होता है। ऐसी स्थिति में इनका अनुवाद भी उन विशेष विषयों की जानकारी के बिना सम्भव नहीं होता।

प्रत्येक प्रकार का अनुवाद--चाहे वह साहित्यिक हो अथवा वैज्ञानिक या तकनीकी--विशेष प्रकार के मानदण्डों द्वारा नियन्त्रित होता है। वे मानदण्ड मूल पाठ के स्वरूप एवं प्रकार पर आधारित होते हैं और कोई भी मानदण्ड इतने जड़ एवं स्थिर नहीं होते कि उनमें कोई परिवर्तन ही सम्भव न हो। परिस्थिति के अनुकूल इनमें परिवर्तन किया जा सकता है।

यूनानी गणितज्ञा यूक्लिड ने अपनी `Elements of Geometry' नामक पुस्तक में अनेक पारिभाषिक शब्दों को ठोस और मूर्त रूप में प्रयुक्त किया। स्वयं **अरस्तू** विज्ञान के अन्य क्षेत्रों की शब्दावली गढ़ते रहे थे। आज के वैज्ञानिकों ने विकास-परम्परा में यह बात गाँठ बाँध ली है कि वैज्ञानिक तथा तकनीकी अनुवाद की भाषा सहज, सरल तथा अभिधाप्रधान होनी चाहिए। इस भाषा में लक्षणा तथा व्यंजना लाने का प्रयास आद का नहीं, निन्दा का अधिकारी बनता है। पुराने जमाने में वैज्ञानिक साहित्य भारत, अरब, यूरोप आदि देशों के पद्य में लिखा जाता था। चिकित्सा आदि पर मध्यकाल में लिखे गए छन्दोबद्ध ग्रन्थ मिलते हैं। छन्द

को याद रखने में सुविधा होती थी, किन्तु इसका अर्थ यह नहीं था कि वे वैज्ञानिक साहित्यिक छन्द लिखते थे या उनके छन्दों का प्रसाधन साहित्यिक दृष्टि से होता था। आधुनिक वैज्ञानिकों ने इस व्यर्थ की छन्दबद्धता पर प्रहार किए और रॉयल सोसाइटी की यह बात मान ली गई कि वैज्ञानिक अनुवाद की भाषा स्पष्ट एवं तार्किक गद्य में होनी चाहिए।

वस्तुतः वैज्ञानिक विषयों के अनुवादक को साहित्यकार की भाँति शब्द-चयन के चक्कर में पड़ने की आवश्यकता नहीं है। उसे दृढ़ता के साथ केवल वे ही शब्द चुनने चाहिए जिनका अर्थ भ्रमित करने वाला न होकर निश्चित हो। पूरे अनुवाद के एक निश्चित शब्दावली को तार्किक वैज्ञानिकता के लिए प्रयोग करना अभीष्ट होता। प्रतीक चिह्न दृढ़ रूप में रखना अत्यन्त आवश्यक है, जिससे कि स्रोत-भाषा में निहित अर्थ लक्ष्य-भाषा में प्रस्तुत होने पर समझने में देर न लगे और यदि कोई नया प्रतीक चिह्न है तो विशेष टिप्पणी द्वारा उसे स्पष्ट करके अनुवाद में सुबोधता तत्व को निहित करना चाहिये। इस प्रकार स्रोत-भाषा का सम्पूर्ण कथ्य लक्ष्य-भाषा में सम्पूर्णता से लाया जाता है। जैसे-जैसे विश्व में वैज्ञानिक जानकारी के प्रति आद बढ़ता जा रहा है वैसे-वैसे अनुवाद कार्य भी प्रगति कर रहा है। लैटिन, अंग्रेजी, जर्मन, रूसी, जापानी आदि भाषाओं में ज्ञान के साहित्य (Literature of knowledge) का बहुत अनुवाद हुआ है और हो रहा है। लम्बे समय तक दासता में जकड़े रहने के कारण भारतवर्ष में वैज्ञानिक तथा तकनीकी प्रगति बड़ी देर से आरम्भ हो सकी जिसका सीधा परिणाम यह हुआ है कि भारतीय भाषाओं मं वैज्ञानिक अनुवाद का कार्य अपेक्षाकृत बहुत कम हुआ, किन्तु अ ा ज स्थिति वैसी नहीं रही है और यह कार्य बहुत अधिक गति पकड़ गया है।

वैज्ञानिक तथा तकनीकी अनुवाद सूचना प्रधान होने के कारण इसमें शैली की कलात्मकता वांछित नहीं होती है। यही कारण है कि अभिव्यक्ति-प्रधन साहित्य की तुलना में वैज्ञानिक तथा तकनीकी अनुवाद समस्याएँ उत्पन्न नहीं करता।

विश्व की प्रायः समृद्ध भाषाओं में पारिभाषिक शब्दों का अभाव नहीं है, क्योंकि इन भाषाओं में वैज्ञानिक साहित्य की समृद्ध परम्परा विद्यमान है। इसलिए परम्परागत विज्ञान और नवीन वैज्ञानिक अनुसन्धानों के सन्दर्भ मे ये भाषाएँ पारिभाषिक शब्दों की दृष्टि से समर्थ एवं सम्पन्न रहीं और इन भाषाओं का अनुवादक विषय की भीतरी जानकारी प्राप्त करता हुआ अपने अनुवाद के क्षेत्र को समृद्ध करता रहा।

वस्तुतः वैज्ञानिक और तकनीकी अनुवाद आधुनिक जीवन की प्रगति परक चेतना है, वह विश्व सन्दर्भ में जीवन-मूल्यों का निर्धारण करता है। भाषाओं के माध्यम से मनुष्यों को एक-दूसरे से जोड़ता है। चूँकि विज्ञान और तकनीक वर्तमान जीवन की आधारशिला के रूप में स्थापित हो चुकी है, इसलिये अन्तर्राष्ट्रीय और भाषाई स्तर पर संसार के मानव-समाज को अलग-थलग रह पाना सम्भव नहीं रहा है। स्वाभाविक है कि विज्ञान और तकनीकी अनुवाद कार्य शिक्षा और प्रशिक्षण का अंग बनकर बिना किसी भेदभाव के दूसरे देशीय और भाषाई मनुष्यों को निकट लाने का एक सशक्त सहारा बन गया है।

प्रौद्योगिकी क्षेत्रों में अनुवाद

आधुनिक युग औद्यागिक युग ह। सामाजिक और राजनीतिक दोनों ही क्षेत्र वर्तमान काल के उद्योग जगत से पूरी तरह प्रभावित हैं, क्योंकि औद्योगिक विकास और उन्नति ने उनके आर्थिक चिन्तन को परिवर्तित कर दिया है। इस युग से पहले कृषि युग था। समाज की जीविका का मुख्य आधार कृषि थी और राज्यों के राजस्व का मुख्य स्रोत भी, परन्तु वैज्ञानिक क्रान्ि ने अ कृषि को भी एक उद्योग का रूप दे देने का बीड़ा उठा लिया है। इसी कारण वर्तमान संसार में विज्ञान एवं प्रौद्योगिकी के क्षेत्र में जिस पैमाने पर अन्तर्राष्ट्रीय सम्पर्क एवं सहयोग हो रहा है वह इस क्षेत्र में अनुवाद को विशेष प्रासंगिक एवं अनिवार्य बनाता जा रहा है। औद्योगिक क्षेत्र में एक तरफ सहयोग भी है, लेकिन प्रतिद्वन्द्विता और प्रतिस्पर्द्धा उसकी प्रकृति में है, इस कारण औद्योगिक संस्थाओं की यह उत्कट चेष्टा होती है कि वह इस सन्दर्भ में नवीनतम वैज्ञानिक प्रगति के साथ कदम से कदम मिलाकर चलें। स्पर्द्धावश वह सबसे पहले वैज्ञानिक अनुसंधानों और उनके परिणामों से अवगत रहना अपना कर्त्तव्य समझते हैं, अतः प्रतिद्वन्द्विता भी अनुवाद की प्रेरणा देती है। इस क्षेत्र में कुछ देश अत्यधिक विकसित हैं। वे अपने विकास की गति और तेज बना लेना चाहते हैं कम विकसित देश विकास करना चाहते हैं। कोई भी देश आज विज्ञान और प्रौद्योगिकी के मोह से मुक्त नहीं है। आधुनिक संस्कृति किसी भी देश को उससे मुक्त रहने की छूट दे भी नहीं सकती, क्योंकि औद्योगिक विकास ने सभी देशों को आर्थिक समृद्धि के लिए उत्कष्ट रूप से उद्वेलित कर रखा है।

विज्ञान और प्रौद्योगिकी का संक्षिप्त इतिहास बताता है कि पिछले सौ वर्षों की अवधि में विज्ञान ने सभ्यता पर जितना प्रभाव एवं परिवर्तन प्रस्तुत

किया है उतना रोम के हजार वर्षों में तो क्या, पुराने शिला युग के लाखों वर्षों में भी नहीं हो पाया है। उद्योग जगत को बीसवीं शताब्दी में इलेक्ट्रोनिकी ने जिस तरह कायापलट किया है उसका वैसा रूप पहले कभी नहीं था। प्रथम सार्वजनिक कम्प्यूटर ENIAC (इलेक्ट्रॉनिक न्यूमेरिकल इंटरप्रेटर एण्ड कैलकुलेटर) अमेरिका के पेन्सिलवेनिया विश्वविद्यालय में सन् 1946 में प्रस्तुत किया गया था। मतलब यह है कि कम्प्यूटर ने 56 वर्ष भी मुश्किल से ही पूरे किये हैं, लेकिन इन 56 वर्षों में ही कम्प्यूटर का इतिहास इतनी ऊँचाइयों पर पहुँच गया है कि आश्चर्य होता है।

कभी ब्रिटिश साम्राज्य में सूर्यास्त नहीं होता था, अपनी अन्तर्राष्ट्रीय स्थिति में उसने जो प्रतिष्ठा और साम्राज्य प्राप्त किया था, वह अपनी औद्योगिक उन्नति के कारण ही किया था। प्रथम और द्वितीय विश्वयुद्ध अमेरिका के लिये वरदान साबित हुए। उसी आर्थिक सम्पन्नता अन्तरिक्ष तक उसे ले पहुँची और आज तो वह सार्वभौम रूप से निरंकुश अन्तर्राष्ट्रीयता प्राप्त करने की ओर गतिपूर्वक बढ़ ही रह है। अंग्रेजी भाषा का आधुनिक ज्ञान-विज्ञान पर पूर्ण अधिकार है।

राजनीतिक रूप से प्रौद्योगिकी राजनीतिक सुदृढ़ता का भी परिचायक बन चुकी है। विकसित और विकासशील देशों का अन्तर्राष्ट्रीय दबदबा भी इसी के आधार पर कायम है। जिस गति से प्रौद्योगिकी का विकास यूरोप और अमेरिका में हुआ, वह इस प्रकार से अबाध थी। यों तो प्राचीनकाल से ही मनुष्य और विज्ञान में सामंजस्य रहा है, लेकिन तब यह सामंजस्य राष्ट्रों और प्रौद्योगिकी के बीच नहीं था। राजकीय स्तर पर कभी किसी देश ने ध्यान नहीं दिया था। परन्तु यूरोप जब अपने वाणिज्यिक विकास के लिये समुद्रों को पार करने लगा और उसी के साथ प्रौद्योगिकी चेतना का यूरोप में आविर्भाव हुआ, लेकिन वह अपने चरम-शिखर पर आज कम्प्यूटर युग में आने पर ही पहुँचा।

चीन ने कागज-निर्माण, मुद्रण और बारूद-निर्माण की तकनालाजी संसार को दी थी। आतिशबाजी उसी देश की देन मानी जाती है। अरबों ने वैज्ञानिक आविष्कारों में अत्यधिक क्षमता पाई। कहते हैं, जब कोई अरब राजा दूसरे देश पर वियज पाता तब संधि की पहली शर्त यह होती है कि हारे हुए देश के सारे वैज्ञानिक ग्रन्थों को विजेता की सेवा में प्रस्तुत करना चाहिए, परन्तु यह इस्लाम के जन्म से पहले की बात है। नौवीं शती में अरब के अबीर इबन हय्यां ने अल्केमी का आविष्कार किया था। गणित, खगोल विज्ञान, आयुर्विज्ञान एवं भौतिकी में अरबों का योगदान महत्वपूर्ण था।

इताली, फ्रांस, जर्मनी, पोलैण्ड आदि देशों में विभिन्न युगों में महान आविष्कारक हुए। इन देशों के वैज्ञानिकों ने अपने ग्रन्थों में तकनीकी भाषा के लिए ग्रीक एवं लैटिन शब्द ही बुनियादी तौर पर स्वीकार किये थे। आधुनिक आयुर्विज्ञान धारा 'एलोपैथी' की शब्द-व्युत्पत्ति ग्रीक के एलोस(अन्य) एवं पायोस (पीड़ा) के संयोग से मानी गयी है। 'मेडिकल एटिमालाजी' नामक कोश की भूमिका में सोदाहरण दिखाया गया है कि अंग्रेजी के मेडिकल संकेतित शब्दों में अधिकांश ग्रीक से व्युत्पन्न हैं। लैटिन से भी अनेक शब्द व्युत्पन्न हैं। अरबी से औषधि-विज्ञान के बहुत से शब्द लिये गये है। फ्रेंच से सीधे या परिवर्तित रूप में शब्द ग्रहण किये गये हैं। इताली, डच, फारसी और चीनी के भी शब्द इन शब्दों में प्राप्त होते हैं।

यह निष्कर्ष इस बात को प्रमाणित करता है कि अंग्रेजी की तकनीकी शब्दावली शुद्ध अंग्रजी शब्दावली नहीं है। अनेक भाषाओं के शब्द मूल रूप में या परिवर्तित रूप में उनमें शामिल हुए हैं

लोकप्रिय अनुवाद तथा तकनीकी अनुवाद के बीच में स्वतन्त्र अनुवाद या रूपान्तरण कहलाने लायक प्रणाली का विशेष स्थान है। कठिन वैज्ञानिक ग्रन्थों के अच्छे अनुवाद में अधिकतर लोगों को सफल होते देखकर विद्वानों ने यह प्रस्ताव किया है कि मूल-भाषा के महत्वपूर्ण गन्थों को पढ़ने के पश्चात् अपनी तरफ से उन ग्रन्थों को नये सिरे से लक्ष्य-भाषा में रचना चाहिए। पाठ्य-ग्रन्थ-निर्माण के क्षेत्र में इस प्रणाली की विशेष सिफारिश की जाती है। एक हद तक यह उचित लगता तो है, मगर-सार-लेखन-मूल-ग्रन्थ का प्रतिनिधि बन नहीं सकता। बड़े आचार्यों के वैज्ञानिक ग्रन्थों का अनुवाद भाषा की वैज्ञानिक सम्पदा की वृद्धि का कारक भी है, इसलिये भी अनुवाद कार्य में मूल-भाषा के इन शब्दों को लेना चाहिए, जो परम्परागत रूप में अन्तर्राष्ट्रीय प्रचलन में आ गये हैं।

अंग्रेजी के वैज्ञानिक एवं तकनीकी ग्रन्थों के यथातथ्य अनुवाद में सबसे बड़ी बाधा उस भाषा की विशिष्ट शैली है। इस विषय पर केरल के एक वैज्ञानिक लेखक कहते हैं कि वैज्ञानिक अंग्रेजी भाषा तथ्य-प्रधान होती है। उसके शब्दों की सूक्ष्मर्थिता एवं किफायत अन्य दो विशेषताएँ हैं। किसी-किसी वैज्ञानिक ग्रंथ की वाक्य-संरचना बड़ी संकीर्ण होती है। वाक्यों का जटिल गठन विधि की भाषा में भी होता है। विज्ञान में सामान्यतः बड़े वाक्यों को तोड़कर छोटे वाक्यों की शैली स्वीकार की जा सकती है, किन्तु वाक्यों का सम्बन्ध दृढ़ बना रहे और अर्थ-भ्रांति न हो। परन्तु अंग्रेजी से अनुवाद करने में इस दोष के आने की सम्भावना रहने पर

भी प्रायः वैज्ञानिक और तकनीकी अनुवाद उसी से किये जा सकते हैं क्योंकि एक तो उसक क्षेत्र व्यापक है, दूसरे उसका साहित्य सर्वाधिक सम्पन्न है। इस नाते वैज्ञानिक और तकनीकी ज्ञान के लिए अंग्रेजी से अनुवाद करना एक अनिवार्य आवश्यकता भी है। इसके अतिरिक्त एक बात वैश्विक ज्ञान को एकरूप करने की दिशा में भी सोचना चाहिए। यदि कोई शब्द हमें समान अर्थ में (विशेष रूप से पारिभाषिक शब्द) अन्य भषाओं में मिलता है तो हम उस भाषा की अभिव्यक्ति के निकट आसानी से पहुँच सकते हैं, फिर भी ऐसे शब्दों के समानार्थक शब्द लक्ष्य -भाषा में भी हों तो भाषा समृद्धि की दृष्टि से उपयुक्त होंगें।

भारत में गणि, खगोल विज्ञान, आयुर्विज्ञान, कूटनीति आदि विषय काफी प्रौढ़ दशा में रहे थे। अतः उनकी संकेतित शब्दावली और संकल्पनाएँ हमें संस्कृत ग्रन्थों में मिलती हैं। जहाँ वे सुलभ हैं, वहाँ उन्हें स्वीकार करने में कोई आपत्ति नहीं होनी चाहिए। आधुनिक भारतीय भाषाओं के लिए संस्कृत मूल भाषा रही हैं इस वजह से संस्कृत सारी भारतीय भाषाओं को तकनीकी शब्दावली दे सकती है।

विदेशी वैज्ञानिक व तकनीकी शब्दों के हिन्दी अनुवाद के प्रसंग पर संस्कृत से बचकर व्यावहारिक शब्दों का व्यवहार करने का सुझाव भी नया नहीं है, परन्तु यह सुझाव विशेषरूप से उन लोगों का रहा है, जो या तो उर्दू को सरल समझते हैं या फिर जिन्हें अंग्रेजी के शब्दों की अवधारणा समझने का अभ्यास पड़ा हुआ है। बोलने में भी उन्हें इसलिए कठिनाई होती है, क्योंकि संस्कृतनिष्ठ शब्द उनके वार्तालाप को अभ्यास में न होने के कारण अस्वाभाविक-सा बना देते हुए प्रतीत होते हैं। अतः इसका प्रयोग भी किया गया था। वह प्रयोग हैदराबाद की कार्यशाला नाम से प्रसिद्ध है। स्वतन्त्रतापूर्वक आयोजित प्रस्तुत कार्यशाला में हजारों शब्द लोकप्रियता की दृष्टि से गढ़े गए। अफसोस है कि उम्मानिया विश्वविद्यालय में अंग्रेजी के माध्यम बनने के बाद वह पूरी उर्दू शब्दावली नष्ट-भ्रष्ट हो गई। सुबोधता व लोकप्रियता दोनों गुण उसमें थे। उसमें कई त्रुटिया भी थीं। उसके आयोजकों में इस्लामी साम्प्रदायिकता की भावना थी। वे हिन्दी व संस्कृत से जानबूझकर बचते थे। वह प्रवृत्ति भारतीय भाषाओं के सामान्य धर्म के अनुकूल नही रही। दूसरे इन गढ़े हुए शब्दों में वैज्ञानिक शब्द के लिए अनिवार्य नियतार्थता और परस्पर अपवर्जन के तत्व नहीं रहते थे। फिर भी अर्धतकनीकी शब्दों एवं तकनीकी शब्दों के रूप में उनका प्रयोग अब हो सकता है।

तीसरी विकल्प यह है कि विभिन्न भारतीय भाषाओं में प्राप्त तकनीकी शब्दों का संकलन व्याख्या सहित किया जाए। उसके बाद उनमें तीन या अधिक

भारतीय भाषा के (इनमें भारतीय आर्य एवं द्रविड़ दोनों की प्रतिनिधि भाषाएँ हों) प्रयुक्त शब्दों के अनुदित शब्द के रूप में हिन्दी में स्वीकार करें। इस सुझाव पर कुछ आपत्तियाँ उठ सकती हैं। पहली यह कि वैज्ञानिक एवं तकनीकी शब्दावली आयोग ने जो शब्दावली अभी गढ़ी है उसे छोड़कर नये शब्द स्वीकार करना गलत है। मगर विकासशील भाषा में शब्दों पर पनश्चिन्तन और बेहतर शब्दों का गठन आवश्यक प्रक्रिया है। इसके अलावा नये शब्द गढ़ लेने पर अर्थ की विभिन्न छवियों के निर्णय के लिए अधिक सुविधा रहेगी। अभी आयोग के शब्दों के विषय में संस्कृत में बोझिल रहने की जो शिकायत है वह भी एक हद तक दूर होगी। अन्य भारतीय भाषाओं के लिए वे शब्द अधिक सहज भी लगेंगे।

भारतीय भाषा के अनुवाद में अन्तर्राष्ट्रीय शब्दों, प्रतीकों के प्रयोग का महत्व दुहरा है। हमारी शिक्षा प्रणाली में दो प्रकार के माध्यम होते हैं। अर्थात् प्रारम्भिक एवं माध्यमिक विद्यालयों में भारतीय भाषा के माध्यम से विषय सिखाए जाते हैं। कॉलिज पहुँचने पर वही विषय अंग्रेजी के माध्यम से सिखाए जाते है। इसके प्रत्युत्तर में सुझाव हो सकता है कि कॉलेज व स्कूल दोनों जगह भारतीय भाषा में सीखे। तब भी विज्ञान व प्रौद्योगिकी के उच्च अध्ययन की जरूरत पड़ेगी।

अन्तर्राष्ट्रीय तकनीकी शब्दों का भारतीयकरण पूरी तरह वांछनीय नहीं है। देखा गया है कि संसार की प्रमुख भाषाएँ अब नये-नये आविष्कार व सिद्धान्त निधारण के बाद उनमें उद्भावित एवं गठित नये तकनीकी शब्दों को भी स्वीकार कर लेती है। अगर वे आविष्कार आदि अन्य भाषा-भाषी प्रदेश के हों तो अन्य भाषा में प्रयुक्त नवीन तकनीकी शब्दों को भी अपना लेती हैं, किन्तु अनुकूलन के क्रम में उन शब्दों की वर्तनी एवं उच्चारण अपनी भाषा के अनुकूल बना लेती है। इससे यह सुविधा प्राप्त होती है कि कोई भी वैज्ञानिक तथ्य या विद्धान्त बड़ी आसानी से चर्चित हो सकता है। यही नहीं, अन्य भाषा वाले जब इस भाषा के वैज्ञानिक ग्रन्थ पढ़ें तब उनकी समझ में भी आएँगे। **एलसेवियर कम्पनी** के बहुभाषी विज्ञान-कोशों की माला इस क्षेत्र की बड़ी उपलब्धि है। भारत में केन्द्रीय हिन्दी निदेशालय ने कई वर्षों के प्रयत्न से भारतीय भाषा कोश निकाला है। वह प्रायः सामान्य शब्दों का है, परन्तु अत्यन्त उपादेय है।

भारतीय भाषाा में वैज्ञानिक तथा तकनीकी साहित्य के अनुवाद के विषय में संकोच व टीका-टिप्पणी करने वाले शायद इस बात पर ध्यान नहीं देते कि संसार के विकसत व विकासशील देश अन्य देशों में होने वाली हर अच्छी वैज्ञानिक व तकनीकी रचना का अनुवाद अपनी भाषा में कराते हैं। शोध-पत्रों का

भी जरूर अनुवाद कराया जाता है। इस कार्य के लिए अनुवादक-वैज्ञानिकों का पूरा दल लगा रहता है। हमारा भारत स्वतऩा राष्ट्र है। हमारी हिन्दी भाषा स्वतन्त्र राष्ट्र की प्रमुख भाषा है। इसमें संसार की नयी वैज्ञानिक उपलब्धियों का विवरण बराबर दिया जाना चाहिए।

अनुवाद प्रणाली पर विचार करते हुए हमें दल द्वारा अनुवाद अथवा टीम-अनुवाद की उपयोगिता समझनी चाहिए। आजकल वैज्ञानिक क्षेत्र में अनुसंधान तक टीम द्वारा ही किया जाता है। अनुवादकों का एक छोटा दल या छोटी समिति अनुवाद कर सकती है।

डॉत्र लेकेशचन्द्र ने 'अनुवाद' पत्रिका में 'विज्ञानोदय और अनुवाद' शीर्षक के लेख में चीन की प्राचीन अनुवाद-प्रणाली पर प्रकाश डाला है। दसवीं शताब्दी में चीन के बौद्ध विद्वानों ने अनुवाद की जिस प्रक्रिया को अपनाया था उसमें नौ विशेषज्ञ होते थे और प्रत्येक प्रसंग उसमें प्रत्येक के द्वारा निरीक्षण-परीक्षण के बाद ही आगे बढ़ता था। इन नौ विशेषज्ञों का क्रम इस प्रकार था।--

(1) **ई-चु** (प्रधान अनुवादक)--केन्द्र में स्थान ग्रहण करता था। वह संस्कृत की व्याख्या करता था।

(2) **चइ-ई** (अर्थ परीक्षक)-- प्रधान अनुवाद के सहित निहित अर्थ पर विचार-विमर्श करता था।

(3) **चइ-वन्** (पाठ परीक्षक)-- प्रधान अनुवादक के पाठ को ध्यानपूर्वक सुनता था और उसकी शुद्धता का ध्यान रखता था।

(4) **शु-त्जु** --संस्कृत का विद्वान होतो था। वह भी पाठ को ध्यानपूर्वक सुनता था और संस्कृत का चीनी भाषा में निप्यन्तरण करता था।

(5) **पि-शीइ** --लिप्यन्तरित शब्दों का अनुवाद चीनी भाषा में करता था।

(6) **चो-वन्**-(पाठ रचयिता)--चीनी शब्दों का वाक्यों में व्यवस्थित करता था एवं उपयुक्त वाक्यों की रचना करता था।

(7) **त्सान-ई**--पाठों की तुलना और अनुवाद की शुद्धता सुनिश्चित करता था।

(8) **खान-तिठ** (संवीक्षक)--फालतू अभिव्यक्तियों को निकाल देता और शैली को अर्थगर्भित बनाता था।

(9) **जुन्-वन्** (पुनरीक्षक)--सभा के सारे निर्णयों को अंतिम रूप देता था।

यह सूचना चीन में अनुवाद-प्रविधि को दिए गए महत्व एवं गम्भीरता का प्रमाण है। वैज्ञानिक व तकनीकी ग्रन्थ के अनुवाद के क्षेत्र में पन्तनगर कृषि

विश्वविद्यालय का पाठ्य-पुस्तक वाला प्रयोग भी स्वीकार करने योग्य है। जैसा कि सभी जानते हैं, इस कृषि विश्वविद्यालय में कृषि एवं पशुपालन से सम्बन्धित उपाधि-स्तरीय पाठ्यक्रम हिन्दी के माध्यम से चलता है। इसके लिए उन्हें हिन्दी में पाठ्य-पुस्तकें तैयार करनी पड़ी हैं। अब भी ये तैयार की जा रही है। छपाई की सुविधा मिलने के पहले ही उन्हें किसी-किसी पाठ्य-पुस्तक का उपयोग करना पड़ता है। अतएव वे पुस्तक की कुछ साइक्लोस्टाइल प्रतियाँ तैयार कर लेते हैं। नये गम्भीर विषय की पांडुलिपियों की कुछ साइक्लोस्टाइल प्रतियाँ तैयार करक उनका परीक्षण विभिन्न प्रकार से कराया जाए और उन पर विस्तृत समीक्षा व टिप्पणी प्राप्त की जाए तो उसके बाद सम्यक् सम्पादन करते हुए उसी ग्रन्थ का मुद्रण हो सकता है। इसमें त्रुटियाँ बहुत कम रहेंगी। इसके लिए विद्वान वैज्ञानिकों और भाषाविदों का श्रम ही फलदायक हो सकता है।

वैज्ञानिक और तकनीकी ग्रन्थों के अनुवाद की प्रणाली पर विचार करने के क्रम में भाषा की तकनीकी पुस्तकों के स्तर पर विचार किया जा सकता है, परन्तु यदि स्तर पर सम्बन्ध केवल प्रकाशित पुस्तकों की बिक्री के आधार पर ही विचारसंगत हो तो यह अनुचित है। बिक्री एक अलग बात है तथा स्तरीय चिन्तन दूसरी बात है। शिक्षा प्रसार और उन्नति के सन्दर्भ में यह बात विचारणीय अवश्य है। आजकल अनौपचारिक शिक्षा और खुले विश्वविद्यालय की शिक्षा हर जगह चल रही है। इनके कार्यक्रम में हिन्दी या अन्य भारतीय भाषा के माध्यम से वैज्ञानिक पाठ्यक्रम की योजना बनाई गई, जिसका हजारों युवक-युवतियों ने स्वागत किया है। इससे भारतीय भाषा में नये वैज्ञानिक ग्रन्थों के प्रकाशन की सुविधाएँ बढ़ेंगीं।

यह तो निश्चित है कि प्रौद्योगिकी के विकास का यह युग है, परन्तु इस युग की संचेतनात्कता का पूरा भार अभी प्रौद्यौगिकी के बढ़ते चरणें से लाभ उठाने वाले औद्योगिक संस्थानों ने स्वयं को इसके दायित्व से अलग रखा है। कुछ औद्योगिक प्रतिष्ठानों ने इस कार्य में अपना उचित योगदान देने की चेष्टा अवश्य की है, परन्तु इतने विशाल देश के लिए ही नहीं, बल्कि विश्व बाजार को ध्यान में रखते हुए उन्हें इस दिशा में अधिक कार्य करना चाहिए। पारस्परिक स्पर्द्धा में अपने तकनीकी विशेषज्ञों की गवेषणात्मक उपलब्धियों को शैक्षिक स्तर पर संपोषित करना उनका कर्त्तव्य है। इन संस्थानों के तकनीकी विशेषज्ञ अनुवाद कार्य की शिक्षा में अपने साक्षात अनुभवों से विद्वानों की सहायता कर सकते हैं।

वैज्ञानिक एवं तकनीकी लेख के अनुवाद की तत्वगत विशेषताएँ

वैज्ञानिक और तकनीकी लेख की अनुवादजन्य विशेषता निम्नांकित दो तत्वों पर निहित होती है–

1. लोकप्रिय अनुवाद, तथा
2. शुद्ध वैज्ञानिक और तकनीकी अनुवाद।

वैज्ञानिक और तकनीकी विषय सन्दर्भित लेखों का अनुवाद वस्तुतः समाज के दो वर्गो को वैज्ञानिक जानकारी देने के उद्देश्य से किया जाता है। समाज का एक वर्ग है--**सामान्य वर्ग,** जो आधुनिकतम विज्ञान की प्रगति से परिचय प्राप्त करना चाहता है, अतः इसके लिये किया गया अनुवाद 'लोकप्रिय अनुवाद' कहा जाता है। दूसरा वर्ग है--**विशेष वर्ग**, जो विज्ञान के क्षेत्र में कार्यरत होता है तथा उससे जुड़ा होकर विज्ञान तथा तकनीक की आधुनिकतम जानकारी से इस सम्बन्ध में ज्ञान प्राप्त कर अपने ज्ञान को समृद्ध करना चाहता है। अतः वैज्ञानिक तथा तकनीकी लेखों का अनुवाद इन दो दृष्टिकोणों से किया जाता है। इसे 'शुद्ध वैज्ञानिक और तकनीकी अनुवाद' की संज्ञा दी जाती है।

लोकप्रिय अनुवाद--सामान्य वर्ग विज्ञान तथा तकनीक का ज्ञान प्राप्त करने की इच्छा, कौतूहल, उत्कण्ठा या किसी बात की स्थूल जानकारी के लिए भी करता है। कभी नवीन रूप से आविष्कृत उपकरणों के युक्तियुक्त प्रयोग करने के सम्बन्ध में जानकारी प्राप्त करने के लिये भी ऐसे लेख पढ़ने की इच्छा होती हैं, अतः ऐसे लेख बहुत सरल तथा सुबोध देने वाली ऐसी भाषा में होने चाहिए जो सामान्य वर्ग के पाठकों की उत्कण्ठा तथा कौतूहल की तृप्ति करने के साथ-साथ उन्हें अपेक्षित जानकारी भी दे सकें। ऐसे पाठकों को प्रायः न तो पारिभाषिक शब्दों का ज्ञान होता है और न ही यान्त्रिक प्रयोग की तकनीक या कला का, अतः अनुवादक का कार्य व्याख्यात्मक अधिक होता है। ऐसे अनुवाद विशिष्ट वर्गीय पाठकों के लिये भी उपयोगी होते हैं।

शुद्ध वैज्ञानिक और तकनीकी अनुवाद--विशेष या विशिष्ट वर्ग के पाठक प्रायः अनेक वैज्ञानिक और तकनीकी पारिभाषिक शब्दों से परिचित होते हैं, अतः उनकी ज्ञानवृदि की सीमाएँ कुछ अधिक होती हैं। इस वर्ग के पाठकों को वैज्ञानिक तथा तकनीकी जानकारी प्राप्त करने की इच्छा अपने ज्ञान का विकास करने के लिये होती हैं। इस वर्ग के पाठकों के लिये अनुवाद कार्य में वही मापदण्ड अपनाये जाते हैं, जो वैज्ञानिक और तकनीकी विषय को सामान्य रूप से अनुवाद किये जाने से अपेक्षित होते हैं। यदि कुशल अनुवादक इन्हें मूल लेख के यथार्थ को मनोरंजक

शैली में प्रस्तुत करने में सक्षम हो तो अनुवादित लेख सुबोध तथा पठनीय बन जाता है। अनुवादक की ऐसी चेष्ठा उसकी सृजनात्मक क्षमता के ऊपरी होती है।

वैज्ञानिक तथा तकनीकी अनुवाद के स्वीकृत सिद्धान्त

वैज्ञानिक तथा तकनीकी अनुवाद के सिद्धान्तों का निरूपण निम्नांकित बिन्दुओं के अंतर्गत किया जा सकता है–

(1) वैज्ञानिक व तकनीकी लेख में अन्तर्राष्ट्रीय प्रतीक चिह्नों का प्रयोग होता है। इनकी न तो उपेक्षा करनी चाहिए और न इनको परिवर्तित करना चाहिए। वे अपने मौलिक रूप में स्वीकार किये जाते हैं।

(2) अन्य भाषाओं द्वारा स्वीकृत शब्दों का वाक्यों में प्रयोग करते समय लक्ष्य-भाषा की प्रकृति को ध्यान में रखते हुए, उन्हें समंजित करना (यदि आवश्यकता हो तो व्याख्या के साथ) उचित रहता है।

(3) तकनीकी भाषा की संकररूपता या विलक्षणता वैज्ञानिक सामग्री की अपनी स्वभावगत आवश्यकता होती है, अतः उसे सहज रूप में स्वीकार करना उचित और उपयुक्त होता है।

(4) जहाँ वैज्ञानिक सामग्री का लोकप्रिय प्रस्तुतीकरण हो, वहाँ लक्ष्य भाषा में प्रचलित अर्ध-तकनीकी शब्दों का प्रयोग सरसता प्रदान करता है।

(5) आधुनिक विज्ञान के अनुवाद के दौरान शब्द और तत्सम प्रत्यय, विदेश भारतीय शब्दों की समास व्यवस्था आदि की जरूरत पड़ती है। यह साहित्य या भाषायी शुद्धि के प्रेमियों का यह बात आपत्तिजनक लग सकती है, परन्तु ऐसे साहित्यशास्त्रियों के भय से अर्थ को भ्रमात्मक बना देने वाली भाषा का प्रयोग उपयुक्त नहीं होता।

(6) जो अन्तर्राष्ट्रीय संज्ञाएँ हैं, उनका लक्ष्य-भाषा की लिपि में अन्तरण कर देना उचित होता है।

यह ध्यान देने की बात है कि--

(i) विज्ञान सामग्री का अनुवाद विज्ञान का यथार्थ बोध कराने के लिये किया जाता है, न कि भाषा, सौन्दर्य, शैली सौष्ठव आदि दिखाने के लिये। अतः ज्ञान को सुस्पष्ट रूप में जिस तरह भी यथार्थ रूप दिया जा सके देना चाहिए।

(ii) विज्ञान का ध्येय, साहित्यिक ध्येय से भिन्न होता है। पाठक साहित्य में भाव-बोध का आनन्द लेना चाहता है, लेकिन विज्ञान में पाठक यथार्थ का ज्ञान करना चाहता है।

(iii) वैज्ञानिक भाषा को सपाट और सीधी भाषा कहा जा सकता है। उसके अनुवाद में भी मूल के तथ्यगत यथार्थ को यदि वह स्पष्ट भाषा में ही प्रकट किया जाने योग्य है तो उसी भाषा में प्रकट करना उचित होता है।

विज्ञान के द्वारा अनुवाद को नवीन क्षेत्र उपलब्ध कराना

न विज्ञान शब्द अत्यधिक आधुनिक है औन न विज्ञान की सत्ता पर ही आधुनिक युग का एकाधिकार है। अंग्रेजी में चाहे साइंस शब्द आधुनिक युग में आया हो, पर हिन्दी में ज्ञान और विज्ञान शब्द बहुत पहले संस्कृत से आ चुके हैं। यह बात अलग है कि प्राचीन साहित्य में विज्ञान शब्द अध्यात्म के सम्बन्ध में आया है। रावण के पास पुष्पक विमान का होना प्राचीन काल में विज्ञान की सत्ता स्पष्ट करता है। मिस्र के ऊँचे-ऊँचे पिरामिड और दिल्ली में अशोक की लाट आज भी वैज्ञानकों के लिए आश्चर्य के विषय बने हुए हैं। धीरे-धीरे विज्ञान ने विशेष उन्नति की और आज सारे विश्व के दैनिक जीवन को अपने प्रभावमें ले लिया है। विज्ञान का कोई आविष्कार एक देश में होता है।

नवीन आविष्कार की प्रविधि अथवा तकनीक एक देश से दूसरे देशों में अनुवाद के ही माध्यम से जाती है। जब तक किसी देश की भाषा में विज्ञान की किसी खोज का विर्णन नहीं होगा, तब तक वहां के आविष्कारक उसे कैसे समझ पायेंगे ?

वैज्ञानिक अनुवाद में पारिभाषिक शब्दों एवं स्पष्टता की आवश्यकता

विज्ञान आज विश्वव्यापी बन रहा है। अगर किसी नवीन वस्तु का आविष्कार होता है तो उसका प्रसान-प्रचार सारे संसार में अति शीघ्र हो जाता है। प्रत्येक विज्ञान और तकनीकी की अपनी भाषा होती है। उससे सम्बन्धि पारिभाषिक शब्द भी अलग होते हैं। वैज्ञानिक पुस्तकों एवं आविष्कार सम्बन्धी ज्ञान में पारिभाषिक शब्दों का विशेष महत्व है। पारिभाषिक शब्दों का अनुवाद अत्यधिक सम्पन्न भाषा में हो सकता है। क्योंकि उसमें पारिभाषिक शब्द पर्याप्त होते हैं और उन्हें बनाने की क्षमता भी होती है। पारिभाषिक शब्दों के अभाव में बहुत-सी भाषाएँ उन्हीं पारिभाषिक शब्दों को स्वीकार कर लेती हैं जो आविष्कार की मूल भाषा के होते है। हिन्दी के लिए संस्कृत का शब्द भण्डार खुला है। इस आधार पर उसे सम्पन्न भाषा कहा जाता है। सायकिल, रेल और सिगनल के लिए अनुवादकों ने बहुत से पारिभाषिक शब्द बनाये, पर विस्तृत, विचित्र और अस्पष्ट होने पर वे नहीं चल सके। वैज्ञानिक पुस्तकों के अनुवाद के लिए अनुवादक को वैज्ञानिक शब्दों का ज्ञान चाहिए, उसे विषय और भाषा दोनों का ज्ञान होना चाहिए।

विज्ञापन में अनुवाद

वर्तमान युग में विज्ञापन को विशेष रूप से व्यापार और उद्योग से संयुक्त हुआ अनुभव किया जाता है। जब हमारे सामने 'विज्ञापन' शब्द प्रकट होता है, हमें यही अनुभूति होती है कि वह किसी विपणनीय वस्तु से सम्बन्धित है, परन्तु यह एक भ्रम है, जिसे विपणन क्षेत्र में विज्ञापन के भारी प्रवेश ने पैदा कर दिया है। वस्तुतः विज्ञापन तो मनुष्य की सहज प्रवृत्ति में ही सन्निहित होकर उसके आत्म प्रकाशन की भावना से सम्बद्ध है। मनुष्य सदैव और निरन्तर अपने विषय में दूसरों को ज्ञान कराना चाहता है, क्योंकि वह दूसरों के बीच रहता है। उसकी आन्तरिक प्रेरणा उसे दूसरों को विशेष रूप से अपनें गुणों अर्थात् अच्छाइयों (जिन्हें सामाजिक रूप में स्तुत्य और आदर्श समझा जाता है) के बारे में जानकारी कराने के प्रचछन्न और अप्रछन्न कार्य कराती रहती है। यह विज्ञापन का आदिम रूप है, जो विज्ञापन के साधनों के साथ शाश्वत रूप से सम्बन्धित रहा है और जाने-अनजाने एक कला के रूप में विकसित भी हुआ है। वस्तुतः मनुष्य की समस्त सृजनक्रिया विज्ञापन कला का ही परिणाम है। अतः मानव जीवन में विज्ञापन की ऐसी भूमिका रहती है, जिसे वह कभी स्वयं से अलग नहीं कर सकता। हमारे शास्त्रों में कहा गया है कि मनुष्य को ब्रह्मचर्योपासना, तपस्या, पूजा अर्थात् अध्यात्म चिन्तर एकान्त में करना चाहिए, कहीं निर्जन वन में जाकर करना चाहिए, जन-संकुल संसार से दूर रहकर मनुष्य को ब्रह्म के प्रति समर्पित होना चाहिए तभी उसे मोक्ष अर्थात् ब्रह्मलीन होने का मार्ग प्राप्त हो सकता है, लेकिन प्रायः इस समाज-संकुल संसार में मनुष्य ऐसा नहीं कर पाता, कभी तो वह अपनी तपस्या के चमत्कारी परिणामों से ससांर का भछण करने समाज के रंगमंच पर उतर आता है, कभी अपने दार्शनिक चिन्तन ज्ञान से प्रेरित उपदेशक का रूप धारण कर भीड़ से भरे पंडालों की शोभा बनकर प्रकट होता रहता है। यह सभी बातें उसकी आत्मप्रवृत्ति की परिचायक हैं जिनकों हमे विज्ञापन के क्षेत्र में अलग नहीं कर सकते। कोई विरला ही इनसे मुक्त रह सकता है।

आमतौर से मनुष्य जब कोई सामाजिक भलाई के लिये कार्य करता है, जैसे मंदिर, धर्मशाला, विद्यालय, अनाथालय आदि का संस्थापन। प्रायः देखा जाता है कि वह उसमें अपने नामपट्ट आदि को लगवाकर उस कार्य का श्रेय लेना नहीं भूलता, परन्तु इस प्रकार के आत्म-प्रकाशन को 'विज्ञापन' शब्द से अलग समझा जाता है। इसी प्रकार मनुष्य जीवन को व्यवस्थित और अनुशासित करने के लिए

राजाज्ञाओं से नियमों के प्रकाशन को भी मूलतः विज्ञापन शब्द में अभिहित नहीं किया गया, परन्तु वह भी विज्ञापन के ही क्षेत्र में आते हैं। वस्तुतः विज्ञापन शब्द तब प्रचलित हुआ जब समाचार-पत्रों का प्रकाशन आरम्भ हुआ और व्यवसायी अपने उत्पादों के विपणन कार्य की अभिवृद्धि करने के लिये उनकी गुणवत्ता आदि से सम्बन्धित विज्ञप्तियाँ छपवाने लगे। इसके बाद समाचार-पत्र एक लम्बे समय तक ऐसी विज्ञप्तियों के साधन रहे, और जब ऐस विज्ञप्तियों को जनता की जानकारी तक पहुँचाने के लिये और साधन प्रकट हुए तो वह भी इनके माध्यम बनते चले गये।

प्राचीनकाल में विज्ञापन का सबसे सरल उपाय था जगह-जगह जाकर डुगडुगी, ढोल, घण्टे आदि की ध्वनि करके लोगों को इकट्ठा करना और अपनी बातें उनके सामने कहना। भाषण कला का प्रादुर्भाव भी इसी प्रकार हुआ। गायाल, खेल-तमाशे, आदि भी इसी विधा से किये गये विज्ञापनों द्वारा आहूत किये जाते थे, सरकारी आज्ञायें भी लोगों को बताई जाती थीं, समाचार-पत्रों के प्रकाशन के साथ यह कार्य उनमें विज्ञप्तियाँ देकर होने लगे। कहने का तात्पर्य यह है कि विज्ञापन जितने रूपों में प्रकट हुए, विज्ञापन की कला भी उतने ही रूपों में प्रकट हुई। विभिन्न भाषाओं के समाचार-पत्रों में एक ही बात की विज्ञप्ति प्रकाशित कराने के लिए, विज्ञप्ति के भाषा रूपान्तरण का कार्य जब आरम्भ हुआ तो विज्ञापन संसार में अनुवाद की आवश्यकता हुई। प्राचीनकाल में भी सरकारी नियमों का विज्ञापन सरकारी भाषा में न कराकर ऐसी भाषाओं में किया जाता था, जिसे आम जनता जानती हो, जैसे सम्राट अशोक ने अपनी विज्ञप्तियाँ संस्कृत में अंकित न कराकर 'पालि' भाषा में अंकित करायीं। निश्चित रूप से इनका पहले संस्कृत से अनुवाद कराया गया होगा। खेल-तमाशे वाले लोग भी जिस भाषा-भाषी प्रदेश में अपने खेल-तमाशे लेकर जाते होंगे, अपने खेल-तमाशे का विज्ञापन वहीं की भाषा में करते रहे होंगे। यही बात विभिन्न समाचार-पत्रों के माध्यम से प्रकट हुई। व्यावसायिक युग के विकास के साथ ऐसी विज्ञप्तियों के क्षेत्र को विभिन्न भाषाओं के सीमा क्षेत्र में पहुँचने के लिए अनुवाद के आश्रित होना स्वाभाविक था। अनुवाद कला में इससे प्रखरता उत्पन्न हुई, एक ही सामग्री का विभिन्न भाषाओं में अनुवाद इस तरह किया जाने लगा कि वह जनता को अपनी ओर आकर्षित कर सके और उसकी विपणन क्षमता में विकास हो। वर्तमान युग में जब आकाशवाणी का प्रादुर्भाव हुआ तो विज्ञापन कार्य भी आकाशवाणी से होने लगा। फिर उसने दूरदर्शन का पल्ला भी पकड़ लिया। विभिन्न भाषाओं के कार्यक्रमों के

साथ विज्ञापनों को भी उन्हीं भाषाओं में देने की आवश्यका हुई और अनुवाद का क्षेत्र और विकसित हो गया। विज्ञापन कला अब केवल लेखन तक सीमित नहीं रही, दृश्य रूप में आकर वह नाट्याभिमुखी हो गई। परिणाम यह है कि अनुवाद भी नाट्याभिमुखी हो गया। अब तो 'मोबाइल', दूरभाष' और 'इण्टरनेट' के चलन ने विज्ञापन की अनुवाद कला को और भी परिष्कृत कर दिया है, इसमें सृजन की काल्पनिकता तथा रूपान्तर में संक्षिप्तीकरण का कलापूर्ण प्रवेश हो गया है। वह चित्रकला के क्षेत्र में भी बहुत पहले से ही प्रवेश कर चुकी थी। अतः नई विज्ञापन प्रविधियाँ विकसित हुई, परन्तु अनुवाद का महत्व प्रत्येक प्रक्रिया का आधार है। यदि विज्ञापनकर्ता को अपने उत्पाद की विशेष्ताएँ प्रकट करनी हैं तो उसे निश्चित रूप से ही भाषा का सहारा लेना पड़ेगा। अतः विज्ञापन और अनुवाद का संबंध उसी तरह श्रृंखलित है, जिस प्रकार भाषा का सहारा लेना पड़ेगा। अतः विज्ञापन और अनुवाद का संबंध उसी तरह श्रृंखलित है, जिस प्रकार भाषा और विज्ञापन एक-दूसरे से श्रृंखलित है।

यदि हम दूसरे शब्दों में कहें तो यह कहना उचित होगा कि विज्ञापन कला को अनुवाद कला ने प्रत्येक रूप में अनुरंजित कर दिया है। कोई भी बात जो चाहे जिस भाषा में विपणन उत्पादों की कहानी कहती हो, बिना किसी भाषा के भी अनुवाद कला मात्र से भी केवल दृश्य रूप में प्रकट की जा सकती है, अतः अनुवाद कला का यह ऐसा उत्कर्ष बिन्दु है जो यह प्रकट करता है कि भाषाओं में लिखे गये आलेख भी दृश्यानुवादों में रूपान्तरित किये जा सकते हैं।

उद्योग और व्यापार, वर्तमान अर्थव्यवस्था के सबलतम स्तम्भों के रूप में स्थापित हो चुके हैं। मनुष्य को भोजन, वस्त्र तथा आवास की मूल आवश्यकताओं के साथ-साथ उसकी परम आवश्यकता का एक रूप और प्रकट हुआ-सा प्रतीत होता है--वह है दर्शनीयता का। मनुष्य की प्रवृत्ति दर्शनीय वस्तुओं की उपयोगिता, उपयोग के बन्धन में आबद्ध हो गयी-सी प्रतीत होती है, परन्तु यह बात नयी-सी लगने पर भी नयी नहीं है। आदिकाल से ही मनुष्य सौन्दर्य के प्रति आसक्त रहा है, परन्तु इस काल में उसकी यह प्रवृत्ति विज्ञापन-प्रचुरता और उनकी कलात्मकता ने बहुरंजित कर दी है, क्योंकि इस प्रकार की बहुरंजना नये-नये उत्पादों के भौतिक उपयोग की ओर उसे लालायित करती है। इसका श्रेय अनुवाद कला को ही जाता है। विज्ञापन कला ने जिसका सहारा लेकर सामाजिक अभिरुचि को ही बदल दिया है। हम जानते हैं कि दूरदर्शन और समाचार-पत्र विज्ञापनों का मूल्य तो वसूल करते ही हैं, लेकिन उनमें कितना कलात्मक आकर्षण है, वह यह भी देखने लगे

हैं। जिस तरह किसी दूरदर्शन कार्यक्रम का समाचार-पत्रों के समाचारों को पढ़ने के लिए लोग इच्छुक होते हैं, वह विशेष विज्ञापनों को भी देखना पसन्द करते हैं। वस्तुतः ऐसे विज्ञापन कलात्मक अनुवाद होते हैं; जो किसी भी भाषा का परोक्ष सहारा नहीं लेते, लेकिन बात वही कहते हैं जो कभी किसी भाषा में किसी विज्ञापन-विशेषज्ञ ने सृजित की होगी। इसे हम चित्रात्मक अनुवाद कह सकते हैं।

वर्तमान युग में विज्ञापन-मात्र उत्पादकों के सोच और उनके द्वारा ही निर्माण करने की वस्तु नहीं रह गयी है, बल्कि वह विज्ञापन विशेषज्ञों के पाले में पहुँच चुकी है। सैकड़ों विज्ञापन संस्थाएं इस क्षेत्र में उतर चुकी हैं और अब उत्पादकों को अपने उत्पादों के विज्ञापन स्वयं तैयार करने की आवश्यकता नहीं रह गयी है।

विज्ञापन संस्थाएँ रोज हजारों विज्ञापनों का निर्माण कर रही है। ये विज्ञापन संसार की प्रायः समस्त भाषाओं में कराये जाते हैं। इन विज्ञापन कम्पनियों में बड़े-बड़े मनोवैज्ञानिक और साहित्य सृजन शक्ति से सम्पन्न लोग, कई-कई भाषाओं के ज्ञान से सम्बद्ध है। सामचार-पत्रों और उसके अतिरिक्त हजारों-लाखों पत्र-पत्रिकाओं में जो दैनिक, साप्ताहिक, पाक्षिक, मासिक, त्रैमासिक, अर्द्धवार्षिक एवं वार्षिक पत्र-पत्रिकाओं में अनुदित विज्ञापन हिन्दी में भी पढ़े या देखे जो सकते हैं। विदेशी प्रसाधनों, वस्तुओं के विज्ञापन हिन्दी में अनुदित होकर ही प्रकाशित होते हैं। ये विज्ञापन अन्य पुस्तकों, चलचित्रों, समाचार के मध्य में, विभिन्न कार्यक्रमों में, दूरदर्शन और आकाशवाणी द्वारा किये जा रहे हैं। इनका विवरण सम्भव नहीं है। इनमें सदैव ही मनोरंजक तत्व डालने की चेष्टा की जाती है। इनकी कलात्मकता से आकर्षित होकर जहाँ समाचार-पत्र अपनी रूप-सज्जा में चार चाँद लगाते है, वहीं इनसे पाठक भी मनोरंजन का आनन्द लेते हैं। ऐसा नहीं है कि यह विज्ञापन दोषमुक्त ही होते हों, लेकिन दर्शक और पाठक ऐसे दोषों का भी आन्नद लेते हैं। ऐसा नहीं है कि यह विज्ञापन दोषमुक्त ही होते हों, लेकिन दर्शक और पाठक ऐसे दोषों का भी आनन्द लेते हैं। इनमें अतिशयोक्ति भी होती है, परन्तु विज्ञापन ऐजेन्सियाँ इनमें यह तत्व भी जान-बूझकर डालती हैं। इन विज्ञापनों के लेखक बड़ी चतुराई से शब्द चयन करते हैं एवं दूरदर्शन के लिये इनकी पटकथाएँ लिखते हैं।

प्रायः कला का विकास अनुकरण से ही होता है, चाहे वह कोई भी कला हो, साहित्यकार भी अनुकरण करता है। दूसरे शब्दों में यह अनुकरण उसके सृजन तत्वों को जाग्रत भी करता है और उसके सृजन को पुष्ट भी बनाता है, नई कल्पनाओं को जन्म भी देता है। यदि हम इसे भी अनुवाद के क्षेत्र में ले आयें तो

कहेंगे कि यह कार्य सृजनात्मक अनुवाद का है, जो कला के हर क्षेत्र में विद्यमान है। विज्ञापन कला में भी देश-विदेश तथा अन्य भाषाओं में विज्ञापन, दूसरी भाषाओं में सृजनात्मक वृद्धि करते हैं। आज इसी का बोलबाला है।

विज्ञापन और अनुवाद के सम्बन्ध

आज मनुष्य अपने आपको और अपने कार्यों को अधिक से अधिक लोगों को बताना चाहता है। कार्य बाद में आरम्भ होता है, पर विज्ञापन पहले से आरम्भ हो जाता है। पहले धार्मिक कार्य, भजन-पूजन आदि शान्त वातावरण में किये जाते थे। आज उनका विज्ञापन करने के लिए जगह-जगह बोर्ड लगाये जाते हैं और पर्चे बाँटे जाते हैं। कार्यक्रम दूर के लोगों को भी सुनाई पड़े, इसके लिए लाउडस्पीकर लगाये जाते हैं।

विज्ञापन का सम्बन्ध भाषा से है, इसलिये इसमें अनुवाद की आवश्यकता पड़ती है। अगर किसी वस्तु का विज्ञापन करना है और उसे मुसलमानों के क्षेत्र में परिचित कराना है तो उसका विज्ञापन करने वाले हिन्दी छपे पर्चे का उर्दू में अनुवाद करके बाँटना पड़ेगा। भारतवर्ष में अनेक प्रान्त ऐसे हैं, जहाँ समझी और बोले जाने वाली भाषाएं अलग-अलग हैं। इनके निवासियों को अपनी वस्तुओं से परिचित कराने के लिए उनकी भाषा में विज्ञापन का अनुवाद कराया जाता है।

वैचारिक साहित्य का अनुवाद

अनुवाद का क्षेत्र बहुत बड़ा है। साहित्य को उसके विशद रूप में देखने पर हम किसी भाषा में रचित किसी भी विधा की कृति को साहित्य से अलग नहीं कर सकते। यदि साहित्य के पूरे कलेवर में उसके अंग विशेषों की पहचान करें तो हम उसके सृजनात्मक पक्ष से जिसमें काव्य, उपन्यास, नाटक, निबन्ध, प्रबन्ध, लेख, फीचर, आत्मकथा, जीवन-चरित्र आदि आते हैं, इसके अनन्तर साहित्य के शेष अंग उतने ही हैं, जितने विषय मनुष्य के विविध औपचारिक जीवन-व्यवहारों तथा उसके बौद्धिक ज्ञान-विज्ञान के वैचारिक विश्लेषण से जुड़े हुए हैं। जीवन स्थूल रूप में तो व्यवहार के भाव, आचरण, नैतिक-अनैतिक कर्म-क्रिया के सम्पूर्ण रूप का विवेचन ही साहित्य का विषय है, जो उसके सृजनकत्ताओं द्वारा गद्य और पद्य रूप में रचित कृतियों में प्रस्फुटित होता है। उसमें शुष्क ज्ञान-विज्ञान की भी चर्चा होती है तो सूक्ष्म संवेदनाओं की अनुभूति का भी अनुभव कराया जाता है। वैचारिकता सम्पूर्ण साहित्य का आधार है। प्रत्येक भाषा में ही इस आधार के बिना कोई सृजन नहीं हो सकता। भावों से विचारों की उत्पत्ति होती है, जिसके परिणाम मनुष्य के

कर्म-व्यापार को आगे बढ़ाते हैं। साहित्य इन्हीं का निरूपण करता है, चाहे वह उन्हें किसी विधा या रूप में करे। हर भाषा में अनुभूतियों के मापदण्ड सभी भाषाओं में समान नहीं होते, इस कारण हम एक भाषा के शब्द के मापदण्डात्मक समान पर्याय दूसरी भाषा में प्रायःप्राप्त नहीं कर पाते। स्वाभाविक है कि एक भाषा के शब्द वैचारिक साहित्य तो दूसरी भाषा के समान अनुभूतिक भाव और कर्म स्तर पर सापेक्षित करने में कठिनाई होती है, परन्तु वैचारिक साहित्य का एक भाषा से दूसरी में पदार्पण होता ही है, क्योंकि यह सांस्कृतिक संक्रमण का एक अवश्यम्भावी परिणाम है। अनेक भाषा वैज्ञानिक समस्याओं के सामने आने पर भी यह होता है। अतः जिस रूप में भी यह हो और इसका जो भी रूप सामने आये, परन्तु इसे अनुवाद ही कहेंगं।

इस कार्य में विशेष रूप से दो प्रकार की समस्याएँ आती हैं--

1. अर्थपरक, तथा
2. शैलीपकर।

अर्थ संप्रेषण--अनुवाद का एक मात्र लक्ष्य अर्थ-संप्रेषण ही होता है। स्रोत-भाषा का अर्थ अपने यथार्थ भाव में लक्ष्य भाषा में उतारने का काम अनुवादक की कुशलता का परिचायक है। शाब्दिक भावों की गहराई की पूर्ति केवल कौशल से ही की जा सकती है। इसी कारण अर्थ का अन्तरण करते समय शब्दानुवाद करना है अथवा भावानुवाद, यह समस्या अनुवादकों के सामने हमेशा रही है। यह कठिनाई प्रत्येक भाषा की भिन्न अर्थ-संरचना के कारण उत्पन्न होती है। प्रत्येक भाषा में प्रतीकों की व्यवस्था का एक भौतिक रूप होता है, जो प्रायः समान नहीं होता है। व्याकरणिक संरचना के अन्तर के कारण इनके अर्थ-तत्व में भी अन्तर हो जाता है। प्रायः स्रोतभाषा की अभिव्यक्ति से जो अर्थ निकलता है, वह लक्ष्य-भाषा की अभिव्यक्ति से व्यक्त होने वाले अर्थ की तुलना में या तो विस्तृत होता है, या संकुचित या कुछ भिन्न होता है, या फिर इनमें से दो या अधिक का मिश्रण। साथ ही दोनों भाषाओं की अभिव्यक्ति इकाइयों (शब्द, शब्दबंध, पद, पदबन्ध, उपवाक्य, वाक्य, मुहावरे, लोकोक्तियाँ) के प्रसंग-साहचर्य भी सर्वदा समान नहीं होते-हो भी नहीं सकते। **(आइ. ए. रिचाड्र्स)**। अर्थ की सबसे बड़ी कठिनाई यह है कि एक ही शब्द के अनेक अर्थ होते हैं और इसका अर्थ सन्दर्भ पर ही निर्भर होता है। अर्थ के अन्तरण में सन्दर्भ का बड़ा महत्व होता है। ये सन्दर्भ प्रमुख रूप से साहचर्य के साथ जुड़े होते हैं। इसी कारण से **मैलिनोवस्की** और **फिर्थ** इसे साहचर्य का सन्दर्भ (Context of Association) कहते हैं।

अनेक शब्दों के अनुवाद में साहचर्य के साथ जुड़े हुए इस सन्दर्भ का अन्तरण बहुत ही कठिन हो जाता है, क्योंकि एक भाषा में एक खास शब्द का जो साहचर्य होता है, वह अन्य भाषा में मिल नहीं सकता। भारतीय विचारधारा के अनुसार वाक्य, प्रकरण, अर्थ, औचित्य, देश, काल, संसर्ग, विप्रयोग, साहचर्य, विरोधिता, लिंग, अन्य शब्द, सन्निधि, सामर्थ्य व्यक्ति एवं स्वर--इन उपायों के द्वारा ही शब्दार्थ की ठीक-ठीक पहचान हो सकती है। शब्दानुसार अथवा शब्द का अभिधेयार्थ मात्र लेने पर समस्याएँ उत्पन्न हो सकती हैं। इसका प्रमुख कारण यह भी है कि प्रत्येक शब्द के लिए अन्य भाषा में समान शब्द मिल जाएगा, यह धारणा भी निर्मूल है। इसके अलावा जहाँ समान शब्द मिल भी जाते है, वहाँ समान शब्द से अनुवाद करने में भी कई कठिनाइयाँ आ जाती है।

शब्दानुवाद के प्रमुख रूप से तीन दोष बताये जा सकते है--

(1) शाब्दिक अनुवाद के अर्थ का अनर्थ हो जाता है।

(2) इसके कारण ही अनुवाद में दुरूहता आ जाती है।

(3) शब्दानुवाद से ऐसे शब्द बनते हैं जो भाषा की प्रकृति के विपरीत होंगे।

भावानुवाद में भावों, विचारों एवं अर्थों के बिम्ब ही प्रतिबिम्बित किये जाते हैं। आधुनिक भाषा वैज्ञानिकों के अनुसार प्रत्येक शब्द में निम्नलिखित स्थितियों में भावानुवाद आवश्यक हो जाता है--

(1) शब्दों का अर्थ-वाक्य में प्रयुक्त होने पर उसका अभिधेयार्थ या कोशार्थ मात्र नहीं रह जाता।

(2) शब्द-क्रम के परिवर्तन और बलाघात, स्वराघात आदि के कारण अर्थ में अन्तर आ जाता है।

(3) अन्य शब्द के संयोग से शब्द का अभिधेयार्थ बिलकुल नष्ट हो जाता है और उसमें गहरा अर्थ संगुंफित हो जाता है।

रूसी विद्वान **नावोकोब** सुन्दर भावानुवाद की अपेक्षा भौड़े किन्तु शाब्दिक अनुवाद को अच्छा मानते हैं तो **फिट्स जेराल्ड** मूल से किंचित भिन्न होने पर भी भावानुवाद को श्रेष्ठ मानते हैं। परन्तु जैसा कि हमने स्पष्ट किया है, अनुवाद के व्यावहारिक पक्ष को लेते समय हम कह सकते हैं कि एक मध्य मार्ग ही श्रेयस्कर होता है, अर्थात् जहाँ तक हो सके, शब्दनिष्ठ भौड़े अनुवाद की अपेक्षा भावानुवाद की शैली अपनाएँ, परन्तु जहाँ भी आवश्यक हो, शाब्दिक अनुवाद को भी अपनाते चलें।

(1) सामाजिक-सांस्कृतिक कठिनाई--अनुवाद में सामाजिक-सांस्कृतिक तत्वों के अन्तरण में अर्थ की सबसे बड़ी समस्या उत्पन्न होती है। मानव जिस प्रकार

किसी न किसी सभ्यता-संस्कृति को लेकर चलता है, उसी प्रकार उसकी भाषा भी किसी न किसी सभ्यता संस्कृति के परिवेश में प्रवाहमान है। प्रत्येक भाषा का एक विशिष्ट सांस्कृतिक परिवेश होता है जिसके निर्माण में उस भाषा के बोलने वालों को ऐतिहासिक, नृतत्वशास्त्रीय, सामाजिक एवं भौगोलिक परिस्थितियों का हाथ रहता है। प्रत्येक भाषा में ऐसे अनेक सामाजिक सांस्कृतिक शब्द होते हैं, जिनक पीछे एक सुदीर्घ ऐतिहासिक परम्परा एवं सम्बद्धताएँ होती हैं। मैलिनोवस्की आधुनिक युग के प्रसिद्ध नृतत्वविज्ञानी हैं जिन्होंने अनुवाद की सामाजिक-सांस्कृतिक समस्या पर गम्भीर रूप से विचार किया है। ट्रोबियान द्वीप (न्यू गिनिया) के आदिवासियों की भाषा के अनेक विशिष्ट शब्दों का अनुवाद करते समय ही उन्होंने अपने अर्थ-परक सिद्धान्त 'साहचर्य का सन्दर्भ' को रूप दिया था। उनके अनुसार अनुवाद की प्रमुख कठिनाई का कारण शब्दों के पीछे निहित सांस्कृतिक सन्दर्भ है। यह सांस्कृतिक सन्दर्भ उसके बोलने वालों के रीति-रिवाज, आचार-विश्वास आदि पर आधारित हैं। इस कारण मैलिनोवस्की के अनुसार अनुवाद से मतलब "सांस्कृतिक सन्दर्भों का ऐक्य अथवा समतुल्या" से हैं। इसी की व्याख्या करते हुए **रिचाईस** और **ऑगडन** बताते हैं कि शब्द और अर्थ उसके बोलने वालों के सांस्कृतिक परिवेश से भिन्न अस्तित्व नहीं रखते। अनुवाद में समतुल्यता की खोज करते समय यह सांस्कृतिक सन्दर्भ पर प्रश्न-चिह्न बन जाता है।

लेखक, मूल रचना का सांस्कृतिक परिवेश, लेखक की अनुभूति एवं रचना की कलात्मकता को अनुवाद में अनुवादक तथा उसकी अनुभूति एवं अनुदित रचना के सांस्कृति परिवेश द्वारा प्रतिस्थापित किया जाता है। जब मूल तथा अनुवाद का मिलान किया जाएगा, तब रचना के ये सारे अंग उसमें ज्यों के त्यों आ जाने चाहिए। परन्तु किसी जनता के रीति-रिवाज, उत्सव, पर्व, समारोह तथा अन्य सांस्कृतिक सन्दर्भों से सम्बन्धित शब्द, वाक्यांश, मुहावरे, संवाद, वर्णन आदि के अनुवाद में कठिनाइयाँ उपस्थित होती हैं। अनुवाद में मूल के सांस्कृतिक परिवेश को प्रतिबिम्बित करना अनिवार्य समझा गया है।

विभिन्न युगों के समाज के बीच में ही नहीं, बल्कि समकालीन समाज के बीच में सांस्कृतिक भिन्नता मौजूद रहती है, जो अनुवाद में कठिनाई का कारण बनती है। जिन भाषाओं के बीच सांस्कृतिक समानता जितनी अधिक होती है, उनके बीच अनुवाद करने में भी उतनी ही सुविधा होती है, लेकिन संस्कृति की विभिन्नता अनेक समस्याएँ उत्पन्न करती है। पाठकों की कठिनाई यह होती है कि वे अपनी भाषा के सांस्कृतिक परिवेश में ही स्रोत-भाषा की संस्कृति के प्रति अपनी

प्रतिक्रिया प्रकट करते हैं। ऐसी भिन्न संस्कृतियों के बीच अनुवाद करते समय मूल के परिवेश के प्रति ईमानदारी बरतने के साथ ही लक्ष्य-भाषा के पाठकों के परिवेश और मनौवेज्ञानिक दृष्टिकोण का भी अनुवादक को ध्यान रखना पड़ता है।

(2) समान शब्दावली में अर्थ की समस्याएँ--वे भाषाएँ जिनकी समान पृष्ठभूमि रहती है, उनमें समान शब्दावली की मात्रा भी अधिक होती है। समान शब्दावली के प्रमुख स्रोत हैं--आगत शब्दावली तथा भाषाओं का समान स्रोत। भारत की आर्य परिवार की भाषाओं में तथा द्रविड़ परिवार की भाषाओं में संस्कृत के समान शब्द 50 प्रतिशत से अधिक मिलते हैं। हिन्दी और मलयालम में तो समान संस्कृत शब्दों की मात्रा 60 प्रतिशत से अधिक होगी, परन्तु समान शब्दावली जहाँ अनुवादक के काम को सुगम बनाती हैं, वहाँ अर्थ के अन्तर के कारण वह उलझन में भी पड़ जाता है। अनुवादक जहाँ समान शब्दों को अपनाने के लोभ से बच नहीं पाता, वहाँ वह अर्थ के अन्तर के कारण वह धोखे में पड़ जाता है। **मारियो पाई** इस प्रकार के शब्दों को "धोखा देने वाले समान शब्द" कहते हैं। उन्होंने इस प्रकार के कुछ मजेदार उदाहरण भी दिये हैं। मराठी और हिन्दी के परस्पर अनुवाद पर विचार करते हुए **डॉ. शान्तिस्वरूप गुप्त** ने समान शब्दावली अनुवाद की तीन प्रमुख समस्याओं का उल्लेख किया है--

(i) भ्रामक अनुरूपता,

(ii) अर्थ छाया,

(iii) शब्द छाया

भिन्नार्थक समान संस्कृत शब्दों के अर्थ का वैभिन्न्य रूप से अर्थ संकोच, अर्थादिश तथा अर्थ विस्तार की प्रवृत्तियों के कारण होता है। इस समस्या का एक सामान्य व्यवहारिक समाधान यह है कि जहाँ भ्रामक अनरूपता हो, वहाँ पर अनुवाद में स्रोत-भाषा का अर्थ दें, परन्तु जहाँ अर्थ-छाया होती है, वहाँ पर प्रयोगोचित्य को ही मानदण्ड बनाकर मूल शब्द को अपनाया जा सकता है अथवा अर्थ मात्र दे सकते हैं। हिन्दी और अन्य भारतीय भाषाओं के सन्दर्भ मे इस समस्या को विशद रूप से समझा जा सकता है।

(3) अनुवाद की शैलीपरक समस्याएँ--अनुवाद में शैली की समस्या भी बड़ी टेढ़ी समस्या है। **ब्लाडिमिर प्रोचाजका** मूल की शैली का विश्लेषण तथा उसक लिए लक्ष्य भाषा में "समतुल्य शैलीगत संरचना" पर बल देते हैं अनुवाद को मूल लेखक की शैली के हर पहलू को समझना आवश्यक होता है। तभी वह 'शैलीगत समतुल्यता' की खोज कर सकता है। परन्तु कठिनाई यह है कि प्रत्येक भाषा की

शैलीगत संरचनाओं में अन्तर हो जाता है और स्रोत-भाषा के बीच अस्वाभाविकता आ जाती है। अनुवाद की प्रक्रिया में एक महत्वपूर्ण तथ्य है कि अनुवादक मूल भाषा की शैली का अनुकरण करने में प्रायः उतना सफल नहीं होता, जितना मूल लेखक की शैली को सुरक्षित रखने में होता है। भाषा की शैली से मतलब है अभिव्यंजना के प्रकार से और लेखक की शैली का मतलब है उस अभिव्यंजना के विधान में लेखक के व्यक्तिगत चुनाव और रुचि से। भाषा की शैली के सन्दर्भ में अनुवाद की शैलीगत कई सामान्य समस्याएँ आती हैं जबकि लेखक की शैली प्रत्येक लेखक की अपनी होती है, इसलिए उसकी समस्याएँ विशिष्ट हो सकती हैं। वैसे लेखक की शैली भी एक हद तक उसकी भाषा के व्यापक शैली स्वरूप का ही अंग होती है। इस कारण से शैली की सामान्य समस्याओं के अन्तर्गत दो भाषाओं की शैलीगत संरचना की लगभग सभी समस्याएँ आ जाती हैं। उदाहरण के लिए प्रसाद, प्रेमचन्द, नेहरू या गाँधी की रचनाओं के अनुवाद में भिन्न-भिन्न शैलियों को अपनाना पड़ेगा। परन्तु इनकी रचनाओं के अनुवाद में अनेक ऐसी सामान्य शैलीगत समस्याएँ भी आती हैं जो भाषा की शैलीगत संरचना या गठन से सम्बन्धित होती हैं। आधुनिक शैलीविज्ञान में शैली का अध्ययन 'नार्म' से विचलन के रूप में किया जाता है। **सोल सपोर्टा** के अनुसार यह विचलन दो प्रकार का होता है--

(i) व्याकरणिक नियमों से रहित प्रयोग अथवा व्याकरण विरोधी प्रयोग।

(ii) छन्द आदि के द्वारा निर्मित बन्धन जो सामान्य भाषा में दिखाई नहीं पड़ता। इस आधार पर शैली का अध्ययन करने वालों ने रूपान्तारणात्मक तथा सांख्यिकीय प्रणाली से काव्य तथा साहित्यिक भाषा क विश्लेषण किया है। अनुवाद के सन्दर्भ में शैलीविज्ञान का यह दृष्टिकोण उपयोगी नहीं होगा। अनुवाद की शैलीपरक समस्याओं के विश्लेषण में शैली के प्रति दृष्टिकोण निम्नलिखित आधार पर होगा--

(i) शैली से तात्पर्य अभिव्यंजना की प्रणाली से है। **सेंथाल** की यह परिभाषा इस सन्दर्भ में सार्थ है कि किसी विचार या कथ्य को उसके समग्र प्रभाव के साथ अभिव्यक्त करने के लिए जो सहायक तत्व होता है, उसे शैली कह सकते हैं।

(ii) अनुवाद के सन्दर्भ में शैली का अध्ययन व्यतिरेकी शैलीविज्ञान के आधार पर किया जाएगा। व्यतिरेकी शैलीविज्ञान का आधार होगा स्रोत-भाषा एवं लक्ष्य-भाषा का शैलीपरक साम्य और वैषम्य।

(iii) प्रत्येक भाषा की जो सामान्य शैली है वही उसका 'नार्म' है और 'विचलन' से तात्पर्य है लेखक की वैयक्तिक शैली अर्थात् भाषा की शैली में से लेखक का वैयक्तिक चुनाव।

(iv) शैली को 'अभिव्यंजना की प्रणाली' मान लेने पर ध्वनिपरक, शब्दपरक एवं व्याकरणिक दृष्टि अभिव्यंजना के जो विशिष्ट तत्व होंगे, उन्हीं का अध्ययन शैली के अन्तर्गत किया जाएगा। अर्थ को निहित तत्व के रूप में शैली से जुड़े अन्तरंग तत्व के रूप में देखना होगा।

अधिकांशतया विद्वान यही मानते आ रहे हैं कि शैली-तत्व कविता तथा सृजनात्मक साहित्य के अनुवाद में ही महत्वपूर्ण हैं, परन्तु वास्तविकता यह है कि वैज्ञानिक साहित्य, व्यावसायिक पत्र, कानून अभिलेख आदि में भी शैली का स्थान कम महत्वपूर्ण नहीं है। इन सबमें शैलीगत समस्याएँ प्रमुख रूप से भाषा की शैलीगत संरचना के वैशिष्ट्य के कारण उत्पन्न होती हैं। लेकिन यह तो मानने की बात है कि कविता के अनुवाद में शैलीगत नियन्त्रण अधिक महत्वपूर्ण हो जाता है क्योंकि कविता की आत्मा अथवा अर्थ उसके रूपगत कलेवर पर निर्भर रहता है। भाषाओं के बीच जो शैलीगत अन्तर दिखाई देता है, वह एक अत्यन्त जटिल भाषा वैज्ञानिक प्रक्रिया है। इस जटिलता के कारण अनुवादक के कार्य में समस्याएँ ही समस्याएँ दिखाई पड़ती हैं। अनुवाद में शैली की समस्याओं के अध्ययन के लिए कैटफोर्ड आदि भाषावैज्ञानिकों के अध्ययन से सहारा लेते हुए इन समस्याओं को प्रमुख रूप से चार स्तरों में विभाजित कर सकते हैं--

(1) स्वनिम स्तरीय समस्याएँ, (2) शब्दस्तरीय समस्याएँ,
(3) रूपस्तरीय समस्याएँ, एवं (4) वाक्यस्तरीय समस्याएँ।

वैचारिक साहित्य की अनुवाद पद्धति

वैसे तो साहित्य का विषय मनुष्यों के व्यवहार, भाव, आचरण, नैतिक-अनैतिक कर्म आदि का पूर्ण रूप से विवेचन है। साहित्य में शुष्क ज्ञान-विज्ञान की चर्चा के साथ-साथ सूक्ष्म संवेदनाओं का भी अनुभव कराया जाता है। विचारशीलता सम्पूर्ण साहित्य का आधार है। शब्दों के रूप में पाये जाने वलो मानदण्ड सभी भाषाओं में समान नहीं होते। साहित्य मनुष्यों के भावों और विचारों का ही विवेचन करता है। वैचारिक साहित्य का एक भाषा से दूसरी भाषा में अनुवाद सरलता से किया जा सकता है। अनुवाद में अर्थपरक और शैलीपरक दो प्रकार की समस्याएँ सामने आती हैं। अनुवाद का एकमात्र लक्ष्य अर्थ का सम्प्रेषण होता है। अनुवाद की कुशलता इसी में है कि वह एक भाषा के भाव और विचार दूसरी भाषा में स्पष्ट और पूर्णरूप से उतार सके। प्रत्येक भाषा में प्रतीकों का भौतिक रूप होता है। व्याकरण सम्बन्धी रचना के अन्तर के कारण शब्दों के अर्थ में अन्तर आ जाता

है। मूल भाषा और अनुवाद की भाषा में समान अर्थ विस्तार वाले शब्दों का न मिलना भी असुविधानक होता है।

समान शब्दावली में अर्थ तथा अनुवाद की शैलीपरक समस्या

समान पृष्ठभूमि वाली भाषाओं में समान शब्द अधिक मात्रा में होते हैं। भारत में आर्य परिवार और द्रविड़ परिवार की भाषाओं के व्याकरण और शब्द रचना में पर्याप्त अन्तर है। संस्कृत के शब्द दोनों में पाये जाते हैं। हिन्दी और मलयालम में संस्कृत के समान शब्दों की मात्रा 60 प्रतिशत है। समान शब्दों के कारण अनुवादकर्त्ता का काम सरल होता है, पर अर्थ के अन्तर के कारण उसे परेशानी भी होती है।

अनुवाद में शैली की समस्या भी विकट है। अनुवाद करने वाले को मूल भाषा के लेखक की शैली को पूर्ण रूप से समझना चाहिए। इसके बिना शैलीगत समतुल्यता का निर्वाह नहीं हो पाता है। अनुवादकर्त्ता के सामने कठिनाई यह आती है कि सभी भाषाओं की शैली समान नहीं होती। अनुवाद में मूल लेखक की शैली के अनुकरण की अपेक्षा मूल लेखक की शैली को सुरक्षित रखना चाहिए। अनुवाद में भिन्न-भिन्न शैलियों को अपनाना पड़ता है। इस कार्य में पर्याप्त सावधानी बरतनी चाहिए।

वाणिज्यिक अनुवाद

वर्तमान संसार को आर्थि सम्पन्नता वाणिज्य ने ही प्रदान की है। वैज्ञानिक उपलब्धियों ने सबसे पहले औद्यौगिक क्षेत्र को अपना वरदान दिया था, जिसे वाणिज्य हेतु संसार में मारे-मारे फिरते यूरोपिय देशों ने नये-नये बाजारों से अलंकृत कर दिया। इसी प्रवाह में ऐसे आविष्कार भी आविर्भूत हुए, जिन्होंने ज्ञान के अपरिचित क्षेत्र को आप्लावित करने का बीड़ा उठाया। उसने मनुष्य के बौद्धिक चिन्तर और ऊहापोही जिज्ञासाओं को वैचारिक क्रांन्ति के पथ पर भी ला खड़ा किया। औद्योगिक विकास के सन्दर्भ में मनुय के आर्थिक व्यवहार के सामाजिक स्वरूप और मानवता पर उसके प्रत्यक्ष प्रभाव की गहरी गवेषणा हुई जिसने राजनीति को भी श्रंखलाबद्ध कर लिया। स्वाभाविक था कि यूरोपियन उपनिवेश, यूरोप की औद्योगिक उन्नति के कारण बने, क्योंकि वह यूरोप के राजनीतिक रूप से ही आधीन नहीं हुए, उसकी वैज्ञानिकता के भी आधीन हो गये और व्यापारिक राजनीति से पूरा विश्व घटाटोप हो गया। संसार के प्रायः सभी देश यूरोप के व्यापारकि अंकुश से प्रचालित होने लगे, जो देश 17वीं-17वीं शताब्दी के बाद भी

यूरोपीय सत्ताधीनता से विमुक्त रहे वह भी, तथा जो नहीं रहे वह भी। यथार्था में वह यूरोप के व्यापारिक अंकुश तथा ज्ञान के आधीन हो गये थे। औद्योगिक तथा व्यापारिक उन्नति का जो प्रभाव यूरोप के सामाजिक और सांस्कृतिक चिन्तन तथा व्यवहार पर पड़ा, उसे प्रभाव से भी विश्व का कोई देश नहीं बच सका। यदि गहराई से देखा जाय तो इस प्रभाव का मूल कारण यूरोपीयन व्यापारिक चेतना का विज्ञापन ही था, जो साहित्य का सहारा लेकर प्रकट हुआ था। यूरोपीय साहित्य एक प्रकार से संसार को प्रभावित करने वाली विज्ञापन प्रक्रिया थी अर्थात् औद्योगिक तथा व्यापारिक विज्ञापन का अब तक के औद्योगिक तथा व्यापारिक क्षेत्र में ज्ञात यह सबसे प्रारम्भिक रूप था, परन्तु सबसे गम्भीर रूप भी था, इतना गम्भीर कि उसका प्रभाव पूरी तरह स्थायी हुआ-सा प्रतीत होता है।

यह काहवत भी है कि बाप भला न भइया सबसे बड़ा रुपइया। आज धन-वैभव या अर्थ भगवान का दूसरा रूप है। अर्थ प्रधान युग में वाणिज्य या व्यापार प्रमुख हैं। लोगों ने लिखा है--व्यापारे वसति, लक्ष्मीः अर्थात् व्यापार या वाणिज्य में लक्ष्मी का निवास है। व्यापार एवं व्यवसाय के अनेक या असंख्य साधन हैं, जैसे पहले कभी नहीं थे। व्यवसाय के लिये विश्व में अनेक कारखाने, व्यापारी समुदाय या कम्पनियाँ, यातायात, औषधि या स्वास्थ्य सेवाएँ, सभी कुछ इसके अन्तर्गत आता है। यहाँ तक कि शिक्षा एवं धर्म भी व्यवसाय बन गये हैं। शिक्षा की लाखों संस्थाएँ आज व्यावसायिक बन गई हैं। अब शिक्षा प्राप्त करना उतना सरल नहीं रहा, और न शिक्षादान का दृष्टिकोण ही इतना मानवीय रहा जितना व्यावसायिक युग से पहले का था। आज के युग में सभी व्यावसायिक पठ्यक्रमों की धूम मचने का सबसे बड़ा कारण ही यह है कि प्रत्येक व्यक्ति इस युग में अपनी व्यावसायिक पहचान बनाने को तत्पर हो गया है। उसका सोच ही व्यावसायिक हो गया है। शिक्षा, तकनीकी, शिक्षा, प्रौद्योगिकी शिक्षा, इंजीनियरिंग शिक्षा, कम्प्यूटर शिक्षा, होटर व्यवस्था शिक्षा इत्यादि अनेक पाठ्यक्रमों का चरित्र पूर्णरूपेण व्यावसायिक है। यह उस व्यावसायिक साहित्य में वैचारिक चिन्तर का परिणाम है, जिसने मनुष्य जीवन को पूरी तरह अर्थलाभ से संयुक्त कर दिया हैं निश्चित रूप से यह ऐसी भयावह स्थिति है, जो चिन्तन की भौतिक सीमाओं तक पहुँचने की लालसा जागृत करने वाली यूरोपियन साहित्यसृजन के कारण हुई है। हालांकि ज्ञान की अपरिचित सीमा रेखाओं तक पहुँचने की यह भी मनुष्य की चेष्टा कही जा सकती है, परन्तु इसने जीवनदर्शन को एकांगी बनाने का जो काम किया है, वह इस प्रकार के साहित्य प्रसान के कारण ही हुआ है, जिसने बौद्धिक सोच को ग्रस्त कर लिया हैं ऐसा प्रचार का श्रय इस विज्ञान

विधि को है जो क्रियात्मक रूप में औद्योगिकता का विकास बनकर प्रकट हुई थी। औद्योगिक विकास के कारण जो सामाजिक प्रभाव हुए, उन्होंने भौतिक जीवन और मानवीय संस्थाओं के परम्परात्मक महत्व के सन्दर्भ में कुछ भी विचार नहीं किया। विद्या संस्थानों में इसको निरन्तर पढ़ाया गया। आज के प्रत्यक्ष रूप से होने वाले व्यापार और उद्योग सम्बन्धी विज्ञापन इसके सामने कुछ भी नहीं है।

महाविद्यालय, विश्वविद्यालय इस औद्योगिकीय और व्यापारिक विज्ञापनी विचारधाराओं को अभी भी अपने पाठ्यक्रमों का भाग बनाये हुए है। यह मान लिया गया है कि भारत एवं विदेशों में स्थित हिन्दी भाषा-भाषियों के लिए वाणिज्यिक शिक्षा अत्यन्त महत्वपूर्ण है एवं व्यवसाय के क्षेत्र में भी हिन्दी बहुत महत्वपूर्ण है। उसके लिए हिसाब या एकाउण्ट, पत्र व्यवहार, लेन-देन सभी कुछ हिन्दी में होता है और यह कार्य अनुवाद के माध्यम से ही होता है। वैसे जब से औद्योगिक संस्कृति आरम्भ हुई है, ऐसा तभी से होता रहा है। पहले विचारधारित साहित्य का अध्ययन अंग्रेजी में ही होता था। परन्तु अनुवाद की कृपा से वह हिन्दी में भी उपलब्ध है जो भारतीय बौद्धिक के लिए सर्वोत्कृष्ट ज्ञान का माध्यम है। अनुवाद कार्य के उक्त अध्याय के साथ-साथ भारत में तथा विदेशों में जमे हुए औद्योगिक प्रतिष्ठान अपने उत्पादों के लिए विज्ञापन के जो ीाी तरीके अपनाते हैं, उनमें भी अनुवाद प्रक्रिया बड़ी महत्वपूर्ण है। जनता के सामने निरन्तर चलने वाली विज्ञापन व्यवस्था अनुवाद कार्य का व्यापक महत्व होता है, भारतीय व्यापारिक संस्कृति भी अपने औद्योगिक उत्पादानें के विज्ञापन कार्य में इसी नीति को अपना चुकी है जो बहुत कारगार और प्रभावी है। भारत की सभी भाषाओं में होने वाले व्यापारिक कार्यों के संचालन में अनुवाद कार्य की भूमिका अत्यन्त महत्वपूर्ण हो चुकी है। ऐसी स्थिति में हिन्दी का ज्ञान अत्यन्त आवश्यक है। ये संस्थाएँ अपने कार्य हेतु अनुदित हिन्दी का प्रयोग करते हैं एवं पत्र व्यवहार करते हैं। तात्पर्य यह है कि वाणिज्यिक अनुवाद का भी कोई सीमा नहीं है। देश-विदेश की बहुसंख्यक वाणिज्यिक संस्थाओं में अनुदित हिन्दी का प्रयोग होता है। वाणित्ज्यिक विषय के लिए अनेक पुस्तकों का प्रकाशन भी हुआ है। विदेशी वाणिज्यिक पुस्तकों का प्रकाशन भी हिन्दी में अनुवाद के द्वारा हुआ है।

आधुनिक काल में व्यवसाय और व्यापार की प्रधानता

आधुनिक युग को बहुत पहले से विज्ञान का युग कहा जाता रहा है, पर वास्तविकता यह है कि आज का युग अर्थ का युग है। व्यापारी, नेता, अधिकारी,

धर्मगुरु एवं अपराधी--सभी अर्थसंचय के पीछे पड़े हैं। अर्थ का दूसरा नाम धन है। इसे लक्ष्मी भी कहते हैं, क्योंकि लक्ष्मी को धन की देवी कहा जाता है।

संस्कृत भाषा में यह कहावत बहुत पहले से चल रही है--

व्यापारे वसते लक्ष्मीः--

(अर्थात् लक्ष्मी का निवास व्यापार में हैं।)

आज व्यापार वैश्य या बनिया वर्ग का ही धंधा नहीं रह गया है, बल्कि आज सभी जातियाँ व्यापार में लग गयी हैं। अनेक देश भी आज व्यापार करने लगे हैं। श्रम का पुजारी और मजदूरों का पक्षधन देश चीन भी आज विदेशों से व्यापार करके धन कमा रहा है। अमेरिका तो सदा से पूँजीवादी देश रहा है। उसने अपना व्यापार विश्व में फैलाने के लिए धन और बल दोनों का प्रयोग किया हैं। भारत में रोजगार के पीछे सम्पन्न सवर्ण जातियाँ पड़ गयी हैं, क्योंकि उन्हें नौकरी नहीं मिलती।

7

व्यावहारिक अनुवाद अभ्यास

अनुवाद का व्यावहारिक पक्ष

अनुवाद क्रिया अपने स्थूल रूप में अवश्य ही भाषाओं से सम्बद्ध है क्योंकि कभी दो भाषा-भाषी व्यक्ति मिलें और एक-दूसरे को अपनी बापत समझाने का प्रयत्न करें, तो वह तभी समझा सकेंगें जब दोनों किसी तीसरी भाषा का ज्ञान रखते हों। ऐसी स्थिति में प्रत्येक व्यक्ति पहले अपनी भाषा में सोची हुई बात का अनुवाद उस भाषा में करेगा, जिसे दूसरा भी जानता है, तब उस भाषा में अपनी बात कहेगा। यह प्रक्रिया तुरत प्रक्रिया है। दूसरा व्यक्ति भी एक ह बात का उत्तर देने के लिए इसी तुरत प्रक्रिया को अपनायेगा। यह अनुवाद क्रिया का एक व्यावहारिक पक्ष है।

परन्तु जब दोनों ही न तो एक-दूसरे की भाषा समझते हैं और न कोई तीसरी ऐसी भाषा जानते हैं, जो दोनों के बीच वार्तालाप करा सके। यह स्थिति अनुवाद का मौलिक व्यवहार का पक्ष है, जिसका समाधान परस्पर इशारों द्वारा ही हो सकता है, जिसमें दोनों व्यक्तियों को एक-दूसरे के इशारों का अनुवाद करना पड़ता है। यदि एक को भूख लगी है और वह दूसरे से भोजन माँगता है तो वह भोजन करे के उस ढंग का संकेत करेगा, जो खाना खाने का ढंग उसकी संस्कृति में साम्य रखता है तो दूसरे को इसकी बोली या संकेतों का अनुवाद करने में देर नहीं लगेगी। इसी प्रकार से और बातों के बारे में भी उदाहरण दिये जा सकते हैं।

यह स्थिति उन दो गूँगे-बहरे लोगों की सी होती है जो कोई भाषा भी नहीं जानते। चूँकि गूँगे-बहरे लोग भी आपसे में बातें कर लेते हैं तथा एक-दूसरे के मन्तव्यों को समझ भी लेते हैं। अभ्यास से यह सम्भव हो जाता हैं यक कार्य संकेतों के अनुवाद द्वारा होता है। बच्चा जब तक कुछ कह नहीं पाता उसकी बातों को भी इसी अनुवाद प्रक्रिया से समझ लिया जाता है। कभी आदिम काल में भी अनुवाद क्रिया की ऐसी ही गति रही होगी। वस्तुतः ऐसे ही व्यवहार से शब्दों और सुरों का जन्म हुआ होगा और भाषाएँ बनने की भूमिका बनी होगी।

प्रथम अनुवाद कार्य मनुष्य जीवन के ही उस व्यावहारिक स्थिति से उत्पन्न हुआ, जो किसी क्रिया को करने या किसी वस्तु के प्रयोग में लाने पर बनी, उसे करते हुए या देखकर और प्रयोग करके जो अनुभूति बनीं, उसी अनुभूति के भावानुवाद द्वारा उस क्रिया और वस्तु का नामकरण हुआ। भौगोलिक भेद से यह अनुभूतियाँ मनुष्य के मन में अलग-अलग भावातिरेक की रही होंगी, तभी भाषाएँ भी अलग-अलग बनीं, अलग-अलग जगहों पर एक प्रकार की क्रिया और समान प्रकार की वस्तु के नाम अलग-अलग रख लिये गये।

वास्तव में मनुष्य का समग्र व्यवहार ही भावातिरेक है। जब काई व्यक्ति दूसरे से बात करता है, तो उसकी बात सुनने वाला दूसरा मनुष्य बोलने वाले की भाषा का अनुवाद, उसके बोलने के भाव-प्रसंग में अविलम्ब कर लेता है और वह सुनी हुई बात का उत्तर न देकर उसके भावानुवाद का उत्तर देता है। दूसरा व्यक्ति भी उसके उत्तर के भावानुवाद का ही अंगीकार करता है। ऐसी स्थिति में बोली हुई बात के अर्थ भावानुवादी ही होते हैं। अतः मनुष्य यदि कुछ बोलता है तो उसकी वाणी की भाषा का मर्म उसकी भावानुवादित भाषा में होता है, जब वह लिखता है तो उसकी लेखनी से प्रादुर्भूत भाषा का मर्म उसके उन शब्दों में होता है, जिनका वह लेखन के लिये चयन करता है, उस शैली में होता है, जो उसके भावानुकूल शब्दों को पंक्तिबद्ध करती है।

अतः अनुवाद कला की मूल आधारभूमि ही भावसिद्ध है। बाह्यापेक्षी भावपक्ष, अन्तरानुभूतिक वैचारिक उद्वेलन-मंथन में जिस प्रकार भाषा के चित्र बनाता है, उसी प्रकार सृष्टि के भौतिक-अभौतिक, लौकिक-अलौकिक भेदों के प्रति जिज्ञासाओं के झूले पर सदा झूलते रहने वाले मनुष्य को भाषाओं की गाद में खेलने को ज्ञान का दान करता है। दृश्य और अदृश्य के गीत गाने को उत्फुल्ल करता है, दार्शनिक परिकल्पनाओं में खोए रहने को भी विवश करता है। भाषाएँ और भौगोलिक स्थितियाँ भले ही मनुष्य जाति में वैभिन्य की प्रतीति देती दिखाई

देती हो, लेकिन उसकी मानसिक उद्‌बुद्धि और व्यावहारिकता की प्रवाह प्रकृति समान ही है तथा चिन्तर प्रवृत्ति भी भिन्न नहीं है। मानव जाति अनुवाद-संक्रमण द्वारा सदा से इसका निर्वाह करती आई है। इसी कारण मनुष्य जीवन के प्रत्येक चरण पर अनुवाद का क्रम चलता रहा है। मनुष्य स्वाभाविक रूप से धर्म, अर्थ, काम और मोक्ष के चिन्तन में एक-दूसरे से जुड़ने को सचेष्ट रहा है। कभी उसकी ये चेष्टाएँ धार्मिक दर्शन के उपदेशों में प्रकट हुई हैं, कभी धार्मिक आक्रमणों में, कभी व्यापारिक स्वार्थों में। शक्ति और सम्पन्नता का लोभ-लालच सांसारिक व्यवहारों की धुरी है, भाषाओं की विभिन्नता में अनुवाद जिसकी गति है। हमारा नित्य प्रति का जीवन चूँकि धर्म, अर्थ, काम और मोक्ष के लिए सांसारिक सहयोग व्यवहार से परिचालित रहता आया है, रहता है तथा रहता रहेगा, अतः अनुवाद उसमें उसे स्पष्टता देने के रूप में संश्लिष्ट है।

चूँकि मनुष्य के व्यवहार भावाधीन होते हैं, अतः प्रकारान्तर से यदि हम अनुवाद क्रिया को भी भावरंजित कहें तो अत्युक्ति नहीं होती। भाव मूल रूप में स्वहित, स्वरुचि, स्वसोच तथा परिस्थितियों की प्रतिक्रियास्वरूप प्रकट होते हैं। अतः मनुष्य की इस क्रियात्मक और प्रतिक्रियात्मक कार्य पद्धति को ही उसकी व्यावहारिकता कहा जा सकता है। यह उसकी जीवनचर्या को संचालित करने वाला तत्व है। अतः वह दूसरों के प्रति उसकी रुचि-अभिरुचि, उसके संपर्कों तथा संबद्धों के साथ संश्लिष्ट है। जिन तन्तुओं से यह संश्लिष्ट रूप ग्रहण करती है, अनुवाद उन्हीं तन्तुओं का प्रदर्शन है, चाहे वह वाणी के रूप में हो, भाषा के रूप में हो या क्रिया तथा परिवेश के रूप में।

प्रस्तुत प्रसंग में हमारा प्रयोजन केवल उस वाणी और साहित्य से है जो हमें भाषाओं के माध्यम से उपलब्ध होता है। हम अपने नित्य-प्रति के सब व्यवहारों को प्रकट करने के लिए भाषाओं को ही काम में लाते हैं। इनका रचना रूप किसी न किसी प्रकार का साहित्य बनकर सामने आता है, जिसमें आवश्यकता और प्रसंगानुरूप अनुवादों द्वारा विभिन्न भाषा-भाषी अपने व्यवहारों का परिचालन भी करते हैं और मानव जाति के व्यवहारों से संज्ञानित भी होते हैं। यही अनुवाद का व्यावहारिक पक्ष है।

अनुवाद अभ्यास

अनुवाद कला में सफलता प्राप्त करने के लिए अभ्यास ही किसी अनुवादक को पारंगत कर सकता है, परन्तु कभी-कभी अभ्यास भी किन्हीं अनुचित अनुवाद

क्रियाओं का हो जाता है, इसलिये पहले यह समझ लेना चाहिए कि अनुवाद कार्य का दायित्व लेने वाले विद्वानों को किन दोषों से बचना चाहिए तथा उसे किन गुणों को प्राप्त करने का अभ्यास करना चाहिए। अनुवादशास्त्रियों ने अनुवादक में निम्नांकित गुणों का होना आवश्यक बताया है–

(1) पूर्वाग्रह रहित होना–अनुवाद कार्य के लिये प्रयोजित रचना या उसके विषय के प्रति यदि अनुवाक किसी प्रकार के पूर्वाग्रहों से युक्त हो, जैसा कि प्रायः होता है, तो वह रचना मूल रचनाकार की रचना में अभिव्यकित दोष का सृजन कर देता है। यह दोष अनुवाद कार्य का सबसे बड़ा दोष है। अनुवादक को यह ध्यान रखना चाहिए कि वह अनुवाद करते समय अभिव्यक्ति में स्वतन्त्र नहीं है, अतः उसे स्वयं को मूल रचना के भावों तथा विचारों को दूसरी भाषा में अन्तरण करने से अधिक कुछ नहीं करना है। यह सत्य है कि कभी-कभी उसे रचना के विषय सम्बन्धी ज्ञान में मूल रचनाकार के ज्ञान से अधिक ज्ञान हो सकता है तथा यह भी सम्भव है कि कभी-कभी अनुवादक मूल रचना के अनेक भाव-विचारों के विपरीत भाव-विचार रखता है अर्थात् मूल रचना के भाव-विचारों के प्रति वह किन्हीं पूर्वाग्रहों से ग्रस्त है या विषय सम्बन्धी उसकी पूर्वाग्रही धारणा सिद्धान्त-संकल्पना में मूल रचनाकार की संकल्पना में, अपनी धारणा को प्रच्छन्न रूप से अनुबद्ध हुई समझ लेता है, तो वह ऐसी धारणा का स्वरूप ही अनुवाद करते समय बदल डालेगा। इसके उदाहरण प्रायः हम संसार के सुप्रसिद्ध ग्रन्थ 'श्रीमद्‌भगवद्‌गीता' के अनुवादों में देश सकते हैं जिनमें अनुवादकों ने गीता के कुछ मूल दार्शनिक सिद्धान्तों को प्रायः विशेषण प्रतिबद्धित कर दिया है। इसका एक उदाहरण हम गीता प्रेस गोरखपुर से प्रकाशित गीता के अनुवाद में से ही देना उचित समझते हैं--

मत्कर्म कृन्मत्परमो मद्भक्तः सङ्गवर्जितः।
निर्वैरः सर्वभूतेषु यः समापेति पाण्डव।। 55।। (ग्यारहवाँ अध्याय)

इस श्लोक का अर्थ अनुवादक ने इस प्रकार किया है--

हे अर्जुन ! जो पुरुष केवल मेरे ही लिये, सब कुछ मेरा समझते हुए, **यज्ञ, दान और तप आदि सम्पूर्ण कर्त्तव्य कर्मों** को करने वाला है और मेरे परायण है अर्थात् मेरे को परम आश्रय और परगति मानकर मेरी प्राप्ति के लिये तत्पर है, अर्थात् मेरा नाम, गुण प्रभाव और रहस्य के श्रवण, कीर्तन, मनन, ध्यान और पठन-पाठन का प्रेम सहित निष्काम भाव से निरन्तर अभ्यास करने वाला है और आसक्ति रहित है अर्थात् स्त्री, पुत्र और धनादि सम्पूर्ण सांसारिक पदार्थों में स्नेह

रहित है और सम्पूर्ण भूत प्राणियों में बैर-भाव से रहित है, ऐसा वह अनन्य भक्ति वाला पुरुष मेरे को ही प्राप्त होता है।

यह श्लोक अनुवादक की व्याख्या से युक्त है। प्रसंगानुसार यह व्याख्या उपयुक्त कही जा सकती है, परन्तु इसमें 'कर्मों' के साथ 'यक्ष, दान, तप, आदि कर्त्तव्य' शब्दों का उपयोग अनुवाद क्रिया के सैद्धान्तिक पक्ष के अनुकूल नहीं है। इसके बाद का अर्थ भी व्याख्यापरक है। यदि किसी स्थिति में अनुवादक को व्याख्या करनी हो तो मूल रचना के अन्य प्रसंगों का अध्ययन कर उन्हीं प्रसंगों का उल्लेख पाद टिप्पणी के रूप में करना अधिक उपयुक्त हो सकता है, परन्तु यह कार्य अनुवाद की स्वभावजन्य इच्छा के कारण होता है, (भले ही प्रस्तुत उदाहरण में पूर्वाग्रह नहीं भी हो, परन्तु अनुवादक का स्वज्ञान के प्रकाशन का मोह तो है ही) इसे केवल अभ्यास से ही दूर किया जा सकता है। अभ्यास से ही अनुवादक अपनी किसी ऐसी बलवती इच्छा को रोक सकता है, अन्यथा वह इस तरह से प्रवृत्त अवश्य हो जायेगा। कार्ल मार्क्स के दर्शन का भी उसके शिष्यों ने इसी परम्परा में अनुवाद किया है और उसके क्षेत्र को बहुत बढ़ा दिया है। इसी तरह के अनुवाद दोष अन्य कई यूरोपियन समाज वैज्ञानिकों के दर्शन सिद्धान्तों के अनुवाद में पाये जाते हैं।

(2) स्रोत-भाषा और लक्ष्य-भाषा का ज्ञान--अनुवाद एक भाषा से दूसरी भाषा में किया जाता है। अतः अनुवादक के लिये दोनों--स्रोत और लक्ष्य भाषाओं का ज्ञान होना आवश्यक नहीं अपितु अनिवार्य भी है परन्तु अनुवादशास्त्री इस बात को स्पष्ट करते हुए कहते हैं कि दोनों भाषाओं का ज्ञान मात्र से बात नहीं बनती है। अनुवाद कार्य की कठिनता के सम्बन्ध में स्वतन्त्र भारत के प्रथम **राष्ट्रपति डॉ. राजेन्द्र प्रसाद** का मन्तव्य अत्यन्त ही महत्वपूर्ण है। उनके शब्दों में, "एक प्रकार से मौलिक लेख लिखना जितना आसान है, किसी दूसरी भाषा से अनुवाद करना उतना ही कठिन है। मेरा निजी अनुभव है कि मैं अंग्रेजी से हिन्दी में और हिन्दी से अंग्रेजी में उतनी आसानी से अनुवाद नहीं कर सकता **जितनी आसानी से बोल या लिख सकता हूँ।** गहन विषयों का अनुवाद तो और भी अधिक कठिन हो जाता है। अनुवादक को केवल उन दोनों भाषाओं का जिनमें से कि एक से दूसरी में अनुवाद करना है, अच्छा ज्ञान होना ही अनिवार्य नहीं बल्कि उस विषय पर अच्छा अधिकार भी होना चाहिए जिस विषय से वह अनुवाद किये जाने वाला ग्रन्थ सम्बन्ध रखता है। इसलिए किसी को यह नहीं समझना चाहिए कि अगर वह दो भाषाओं को मामूली तौर से जानता है तो वह एक भाषा से दूसरी भाषा में अनुवाद कर सकता है।"

डॉ. राजेन्द्र पेसाद के इस उद्धरण से यह बात प्रकट होती है कि प्रायः विद्वान लोग भी जितनी आसानी से वह स्रोत या लक्ष्य-भाषा में स्वाभाविक रूप से कोई विचार प्रकट कर सकते हैं, वह अनुवाद कार्य में ऐसा कर पाना कठिन महसूस करते हैं। इसका भी मूल कारण अभ्यास का अभाव ही होता है। डॉ. राजेन्द्र प्रसाद के ही अनुसार अनुवादक का स्रोत तथा लक्ष्य भाषानुवाद विद्व-ज्ञान से ही काम नहीं चलता, वरन् उसे अपेाित अनुवाद के विषय का भी ज्ञान होना ओवश्यक है। यह गुण भी अनुवादक द्वारा विषय सम्बन्धी पुस्तकें पढ्ऋने के अभ्यास से सम्भव है। आजकल अनेक विद्वान अनुवाद तो करते हैं, परन्तु उन्हें मूल रचना के विषय का ज्ञान नहीं होता। वास्तविक बात यह है कि विषय के ज्ञान से स्रोत कृति में प्रयुक्त अनेक सन्दर्भों को अनुवादक अनूदित कृति में विषय सन्दर्भों की पृष्ठभूमि के आधार पर अनुवाद करने में सक्षम हो सकता है।

(3) भाषा की प्रकृति का ज्ञान--वस्तुतः स्रोत-भाषा तथा लक्ष्य-भाषा के शब्दों के अर्थ की सम्यक् जानकारी से काम नहीं चल सकता। सफल अनुवाद के लिये शब्दों की प्रकृति और उनके परिवेश की सूक्ष्म और यथार्थ जानकारी का होना भी अनिवार्य है। अन्यथा अनुवादक स्रोत-भाषा के साथ न्याय कर ही नहीं सकता। उदाहरणार्थ--अशोक के लिये ब्राह्मणों द्वारा प्रयुक्त **'देवाना प्रियः'** संस्कृत शब्द का प्रयो किया गया है। कई अनुवादक इस शब्द का प्रयोग ब्राह्मणों के दुर्वचन रूप में मानते हैं और इसी सन्दर्भ को लेकर वह अशोक को वैदिक धर्म का विद्वेषी सिद्ध करने के लिए **'देवानां प्रियः'** शब्द का अनुवाद करते हैं। यह अनुवादकों के विषय ज्ञान की कमी का तो परिचायक है ही, संस्कृत भाषा की प्रकृति से अपरिचय का भी द्योतक है। यही स्थिति अंग्रेजी के यू (You) और डियर (Dear) शब्दों की है। इन दोनों शब्दों का प्रयोग छोटों-बड़ों और समान स्तर तथा आयु के व्यक्तियों के लिए एक समान किया जाता है। अनुवादक को देखना होगा कि कहाँ यू का अनुवाद तू करना है, कहाँ तुम और कहाँ आप। इसी प्रकार डियर का अनुवाद कहाँ प्रिय, कहाँ सामान्य और कहाँ आदरणीय करना उपयुक्त होगा--अनुवादक के लिए यह देखना अनिवार्य हो जाता है।

इस प्रकार यह स्पष्ट हो जाता है कि दोनों--स्रोत और लक्ष्य-भाषाओं की जानकारी का अर्थ यह कदापि नहीं कि केवल शब्द कोश में निहित अर्थ की अथवा व्याकरणिक रूप की जानकारी होनी चाहिए। यह तो सतही ज्ञान कहलायेगा। सत्य तो यह है कि दोनों भाषाओं की प्रकृति, परम्परा और उनके सांस्कृतिक

परिवेश के मर्म को समझे बिना अनुवादक गहराई में उतर ही नहीं पाएगा। उदाहरणार्थ--नर्स के लिए प्रयुक्त 'मिडवाइफ' शब्द का हिन्दी में 'आधी पत्नी' अनुवाद तो कभी सही नहीं माना जायेगा।

वस्तुतः स्रोत-भाषा और लक्ष्य-भाषा की प्रकृति और परम्पराओं का ज्ञान इन भाषाओं के निरन्तर सम्पर्क-अभ्यास से ही सम्भव है। अंग्रेजी समाचार-पत्रों में निरन्तर नये शब्दों का प्रयोग होते हुए देखा जाता है। अनुवादक को यदि अंग्रेजी समाचार-पत्रों के प्रति लगाव नहीं होता और वह अपनी विद्वता के आधार पर ही अनुवाद में प्रवृत्त होता है, तो यह उसकी भूल है। अंग्रेजी समाचार-पत्रों में प्रायः नई तरह की वाक्य रचनाएँ भी आती हैं, जिनका अनुकरण अंग्रेजी के विद्वान अपनी पुस्तकों में भी करने लगते हैं। प्रायः अंग्रेजी के कुछ शब्दों के प्रयोग तो इस तरह किये जाने लगे हैं, जिन्हें हम सदा से एकार्थक रूप में ही जानते हैं। ऐसे शब्दों के प्रयोग की परम्परा का ज्ञान अभ्यास से ही संज्ञानित रह सकता है।

(4) सामाजिक संस्कृति का ज्ञान--इसके अतिरिक्त अनुवाद के लिये दोनों--स्रोत और लक्ष्य-भाषाओं के वक्ताओं की सामाजिक मर्यादाओं और परम्पराओं की जानकारी का भी होना अनिवार्य है। उदाहरणार्थ किसी अपरिचित अथवा सम्मानित महिला के लिये अंग्रेजी भाषा के 'डियर मैडम' का हिन्दी अनुवाद 'प्रिय श्रीमती जी' सही नहीं होगा। भारतीय समाज में सामान्यतया महिलाओं के विशेष आदर देने की प्रथा एवं परम्परा हैं अतः यहाँ 'डियर मैडम' का सही अनुवाद 'आदरणीया महोदया' या 'सुश्री' ही होगा।

(5) सन्दर्भ का ज्ञान--अनुवादक के लिये सन्दर्भ और प्रसंग की जानकारी का होना भी सर्वथा अपेक्षित है। इसके अभाव में वह अनुवाद कार्य में न्याय कह ही नहीं सकता। उदाहरणार्थ अंग्रेजी के सन(Son) का अर्थ सभी स्थानों पर पुत्र ही करना उचित नहीं होगा। 'सन् ऑफ इण्डिया' का सही अनुवाद 'भारत का सपूत' होगा न कि भारत को पुत्र। इसी प्रकार कहीं आत्मज, कहीं बेटा, लड़का तो कहीं कुलदीपक प्रयोग में आएगा। इस सम्बन्ध में एक विद्वान का यह कथन बड़ा ही उपयुक्त है--**"शब्द भाव अथवा विचार की पोशाक नहीं है जो इच्छानुसार बदली जा सके अर्थात् पैंट-कमीज के स्थान पर धोती-कुर्ता पहना दिया जाये।"** यह तो भाव या विचार का मांस अथवा उसकी त्वचा है। अतः भाव विचार के अनुकूल एवं अनुरूप शब्दों का प्रयोग करने वाला अनुवाद ही अनुवाद को सफल एवं सजीव बना सकता है। इसी सन्दर्भ में उमर खय्याम की रुबाइयों के अनुवादक फिट्ज जेराल्ड के अनुवाद कार्य की समीक्षा करते

हुए डॉ. हरिवंशराय बच्चन का वक्तव्य बड़ा ही सटीक है। उन्होंने सजीवता को ही अनुवाद की सफलता का मूल-तत्व स्वीकार करते हुए कहा है--"यदि अनुवाद का अर्थ यह है कि एक भाषा के शब्द के स्थान पर दूसरी भाषा का शब्द लाकर रख दिया जाये तो फिट्ज जेराल्ड सफल अनुवादक नहीं है और अगर अनुवाद का अर्थ यह है कि मूलभावों को दूसरी भाषा के माध्यम से जाग्रत किया जाये तो फिट्ज जेराल्ड आदर्श अनुवादक हैं।" वस्तुतः यदि अनुवाद मूल भाषा में अभिव्यक्त संवेदना को सम्प्रेष्य नहीं बना पाता तो वह सर्वथा निष्फल और निरर्थक है। अनुवाद का सजीव होना आवश्यक है यदि उसमें किसी कारणवश मूल प्राणों की प्रतिष्ठा नहीं हो सकती तो उसमें अपनी ही सांसों का संचार कर देना चाहिए।

'अपनी ही सांसों का संचार' शब्द भी बहुत वृहत् भावी शब्द है। अवश्य ही अनुवादक को यह अधिकार है कि वह स्रोत-भाषा के भाव और मूल यथार्थ की रक्षा करे, लेकिन कैसे? ऐसे नहीं कि जहाँ स्रोत भाषा की मूल सांसों का भी अतिक्रमण हो' या 'अतिक्रमण हो रहा है' इसकी प्रकृति का ज्ञान भी अभ्यास के क्षेत्र की ही बात है।

(6) मुहावरों और लोकोक्तियों में निहित मर्म का ज्ञान--प्रत्येक भाषा में लाक्षणिक प्रयोगों के रूप में कुछ मुहावरों और जीवन के किसी सत्य को सजीव रूप देने के लिये लोकोक्तियों की रचना तथा उनका प्रचलन हो जाता है। उनका शब्दानुवाद करना न तो सम्भव होता है और न ही वांछनीय। उदाहरणार्थ--हिन्दी में पुत्र को 'बुढ़ापे की लकड़ी' कहा जाता है। इसका अंग्रेजी अनुवाद `A stick of old age' कभी उस अर्थ को सूचित नहीं कर पायेगा। इसी तरह भारत की भाषाओं में 'मुंह में तिनका दबाना' का भावार्थ अधीनता स्वीकार करना ही लेना होगा। ऐसी लोकोक्तियों तथा मुहावरों के अनुवाद के लिए लक्ष्य-भाषा में, स्रोत-भाषा में प्रयुक्त लोकोक्तियों तथा मुहावरों की ही खोज करनी पड़ सकती है, परन्तु यह तब तक सहज रूप में सम्भव नहीं है जब तक गहनपूर्वक किये गये अभ्यास द्वारा उनका संकलन अनुवादक के पास नहीं हो। इसके लिये केवल कोशों से काम नहीं चलता। बहुत-सी लोकोक्तियाँ और मुहावरों की समकक्ष लोकोक्तियाँ तथा मुहावरे कोशों में होते ही नहीं। कभी-कभी ऐसे मुहावरों आदि के समकक्ष मुहावरे आदि गढ़ लेने के अनुवादक के अधिकार को भी अमान्य नहीं किया जा सकता, परन्तु ऐसे अधिकार का प्रयोग अनुवादक तभी कर सकता है जब इस प्रकार के सृजन को अपने अभ्यास में लाता रहा हो।

(7) विषय का ज्ञान--अनुवादक के लिये जहाँ स्रोत-भाषा का पर्याप्त और गहन ज्ञान अपेक्षित है, दोनों भाषाओं के शब्दों की प्रवृत्ति और परिवेश की जानकारी अपेक्षित है, वहाँ उसके लिये अनूदित की जाने वाली रचना में निरूपित समय, स्थान, विषय और समजा आदि की भी सही, पूरी और गहरी जानकारी का होना आवश्यक है अन्यथा वह अनुवाद कार्य के लिए न्याय कर ही नहीं सकता। अनुवादशास्त्रियों ने अनुवाद कार्य में इसे परम उपयोगी माना है, लेकिन ऐसा प्रायः अनुवादकों के लिये सम्भव नहीं होता। फिर भी स्रोत रचना में इनकी जानकारी कराने वाले तत्व अवश्य होते हैं। यह स्रोत-भाषा की सांस्कृतिक और सामाजिक परम्पराओं के होते हैं, जिनकी जानकारी अनुवादक को कम-से-कम सीमा तक होनी चाहिए कि वह उनके वर्णन को उनकी यथार्थता का प्रसंग प्रदान कर सके। यह सामान्य ज्ञान की भी बात है और सामान्य ज्ञान सामान्य अभ्यास के बिना नहीं होता।

वस्तुतः अनुवाद की सभी समस्याओं का निदान अनुवाद करते रहने के अभ्यास में हो सकता है। जिनको अपने भाषा प्रवाह को आकर्षक और रुचिपूर्ण बनाने की इच्छा होती है, वह इसके लिए निरन्तर अभ्यास करते हैं। प्रायः स्रोत-भाषा की मूल रचना और लक्ष्य-भाषा के विभिन्न अनुवादों को पढ़ने का अभ्यास तो आवश्यक है ही, परन्तु इसके लिये सर्वोत्कृष्ट क्रिया है, स्वयं अनुवाद करते रहने का अभ्यास। इसके लिये अनुवाद कार्य में अनुकूल परिणाम प्राप्त करने के लिए निम्नांकित रूप में अभ्यास किया जा सकता है--

(1) स्रोत-भाषा की मूल रचना का स्वयं अनुवाद करके उसी किसी आदर्श अनुवाद से मिलाना और यह पहचान करना कि ऐसे आदर्श अनुवाद की शैली और शब्द-रचना कैसी है। क्या वैसा निर्वाह करने में आप सक्षम है ?

(2) किसी स्रोत-भाषा का स्वयं लक्ष्य-भाषा में अनुवाद करना, तदुपरान्त अपने लक्ष्य अनुवाद को स्रोत-भाषा में अनूदित करना और अपनी कमियों को स्वयं लक्षित करना। समाचार-पत्रों के लिये अनुवाद करने वालों के लिये तो यह प्रक्रिया बहुत आवश्यक है।

हम यहाँ अनुवाद कार्य में विशेषता लक्षित करने तथा अभ्यास करने के लिये कुछ अनुवाद प्रस्तुत कर रहे हैं, इन्हें देखिए--

अंग्रेजी से हिन्दी में अनुवाद करने के कुछ अभ्यास कार्य

Translate into Hindi

1. He ran the horse in the field. 2. Whya did you make him

week. 3. I stood the umbrella against the wall. 4. He must get the food ready in time. 5. He got Madhu appointed a teacher. 6. When I reached the station the train was about to leave. 7. When he was about to speak somebody threw an egg at him. 8. When I began to read, the light failed. 9. After many efforts the car began to move. 10. He behaes as if he were the Prime Minister. 11. He takes as if he knew all about it. 12. I wish he had been alive. 13. I wish he would be a professor. 14. I wish he had known all about it. 15. If he had been wearing a coat, he would not have cought cold. 16. If he had been hard-working, he would be successful.

हिन्दी अनुवाद--1. उसने घोड़े को मैदान में दौड़ाया। 2. तुमने उसे क्यों रुलाया ? 3. मैने छाते को दीवार के सहारे खड़ा कर दिया। 4. उसे खाना समय से अवष्य तैयार करवा देना चाहिए। 5. उसने मधु को एक अध्यापिका नियुक्त करवा दिया। 6. जब मैं स्टेशन पहुँचा गाड़ी छूटने वाली थी। 7. वह बोलने ही वाला था जब किसी ने उस पर अण्डा फेंका। 8. जब मैं पढ़ने लगा बिजली चली गई। 9. काफी प्रयत्नों के बाद कार चलने लगी। 10. वह ऐसे व्यवहार करता है मानों वह प्रधानमन्त्री हो। 11. वह ऐसे बात करता है मानो वह इसके बारे में सब कुछ जानता हो। 12. काश वह जिन्दा होता। 13. मेरी इच्छा है कि वह प्रोफेसर हो जाए। 14. काश उसे इसके बारे में सब कुछ मालूम होता। 15. अगर वह कोट पहने हुए होता तो उसे ठण्ड न लगती। 16. अगर वह मेहनती होता तो वह सफल हो गया होता।

अंग्रेजी वाक्य	हिन्दी अनुवाद
1. There was no man but laughed.	वहाँ कोई व्यक्ति ऐसा नहीं था जो हँसा न हो।
2. The fair is going to the held.	मेला लगने वाला है।
3. Hardly had we left the college when it began to rain	हम महाविद्यालय से चले ही थे कि वर्षा प्रारम्भ हो गयी।
4. He went home quite happy.	वह खुशी-खुशी घर चला गया।
5. She wept bitterly.	वह फूट-फूट कर रोई।
6. He died of over-eating.	वह खाते-खाते मर गया।
7. My heart is sinking slowly.	मेरा कलेजा धीरे-धीरे बैठा जा रहा है।
8. Not to speak of English, he does not know even Hindi.	अंग्रेजी का तो कहना ही क्या वह तो हिन्दी भी नहीं जानता।

9. See me ater this period.	मुझे इस घण्ट के पीछे मिलना।
10. I refuted all his arguments.	मैंने उसी सब तर्क काट दीं।
11. This pair of shoes will weal well.	यह जूता खूब चलेगा।
12. He is sufferig from sore eyes.	उसकी आँखें आ गई हैं।
13. I am feeling gnawing hunger.	मेरे पेट में चूहे नाच रहे हैं।
14. His wits are gone wool-fathering.	उसकी अक्ल घास चरने गई है।
15. He was besided himself with joy.	उसका ह्रदय खुशी से बाग-बाग हो गया।
16. What day of the week is it today?	आज सप्ताह का कौन-सा दिन है ?
17. Only God knows what is in store for us.	केवल भगवान जनाता है कि हमारे भाग्य में क्या लिखा है।
18. The hind tube of bicycle needs pumping.	मेरी साइकिल के पिछले पहिये में हवा कम है।
19. Haste makes waste.	जल्दी का काम शैतान का होता है।
20. I would rather dies than beg alms.	मैं मर भले ही जाऊँ पर भीख नहीं मांगूगा।

PROVERBIAL SENTENCES

1. A bird in the hand is worth two in the bush.	नौ नकद न तेरह उधार।
2. All that glitters is not gold.	हाथी के दाँत दिखाने के और, खाने के और।
3. A bad workman quarrels with his tools.	नाच न जाने आँगन टेढ़ा।
4. Great cry, little wool, Or Great boast little roast.	ऊँची दुकान फीका पकवान।
5. Cut your coat according to your cloth.	तेते पाँव पसारिये जेती लांबी सौर।
6. Make hay while the sun shines.	बहती गंगा में हाथ धो लो।
7. A burnt child breads the fire.	दूध का छला छाछ को फूँक-फूँक कर पीता हैं।

8. A drowing man catches as a straw.	डूबते को तिनके का सहारा।
9. Barking dogs seldo bite.	जो गरजते हैं, वे बरसते नहीं।
10. Where there is a will, there is a way.	जहाँ चाह है वहाँ राह है।
11. A little pot is soon hot.	थोथा चना बाजे धना।
12. Deep rivers move with silent majesty while shallow brooks are noisy.	अधजल गगरी छलकत जाय, भरी गगरिया चुप्पै जाय।
13. It is never too late to mend.	सुबह का भूला शाम को घर लौट आये तो भूला नहीं कहलाता।
14. A fried in need to a friend indeed.	मित्र वही जो समय पर काम आवे।
15. It takes two to make a quarrel.	एक हाथ से ताली नहीं बजती है।
16. Pride goeth before a fall.	घमण्डी का सिर नीचा होता है।
17. No gains without pains.	सेवा बिना मेवा नहीं।
18. When the sky falls we shall catch larks.	न नौ मन तेल होय न राधा नाचै।
19. Errors and omissions excepted.	भूल-चूक लेनी देनी।
20. It is no used crying over spilt milk.	अब पछताये होत क्या जब चिड़ियाँ चुंग गई खेत।
21. Diamond cuts diamond.	लोहा लोहे को काटता है।
22. Let by-gones be by-gones.	बीती ताकि बिसार दे/गढ़े मुर्दे मत उखाड़ो।
23. To add insult to injury.	घाव पर नमक छिड़कना।
24. Many a little makes a mickle.	बूँद-बूँद से घड़ा भरता है।
25. To carry coal to Newcastle.	उलटे बाँस बरेली को।
26. Seeing is believing.	हाथ कंगन को आरसी क्या।
27. Only the wearer best knows where the shoe pinches. *Or* he Jests at scars who never felt a wound.	जाके पैर न फटी बिबाई , सो क्या जाने पीर पराई।

28. After death, the doctor.	का वर्षा जब कृषि सुखाने।
29. He gives twice that gives in a trice.	तुरन्त दान महाकल्याण।
30. Out of sight, out of mind.	आँख ओट पहाड़ ओट।
31. Good mind, good find.	आप भला तो जग भला।
32. One swallow does not make a summer.	अकेला चना भाड़ नहीं फोड़ सकता।
33. Rome was not built in a day.	हथेली पर सरसों नहीं जमती।
34. Hunger is the best sauce.	भूख में किवाड़ पापड़ लगते हैं।
35. Might is right.	जिसकी लाठी उसकी भैंस।
36. When at Rome, do as the Romans do.	जैसा देश वैसा वेश।
37. Money for money and interest besides. or Earth's joys and heaven's blessing sombined.	आम के आम गुठलियों के दाम।
38. No man can serve two masters.	धोबी का कुत्ता घर का न घाट का।
39. Birds of the same feather flock together.	चोर-चोर मौसेरे भाई।
40. All's well that ends well.	अन्त भला सो सब भला।
	कुछ विशिष्ट भाव प्रधान वाक्य
1. He opposed me tooth and nail.	उसने मेरा डटकर विरोध किया।
2. Come what may, I shall help you.	चाहे जा कुछ हो, मैं तुम्हारी सहायता करूँगा।
3. Prices are shooting up.	कीमतें आसमान छू रही है।
4. He always indulges in tall talks.	वह हमेशा गप्प मारता है।
5. He is an apple of his mother's eye.	वह अपनी माँ की आँख का तारा है।
6. Who will bell the cat ?	म्याऊँ का मुँह कौन पकड़ेगा?
7. After me, the Deluge.	आप मरे जग प्रलय।
8. Tit for tat.	जैसा को तैसा।
9. What is lotted cannot be blotted.	भाग्य का लिखा मिट नहीं सकता।

10. He has seen many ups and downs of life.	उसने जीवन के कई उतार-चढ़ाव देखे हैं।
11. Her beuty beggars description.	उसके सौन्दर्य का वर्णन नहीं किया जा सकता।
12. He is patriot out and out.	वह पक्का देश भक्त है।
13. My friend is overhead and cars in debt.	मेरा मित्र ऋण में डूबा हुआ है।
14. Good students never play truant.	अच्छे विद्यार्थी कभी भी विद्यालय से नहीं भागते।
15. It is an uphill task.	यह काम अत्यन्त कठिन है।
16. Sooner or later, he will come to grief.	एक न एक दिन उसे मुँह की खानी पड़ेगी।
17. I am always an eye-sore to him.	मैं सदैव उसकी आँखों में खटकता हूँ।
18. Is there any way out of the difficulty?	क्या संकट से उबरने का कोई रास्ता है?
19. Handsome is that handsome does.	अच्छा वह जो अच्छा कार्य करे।
20. He has become shameless.	उसकी आँख का पानी उतर गया है।
21. Sunita has luxuriant hair.	सुनीता के बाल बहुत घने हैं।
22. His habits are growing fagt.	उसकी आदते जड़ पकड़ रही हैं।
23. Why do you vex me?	आप मेरी जान क्यों खाते हैं ?
24. The boil is drawing to a head.	फोड़े का मुँह निकल आया है।
25. He is low-born.	वह हीन कुल में पैदा हुआ है।
26. Time hangs heavily on my head.	मेरा समय नही कटता।
27. They are basking.	वे धूप खा रहे हैं।
28. Four of his teeth have fallen off.	उसके चार दाँत गिर गये हैं।
29. To forbear is always good.	गम खाना हमेशा अच्छा है।
30. Strike the iron while it is hot.	अवसर को हाथ से मत जाने दो।

31. Self-praise is no recommendation   अपने मुँह मियाँ मिट्ठू बनाना।
32. To try one in one's own Greece.   उसका जूता उसी का सिर।
33. Prevention is better than cure.   इलाज की अपेक्षा बचाव अच्छा।
34. A fog cannot be dispelled by a fan.   ओस चाटे प्यास नहीं बुझती।
35. Every dog has his day.   कभी धूरे के भी दिन फिरते हैं।
36. Kindess is lost upon an ungrateful man   गधे का खिलावा, पाप न पुण्य।
37. A light purse is a heavey purse.   कंगाली में आटा गीला।
38. Misfortunes seldom come   दुर्भाग्य कभी अकेले नहीं आते।
39. A nine days' wonder. alone.   चार दिन की चाँदनी फिर अंधेरी रात।
40. Grief is the canker of heart.   चिंता से बढ़कर चिता होती है।
41. Too many cooks spoil the broth.   दो मुल्लाओं से मुर्गी हराम।
42. Walls have cars.   दीवारों के भी कान होते हैं।
43. A crow is never the whiter for washing.   नीम न मीठा होय सींचो घी गुड़ से।
44. First deserve than desire.   पहले पात्र बनें फिर इच्छा करें।
45. Life is better than bags of gold.   जान बची तो लाखों पाये।
46. A common horse is the worst shod.   साझे की हंडिया चौराहे पर फूटती है।
47. Well-begun is half done.   शुरूआत अच्छी, कार्य सम्पन्नता अच्छी।
48. Worship the rising sun.   चमत्कार को नमस्कार।
49. Need makes the old wife tot.   लकड़ी के बल बंदरी नाचे।
50. A stitch in time saves nine.   समग्र का टाँका बड़ी बचत करता है।
51. A varice is the root of all evils.   लालच बुरी बला है।
52. Yours sticks will not work here.   यहाँ तुम्हारी दाल नहीं गलेगी।
53. A covetous man is ever in want.   लोभी का पेट सदा खाली।
54. Two of a trade seldom agree.   एक म्यान में दो तलवार नहीं रहती।

अभ्यास कार्य 1

(1) It is always cold and shady under a banyan tree. Without any difficulty you may reach in between its boughts and then there is no fear of falling down.

बरगद के नीचे हमेशा ठण्डक और छाया रहती है। बिना किसी कठिनाई के तुम इसकी डालों के बीच पहुँच जाओगे और फिर गिरने का डर नहीं रहेगा।

(2) The banyan tree welcomes each and everyone. Besides boys and girls, various types of guests come to it--birds, squirrels, insects, reptiles, etc.

बरगद सबकी आवभगत करता है। लड़के-लड़कियों के अलावा और कई तरह के अतिथि इसके पास आते हैं--चिड़ियाँ, गिलहरी, कीड़े-मकोड़े, चमगादड़ वगैरह-वगैरह।

(3) The word library means `a place or building for books.' In other words. library is a building in which books are kept.

पुस्तकालय शब्द का अर्थ होता है, 'पुस्तकों का घर या स्थान'। दूसरे शब्दों में, पुस्तकालय वह स्थान है जहाँ पुस्तकों को संग्रहित किया जाता है।

(4) A zoo would remain incomplete without an elephant. We often happen to see an elephant on the roads of Jaipur or Mysore. The elephant attracts all.

हाथी के बिना चिड़ियाघर अधूरा ही रहेगा। हम भारत में जयपुर या मैसूर की सड़कों पर भी अक्सर हाथी देखा करते हैं। हाथी सबकों अच्छा लगता है।

(5) There would be hardly any child in this country, who does not identify a parrot. There was a time when there hung an iron cage in every house.

जब देश का शायद ही कोई बच्चा होगा जो तोते को न पहचानता हो। एक समय था जब घर-घर में लोहे का पिंजड़ा टंगा रहता था।

अभ्यास कार्य 2

(1) A railway station is an attractive meeting place for all. Hindus, Muslims, Sikhs, Charistians and Persians, all can be seen here.

रेल का स्टेशन सबके मेल-मिलाप का एक आकर्षक स्थान होता है। हिन्दू मुसलमान, सिख, ईसाई, पारसी सब ही यहाँ दिखाई देते हैं।

(2) One day all of sudden, the sky was overcast with clouds. It started thundering. In no time torrential rain began to fall.

एक दिन अचानक आसमान में बादल छा गये। बादल गरजने लगें अब देखते ही देखते मूसलाधार वर्षा आरम्भ हो गई।

(3) It rained so heavily that the roofs of the house began to leak. Mud houses began to collaps. The house was water logged. The tenant said, "This house is ot worthliving in."

वर्षा इतनी अधिक हुइ कि मकान की छते चूने लगीं। कच्चे मकान गिरने लगे। मकान में पानी भर गया। किरायेदार ने कहा, "यह मकान रहने लायक नहीं है।"

(4) This early morning we se out to visit the Taj Mahal for the first time. We had heard so exciting descriptions of its beauty that we feared lest it whould be a sheer gossip.

आज प्रातःकाल हम लोग ताजमहल को पहली बार देखने निकले। हमने उसकी सुन्दरता के ऐसे उत्साहपूर्ण वर्णन सुने थे कि हमें इस बात का डर था कि कहीं यह सब कोरी गप्प ही न निकले।

(5) Agra is a famous historical city. For years, it has been the capital of Moghul emperors. Many foreigners call it a city of mausoleums.

आगरा एक प्रसिद्ध ऐतिहासिक नगर है। सैकड़ों वर्षो तक वह मुगल सम्राटों की राजधानी रहा है। बहुत से विदेशी आगरा को मकबरों का शहर कहकर पुकारते हैं।

अभ्यास कार्य 3

(1) There is a certain type of difference between the rivers of Northe India and those of South India. The rivers of North India are perennial *i.e.* they are full of water all the year round.

उत्तर भार और दक्षिण भारत की नदियों में एक खास अन्त है। उत्तर भारत की नदियाँ बारहमासी हैं, यानी पूरे वर्ष भर उनमें पानी भरा रहता है।

(2) The Himalayas are the highest of all he mountains in the world. The high peaks are covered with snow throughout the year. The word `Himalayas' means the `home of snow.'

हिमालय विश्व की सबसे ऊँचा पहाड़ है। इसकी ऊँची-ऊँची चोटियाँ वर्ष भर बर्फ से ढकी रहती है। 'हिमालय' शब्द का अर्थ है 'बर्फ का घर'।

(3) The path alon Mandakini from Rudraprayag leads to Guptakashi. The total distance is twenty four miles. Out of it the distance of twenty-two miles may be covered by jeep.

रुद्रपयाग से मन्काकिनी के किनारे गुप्तकाशी का रास्ता है। कुल दूरी 24 मील है। इसमें से 22 मील तक तो जीप पर जाया जा सकता है

(4) Who does not appreciate the sea, and especially the Cape Comoria sea. Cape Comorin lies at the extreme Southern tip of India.

समुद्र, विशेषकर कन्याकुमारी का समुद्र किसको अच्छा नहीं लगता? कन्याकुमारी भारत के सुदूर दक्षिणी छोर पर है। उसे भूमि का आखिरी छोर भी कहते हैं।

(5) All the countries have both merchantile and naval fleet. The merchantile ships carry gods from and to other countries.

सभी देशों के पास व्यापारिक व सैनिक दोनों प्रकार के जहाजी बेड़े होते हैं। व्यावसायिक जहाज दूसरे देशों के माल लाते हैं व यहाँ से अपना माल ले जाते हैं।

अभ्यास कार्य 4

(1) As we have seen there are three great Himalayan rivers--Ganga, Brahmaputra and some portions of the Sindhu.

जैसा कि हम देख चुके हैं कि हिमालय की तीन बड़ी नदियाँ हैं--गंगा, ब्रह्मपुत्र और सिन्धु नदी के कुछ भाग।

(2) There are two kinds of games (indore games) played inside a house and (outdoor games) those played o the open playgrounds.

खेल दो प्रकार के होते हैं--एक घर के भीतर खेले जाने वाले और दूसरे खुले मैदान में खेले जाने वाले खेल।

(3) Various kinds of fruits ae found in different parts of India. Mango, apple, bababa, orange, pomegranate, guave, grape, papaya and lemon are produced plentifully in most of the states here.

भारत के विभिन्न भागों में नाना प्रकार के फल पाये जाते है।। आम, सेव, केला, सन्तरा, अनार, अमरूद, अंगूर, पपीता व नींबू यहाँ के अधिकांश प्रदेशों में प्रचुरता से पाये जाते हैं।

(4) The number of the birds of the world is very large. So far only twenty three thousand species of the birds have been discovered. But besides these, there are many species of the birds which we have not been able to know about.

संसार में पक्षियों की संख्या बहुत पड़ी है। अब तक कुल तेईस हजार किस्म के पक्षियों का पता लग सका है, पर इसके अलावा भी बहुत से पक्षी ऐसे हैं जिनका पता हम नहीं लगा सके हैं।

(5) On 15th August, 1947, there was life and bustle in the country, ceremonies were held, feasts were arranged in the night there were lights than on Diwali.

15 अगस्त, 1947 को सारे देश में खुशियाँ मनाई गई, जलसे हुए दावतें दी गई, रात को दिवाली से बढ़कर रोशनी की गई।

अभ्यास कार्य 5

(1) One night the only sone of a farmer died. The members of his family became very sad and wept but the farmer did not appear to have been affect. His wife said weeping, "How hard-hearted you are !"

एक रात एक किसान का इकलौता पुत्र मर गया। उसके घर वाले दुखी हुए और राये, पर किसान प्रभावित नहीं हुआ। उसकी पत्नी ने रोते हुए कहा, "कैसे पत्थर दिल हो तुम !"

(2) Have you evern seen a warped tree? It could not grow straight because three might have been some hindrance in its development.

क्या तुमने कभी टेढ़ा बढ़ता हुआ पेड़ देखा है ? वह सीधा इसलिए नहीं बढ़ सका कि उसके रास्ते में कोई रुकावट आ गई होगी।

(3) What else do people need except food, clothe and shelter ? They should have time to rest, to think and a feel.

खाना, कपड़ा और घर को छोड़कर लोगों की और क्या आवश्यकताएँ हैं ? उन्हें आराम का समय, सोचन-विचारने का समय और महसूसर करने के लिए भी समय चाहिए।

(4) In the year 1887, the youth Rabindra Nath was sent to England. There he studied for one year and then returned to India. After that he dind not go to school but he himself studied deeply. When he was a boy of fifteen, his poems had been published.

सन् 1887 में युवक रवीन्द्रनाथ को इंग्लैण्ड भेजा गया। वे वहाँ एक वर्ष पढ़े और फिर भारत लौट आये। उसके बाद वे स्कूल नहीं गये, पर उन्होंने स्वयं बहुत पढ़ा। जब वे पन्द्रह वर्ष के बालक थे, उनकी कविताएँ छप चुकी थीं।

(5) I had distaste for physical exercise. Physical exercise was compulsory for the students of higher clases. Before cricket was made compulsory, I never attnded exercise, cricket or football. God knows my shyness was one of its reasons.

व्यायाम से मुझे अरुचि थी। ऊँची कक्षा के विद्यार्थियों के लिए व्यायाम अनिवार्य था। क्रिकेट के अनिवार्य बनने से पहले मैं कभी कसरत, क्रिकेट या फुटबाल में गया ही न था। न जाने मेरा शर्मीला स्वभाव भी इसका एक कारण था।

अभ्यास कार्य 6

(1) The books had advised me to have a walk in the open air and that I appreciated. Threfore, from High School onward I formed a habit of going for a walk.

पुस्तकों में मैंने खुली हवा में घूमने जाने की सलाह पढ़ी थी और वह मुझे अच्छी लगी थी। इसलिए हाईस्कूल कक्षा में मुझे घूमने जाने की आदत पड़ गई थी।

(2) Would that my friend were the Prime Minister? If he loved me, he would remember me from time to time.

क्या ही अच्छा होता मुरा मित्र प्रधानमन्त्री होता ? अगर वह मुझे प्यार करता तो समय-समय पर याद करता।

(3) Walk carefully lest you stumble. If you got hurt, you would have to spend a lot of money on treatment.

संभलकर चलो ऐसा न हो कि तुम्हें ठोकर लग जाये। यदि तुम्हें चोट आ गई तो इलाज पर बहुत धन खर्च करना पड़ेगा।

(4) If he had worked hard, he would not have failed. Somebody has rifhtly said, "As you sow, so shall you reap."

यदि उसने कठिन परिश्रम किया होता तो फेल न होता। किसी ने ठीक ही कहा है, "जैसा बोओगे वैसा काटोगे।"

(5) Ram along with his friends has gone to Hyderabad. After your day's stay there, e will come back day after tomorrow or lese he will leave for Chennai from there.

राम अपने मित्रों के साथ हैदराबाद गया है। वहाँ चार दिन रुकने के बाद शायद वह परसों लौट आयेगा अन्यथा वहाँ से चेन्नई चला जायेगा।

अभ्यास कार्य 7

(1) There was a king who had no issue. Once, while hunting in a forest, he lost his way. He did not know what to do. Meanwhile he saw a but. What he saw reaching there, took him aback (amazed). A very small child on whose head a snanke had spread its hood was sleeping in it. Seeing the king, the snake crept away from there. In a short while his mother came there. She told me the king that she had been compelled to live because of the cruelties of her husband. The king saw that he boy was promising and took the mother and the son to his palace.

एक राज के कोई सन्तान न थी। एक बार राज एक जंगल में शिकार करते-करते रास्ता भूल गया। उसकी समझ में नहीं आ रहा था कि वह क्या करे। इतने में उसे एक झोपड़ी दिखाई दी। वहाँ पहुँचकर उसने जो कुछ देखा वह चकित रह गया। उसके अन्दर एक नन्हा-सा बालक सो रहा था। उसके सिर के ऊपर एक साँप अपना फन फैलाये हुए था। राजा को देखकर साँप वहाँ से सरक गया। थोड़ी देर में उसकी माँ वहाँ आई। उसने बताया कि वह अपने पति के अत्याचारों से वहाँ रहने को विवश हुई है। राजा ने देखा कि बालक होनहार है और वह माँ और लड़के को अपने महल ले गया।

(2) There was a village on the bank of river. A wood-cutter lived there. One day his eldest son went to the forest to tend the sheep. While the sheep were grazing, the boy set out to see the railway bridge. He was bewildered to see that the bridge had cought fire. The train was about to come. The body thought that if the train was not stopped hundreds of people would lose their lives in vain. In the meantime. He started running between the railway lines towards the train. The driver slowed down the train but it knocked him down. The train stoped near the bridge. Now the people realised that the boy has sacrificed his life in order to save the lives of others.

समुद्र के किनारे एक गाँव था। वहाँ एक लकड़हारा रहता था। एक दिन उसका सबसे बड़ा लड़का भेड़ें चराने के लिए जंगल गया। भेड़ें घास चर रही थीं पर लड़का रेल के पुल को देखने के लिए चल पड़ा। वह यह देखकर हैरान रह गया कि पुल में आग लगी हुई है। गाड़ी आने वाली थी। लड़के ने सोचा कि अगर गाड़ी को रोका न गया तो सैकड़ों व्यक्तियों की जान चली जायेगी। इतने में उसने गाड़ी

की सीटी सुनी। उसने निश्चय किया कि उसे गाड़ी गिरने से बचाना हैं वह पटरियों के बीच में गाड़ी की तरफ दौड़ने लगा। ड्राइवर ने गाड़ी धीमी कर दी पर लड़का गाड़ी से टकरा गया। पुल के पास आकर गाड़ी रुकी। तब लोगों को समझ में आया कि लड़के ने दूसरों की जान बचाने के लिए अपना बलिदान कर दिया है।

(3) A poet went to a rich man and praised him highly. Becoming happy that rich man said. "At present I do not have any money but I have plenty of grain. If you come tomorrow, I shall give you some grain."

The poet arrived at the house of that rich man next morning. The rich man said, "Well, how did you happen to come so early this morning? What can I do for you?" The poet replied that he (the rich man) had promised to give him some grain. The rich man laughed and said that he (the poet) appeared to be a fool. As he had pleased him by mere words, so he had also pleased him by mere words.

The poet went home silently but the stopped writing poems in praise of others.

एक कवि एक धनी आदमी के पास गया और उसकी बड़ी तारीफ की। उस अमीर ने खुद होकर कहा, "अभी तो मेरे पास पैसा नहीं है पर अनाज काफी है अगर आप कल आयें तो मैं आपको कुछ अनाज दूँगा।"

कवि दूसरे दिन सुबह उस धनिक के घर पर पहुँचा। उस अमीर आदमी ने कहा, "कहिए, इतने सुबह कैसे आना हुआ ? मैं आपकी क्या सेवा कर सकता हूँ?" कवि ने जवाद दिया कि आपने मुझे कुछ अनाद देने का वचन दिया था। अमीर आदमी ने हँसकर कहा कि तुम बड़े बेवकूफ हो। जैसे तुमने मुझे बातों से प्रसन्न कर दिया था, वैसे ही मैंने तुम्हें भी बातों से खुश कर दिया।

कवि चुपचाप अपने घर चला गया और उसने दूसरों की प्रशंसा में कविता लिखना बन्द कर दिया।

(4) A kling had three queens. All three of them were very tendor. One day the king took them to his garden for a walk. There was a pond in that garden in which lotus blooms floated. Fascinated by the beauty of the garden, the king took of his clothes and had a bath in the pond. Plucking a lotus bloom, he presented it to a queen. Incidentally the lotus bloom dropped from his hand and fell on a foot of the queen, and this hurt her. The king ordered for the careful treatment of the queen. In the night the rays of the rising moon fell on anoher queen, which scorched her skin. Next

morning the sound of the thrashing of rice fell into the ears of the third queen. This caused such a terrible pain in her head that she fainted. The tenderest of all the three was the one who fainted at hearing the sound of the thrashing of rice.

एक राजा के तीन रानियाँ थीं। तीनों बड़ी कोमल थीं। एक दिन राजा उन्हें अपने उद्यान में घुमाने के लिए ले गया। उद्यान में एक तालाब में जिसमें कमल के फूल तैरते थे। उद्यान की सुन्दरता पर मुग्ध होकर राजा ने अपने कपड़े उतार दिये और तालाब में स्नान किया। उसने एक कमल का फूल तोड़कर अपनी एक रानी को भेंट किया। संयोग से फूल उसके हाथ से छूटकर रानी के पैर पर गिरा और उससे उसे चोट लग गई। राजा ने उसकी सावधानी से चिकित्सा करने की आज्ञा दी। राज को उदय हुए चन्द्रमा की किरणें दूसरी रानी पर पड़ीं और इससे उस रानी की खाल झुलस गई। दूसरे दिन सुबह तीसरी रानी के कान में धान कूटने की आवाज पड़ी। इससे उसके सिर में इतनी भंयकर पीड़ा हुई कि वह बेहाश हो गई। इन तीनों रानियों में सबसे अधिक कोमव वह थी जो धान कूटने की आवाज सुनकर बेहोश हो गई।

(5) Once an old woman went blind. She sent for a physician and promised him a handsome reward if she got her eyesight again. The physician started treating her but during her treatment he took away all her belongings. After some time the eyes of the old woman became all right and she started seeing again. She saw that nothing had been left in her house. The physician asked her for his reward and on her refusal got her summoned by a judge. When asked by the judge, she said, "What this man says in true, I promised him a good reward on the resoration of my eyesight. But my eyes have not been cured at all. Before losing my eyesight. I could see all kinds of things in my house. This man says that my eyes are now all right but I cannot see anything in my house."

एक बार एक बुड्ढी औरत अन्धी हो गयी। उसने एक वैद्य को बुलवाया। उसने उससे वादा किया कि अगर उसकी आँखों को रोशनी वापस आ गई तो वह उसे एक अच्छा पुरस्कार देगी। वैद्य ने उसका इलाज शुरू किया, पर इलाज शुरू किया, पर इलाज के दौरान वह उसका सारा सामान उठा ले गया। कुछ समय बाद बुढ़िया की आँखें ठीक हो गई और वह दुबारा देखने लगी। उसने देखा कि उसके घर में कुछ न बचा था। वैद्य ने उससे अपना पुरस्कार माँगा और उसके मना करने पर उसे एक जज ने सामने बुलवाया। जज के पूछने पर बुढ़िया

ने कहा, "यह आदमी ठीक कहता है, मैंने इसे आँखों की रोशनी वापस आने पर एक अच्छा इनाम देने को कहा था। लेकिन मेरी आँखे ठीक कहाँ हुई हैं। आँखों की रोशनी खोने के पहले मैं अपने घर में सब प्रकार का सामान देख सकती थी। यह कहता है कि मेरी आँखें ठीक हो गई हैं, पर मुझे अपने घर में कोई चीज नहीं दिखाई देती है।"

(6) Wehn a wood-cutter went to forest one day, he saw a strange scene there. He saw a small girl who has the brightness of countless diamonds in her body there. He brough the girl home. Wealth started pouring on him from the day te firl came to his house. Whenever the wood-cutter went to forest for cutting wood, he got one thing or the other daily. Sometimes he got pearls and diamonds, sometimes silver articles and sometimes a bag full of gold coinds. The wood-cutter became rich withing a year. Within a year the girl too grew into a young maiden and the stories of her beauty spread for the wide. After some days a small cloud descended before the house of the wood-cutter from the sky. The girl came out and saw four fairies standing before. She took leave of her parents with great grief. The earth had become the object of her love because she had lived on it. The cloud took that greiving girl to the sky and she became the moon there. Even today she sometimes wanes in memory of the earth.

एक दिन एक लकड़हारा जब जंगल को गया। वहाँ उसने एक विचित्र दृश्य देखा। उसने वहाँ एक छोटी लड़की देखी जिसके शरीर में असंख्य हीरों की चमक थी। वह लड़की को घर ले गया। जिस दिन लड़की उसके घर आई उसके ऊपर धन बरसने लगा। जब लकड़हारा जंगल को लकड़ी काटने जाता, वह एक न एक चीज रोज पा जाता। कभी उसे मोती और हीरे मिलते, कभी चाँदी के सामान और कभी सोने के सिक्कों से भरी थैली। एक साल के अन्दर वह लकड़हारा धनी हो गया। एक साल के अन्दर वह लड़की भी बढ़कर युवती हो गई और उसकी सुन्दरा की कहानी दूर-दूर तक फैल गई। कुछ दिनों बाद एक रात को एक छोटा-सा बाद आकाश से लकड़हारे के घर के सामने उतरा। लड़की बाहर आई और उसने चार परियों को अपने सामने खड़ा देखा। उसने बड़े दुःख के साथ अपने माता-पिता से विदा ली। पृथ्वी पर रहने के कारण उसे पृथ्वी से प्यार हो गया। बादल उस दुःखी लड़की को अपने साथ ले गया और वह वहाँ चन्द्रमा बन गई। पृथ्वी की याद में वह आज भी दुबली हो जाती है।

अनुवाद के व्यावहारिक पक्ष

अनुवाद क्रिया अपने स्थूल रूप में अवश्य ही भाषाओं से सम्बद्ध है क्योंकि कभी दो भाषा-भाषाी व्यक्ति मिलें और एक-दूसरे को अपनी बात समझाने का प्रयत्न करें, तो वह तभी समझा सकेगें जब दोनों किसी तीसरी भाषा का ज्ञान रखते हों। ऐसी स्थिति में प्रत्येक व्यक्ति पहले अपनी भाषा में सोची हुई बात का अनुवाद उस भाषा में करेगा, जिसे दूसरा भी जानता है, तब उस भाषा में अपनी बात कहेगा। यह प्रक्रिया तुरत प्रक्रिया है। दूसरा व्यक्ति भी एक ही बात का उत्तर देने के लए इसी तुरत प्रक्रिया को अपनायेगा। यह अनुवाद क्रिया का एक व्यावहारिक पक्ष है।

अनुवादक के लिए मूल के सन्दर्भ का ज्ञान

अनुवादक के लिए सन्दर्भ और प्रसंग की जानकारी का होना भी सर्वथा अपेक्षित है। इसके अभाव में वह अनुवाद कार्य में न्याय कर नही नहीं सकता। उदाहरणार्थ अंग्रेजी के सन (Son) का अर्थ सभी स्थानों पर पुत्र ही करना उचित नहीं होगा। 'सन् ऑफ इण्डिया' का सही अनुवाद 'भारत का सपूत' होगा न कि भारत का पुत्र। इसी प्रकार कहीं आत्मज, कहीं बेटा, लड़का तो कहीं कुलदीपक प्रयोग में आए। इस सम्बन्ध में एक विद्वान का यह कथन बड़ा ही उपयुक्त है--**"शब्द भाव अथवा विचार की पोशाक नहीं है जो इच्छानुसार बदली जा सके अर्थात् पैंट-कमीज के स्थान पर धोती-कुर्ता पहना दिया जाये।"** यह तो भाव या विचार का मांस अथवा उसकी त्वचा है। अतः भव विचार के अनुकूल एवं अनुरूप शब्दों का प्रयोग करने वाला अनुवादक ही अनुवाद को सफल एवं सजीव बना सकता है।

अनुवाद कार्य में अनुवादक को पूर्वाग्रह से रहित होना

अनुवाद कार्य के लिये प्रयोजित रचना या उसक विषय के प्रति यदि अनुवादक किसी प्रकार के पूर्वाग्रहों से युक्त हो, जैसा कि प्रायः होता है, तो वह रचना मूल रचनाकार की रचना में अभिव्यक्ति दोष का सृजन कर देता है। यह दोष अनुवाद कार्य का सबसे बड़ा दोष है। अनुवादक को यह ध्यान रखना चाहिए कि वह अनुवाद करते समय अभिव्यक्ति में स्वतन्त्र नहीं है, अतः उसे स्वयं को मूल रचना के भावों तथा विचारों को दूसरी भाषा में अन्तरण करने से अधिक कुछ नहीं करना है। यह सत्य है कि कभी-कभी उसे रचना के विषय

सम्बन्धी ज्ञान में मूल रचनाकार के ज्ञान से अधिक ज्ञान हो सकता है तथा यह भी सम्भव है कि कभी-कभी अनुवादक मूल रचना के अनेक भाव-विचार रखता है अर्थात् मूल रचना के भाव-विचारों के प्रति वह किन्ही पूर्वाग्रहों से ग्रस्त है या विषय सम्बन्धी उसकी पूर्वाग्रही धारणा सिद्धान्त-संकल्पना में मूल रचनाकार की संकल्पना में, अपनी धारणा को प्रच्छन्न रूप से अनुबद्ध हुई समझ लेता है, तो वह ऐसी धारणा का स्वरूप ही अनुवाद करते समय बदल डालेगा। इसके उदाहरण प्रायः हम संसार के सुप्रसिद्ध ग्रन्थ 'श्रीमद्भगवदगीता' के अनुवादों में देख सकते हैं जिनमें अनुवादकों ने गीता के कुछ मूल दार्शनिक सिद्धान्तों को प्रायः विशेषण प्रतिबद्धित कर दिया है।

8

साहित्यिक अनुवाद के सिद्धान्त और व्यवहार

साहित्यिक अनुवाद के सिद्धान्त और व्यवहार

किसी भी भाषा के साहित्य का दूसरी भाषा में अनुवाद कार्य मूल रूप में एक सांस्कृतिक सेतु निर्माण का कार्य है, जो अन्य सभी प्रकार या विषयों के अनुवाद कार्य की दक्षता, कौशल तथा भावपरक सांस्कृतिक चित्रांकन का परिचय जो साहित्यिक अनुवाद से प्राप्त होता है, वह अन्य विषय-परक या विधि-व्यापारिक अनुवाद कार्य से प्राप्त नहीं होता, क्योंकि साहित्य किसी भी भाषा, समाज तथा सांस्कृति का मांसल स्वरूप होता है। जब आदमी आन्नद में होता है, तो हर्षित होकर गाता है, नाचता है और जब उसके ह्रदय में पीड़ा होती है, तब वह उसकी कसक और वेदना को गीतों में ही प्रवाहित करता है और जब वह मानवीय दुःख-सुख के साथ स्वयं संचरित होता है, तो वह मानव-तीवन को कथा-कहानी के ताने बाने में बुनता है, सामाजिक चरित्र को संस्कृति के परिवेश में सजाता है, नीति को उपेदेशों की सीख से रंगता है तथा दर्शन को अध्यात्म के आकाश में विहार कराता है। इसी को हम साहित्य कहते हैं, जिसे मनुष्य चाहे किसी भी बोली के प्रसाद में आतिथ्य प्रदान करे। निस्सन्देह जिस प्रासाद में भी उसे आतिथ्य प्रदान किया जाता है, उसको भी वह अपनी गरिमा से प्रभावित करने से पीछे नहीं रहता।

परन्तु आतिथ्य उसके चाल-ढाल को जितनी गम्भीरता से समझकर उसका सत्कार करता है, वह उसके प्रासाद को वैसी ही प्रभा देता है, यह बात भी असत्य नहीं है। इस आतिथ्य को ही हम **अनुवाद** कहते हैं, अंग्रेजी में **'ट्रांसलेशन'** कहते है। मानव जाति के संक्रमण तत्व को प्रगाढ़ता देने में इसके अधिक आवश्यकता कुछ भी नहीं होता। **इन्दिरा वाई, जुङ्वरे** ने अनुवाद कार्य में जिस विशिष्टता का आह्वान किया है, यह हम उन्हीं के शब्दों से निष्कर्षित करें तो उपयुक्त होगा। वह अनुवाद के सम्बन्ध में अपनी बात इस प्रकार आरम्भ करती हैं।

"Translation is Hindu means, `anuvad' saying after or again, repeating by way of explanation." Another word for translation is `bhasantar' from one language into another. Now no one can actually repeat the same thing a second time in `exactly' the same manner, intensity or volume in the same language, let alone in another. In the process of translating from one language into another it is inevitable that somethings get added and somethings get lost. Any translation can only be an approximation. No translation can reproduce the original perfectly. How closely a translation can approximate the original inform and content depends on many factors, most of which are th problems of equivalenc--both linguistic and cultural. If the text happens to be literary work, then the translator is faced with additional problems. He has to be able to evoke an emotional experience in the reader of the translation similar to that create by the author of the original. Thus the translator struggles for the three-way balance of form, content and emotion. A translation of Phanishvar with Renn's Maila Anchal presents a good example of the problem involved.

"The novel contains many different literary from devotional lyrics, riddles, proerbs, and political jingles as well as 23 `Mailhili' Songs, one film song and three songs that are based on film songs. This novel is outsantding in two way firstly in its depiction of the complex collective life of on Indian village, that is, in the twilight zone of tradition and change, and secondly, in its skilful presentation of cultrural diversity throught linguistic diversity."

"The novel focusses and a village Merigang, in Purnia district in Northern Bihar. The district is situated in the Maithili speaking region, bordered by Nepalese on the North and Bengali in the East. The geographical location provides `Maila Anchal' with a complex linguistic situation. The people of the village represtnt various casts, classes and educational levels, which further adds to te linguistic diversity in terms of dialect vrieties. The people speak mainly maithili and to some extent the Bhojpuri dialect of Western Bihar and the Magadhi dialect of South Eastern Bihar. Their vocabulary ranges from Hindustani and Bengali to Nepali and even Santhali, and includes many borrowed words from English, Urdu and Sanskrit. Figuratively speaking Maila Anchal is a village woman dressed in regional and colloquial idioms and advanced with te jewellary of English, Sanskrit and Urdu word.

उक्त कथन ने अनुवाद कार्य में कठिनाइयों पर भी प्रकाश पड़ता है तथा प्रकारान्तर से उसकी आवश्यकता भी प्रकट होती है। फणीश्वरनाथ 'रेणु' के 'मैला आंचल' उपन्यास का उदाहरण देकर लेखिका ने अनुवाद की कठिनाइयों को स्पष्ट करने की चेष्टा की है, जो उनके कथन में मूल रूप में निहित है, लेकिन उक्त कथन में परोक्ष रूप से यह बातें भी अन्तर्निहित है--

(1) मैला आँचल जैसी कृतियाँ जो किसी प्रदेश की सांस्कृतिक जटिलता को प्रदर्शित करती हैं, वह आपने आप में एक अनुकरणी कला की प्रतीक भी होती हैं। यदि ऐसी कृतियों का अनुवाद दूसरी भाषाओं में होता है तो उन भाषा-भाषियों को संसार के कोनों में पड़े हुए सांस्कृतिक मण्डलों का परिचय प्राप्त होता है। जिसकी वर्तमान में जब कि संसार को जिसकी गतिशीलता चरम पर है, ज्ञान होना चाहिए।

(2) स्रोत-भाषा को भी सामान्य बनाने वाली कृतियाँ दूसरी भाषाओं में पहुँचकर ज्ञान का तो स्रोत उन तक ले ही जाती है, साथ ही उस भाषा को भी कला की दृष्टि से नया संदेश देती है।

(3) साहित्यिक कृतियाँ सामान्य जनता से सीधा सम्पर्क स्थापित करती हैं, यह बात न तो प्रशासनिक प्रबन्धकीय, वैज्ञानिक या तकनीकी भाषा में होती है। विशेष विषयों से सम्बन्धित भाषा, केवल विष्ज्ञय-विशेषज्ञों के समझने की वस्तु होती है। विशेष विषयों की भाषा में प्रायः बहुत से बाहरी भाषाओं के शब्दों का समावेश होता है, जबकि साहित्यिक कृतियों में उनका प्रयोग प्रसंगवश ही पाया जाता है।

उक्त कथन में हमें साहित्यिक कृतियों के अनुवाद के सम्बन्ध में जिन सत्य तथा समस्याओं का ज्ञान होता है, वह है--

(1) कि कभी भी कोई बात अपने मौलिक चलन, गहराई य आकार में, उसकी स्रात-भाषा में भी अपनी प्रकृतिवश अन्तरित नहीं का जा सकती तो अन्य भाषा में तो उसके यथार्थ का ग्रहण करना कैसे सम्भव है?

(2) कि एक भषा से दूसरी भाषा में किसी कृति के अनुवाद कार्य में या तो कुछ छोड़ना होता है या कुछ जोड़ना होता है।

(3) कि कोई भी अनुवाद अधिक से अधिक अति-समानता की निकटता ही प्राप्त कर सकता है, स्रोत की मौलिक अभिव्यंजना को नहीं। इसका मुख्य कारण भाषाई तथा सांस्कृतिक आधारों की भिन्नता है।

(4) कि अनुवादक का यह कर्त्तव्य होता है कि वह स्रोत-भाषा के भाव-प्रभाव, से जो अनुभूति स्रोत-भाषा के पाठक को होती हो वही अनुभूति लक्ष्य-भाषा के पाठक को भी कराये, परन्तु ऐसा हो पाना असम्भव ही है। इसका कारण दोनों भाषाओं के बीच शब्द प्रभावी भाव असंतुलन होना है तथा वाक्य संरचना की विभिन्नता भी है।

(5) कि उपर्युक्त कारणों के अतिरिक्त शब्दों का उच्चारण ध्वनि प्रभाव, भाषाओं का कुल साम्य (जैसे यूरोपियन भाषायें समान कुल की भाषाएँ हैं, हिन्दी और अंग्रेजी या अन्य यूरोपीय भाषायें विभिन्न कुल-प्रकृति की भाषाएँ हैं) और असाम्य भी अनुवाद कार्य की समस्यायें भी अनुवाद कार्य में स्रोत-भाषा की मूल भावना को लक्ष्य-भाषा में लाये जाने में बाधक होती हैं। इससे शब्दों की उच्चारणीयता, शारीरिक रचनात्मकता, शब्द रचनात्मकता तथा वाक्य रचनात्मकता के तत्व निहित हैं।

फिर भी अनुवाद कार्य एक मानवीय आवश्यकता ही नहीं अनिवार्यता है, क्योंकि यह भाषाओं से ऊपर मानवीय भावाभिव्यक्ति के स्तरों पर मनुष्यों को निकट ला देता है तथा पहचान देता है, पारस्परिकता के नये आधारों की रचना करता है। वस्तुतः साहित्य चाहे किसी भाषा में हो उसमें भाषाई तत्वों की बाधाओं से परे एक ऐसा तत्व है जिसके कारण मनुष्य, मनुष्य के अंतरंग को स्पर्श करना चाहता है। वह एक भाषा को दूसरी भाषा में अनुवाद करते हुए भले ही कुछ विभिन्नता प्रकट करे, लेकिन वह एक स्थूल प्रभाव तथा दृष्टि देने के लिए अपना सर्वोपरि महत्व रखता है। निम्नांकित उदाहरण इसे स्पष्ट कर सकते हैं--

THE CHESS PLAYERS

वाजिद अली शाह का समय था। लखनऊ विलासिता के रंग में डूबा हुआ था। छोटे-बड़े, गरीब-अमीर सभी विलासिता में डूबे हुए थे। कोई नृत्य और गान की मजलिस सजाता था, तो कोई अफीम की पीनक ही में मजे लेता था। जीवन के प्रत्येक विभाग में, सामाजिक अवस्था में, उद्योग-धन्धों में, आहार-व्यवहार में,

सर्वत्र विलासिता व्याप्त हो रही थी। राजकर्मचारी विषय-वासना में, कविगण प्रेम औ विरह के वर्णन में, कारीगर कलाबत्तू और चिकन बनाने में, व्यवसायी सुरमें, इत्र, मिस्सी और उबटन का रोज़गार करने में लिप्त थे।

सभी की आँखों में विलासिता का मद छाया हुआ था। संसार में क्या हो रहा है, इसकी किसी को खबर न थी। बटेर लड़ रहे थे। तीतरों की लड़ाई के लिए पाली बदी जा रही है। कहीं चौसर बिछी हुई है, पौ बारह का शोर मचा हुआ है। कहीं शतरंज का घोर संग्राम छिड़ा हुआ है। राजा से लेकर रंक तक इसी धुन में मस्त थे। यहाँ तक कि फ़कीरों को पैसे मिलते, तो वे रोटियाँ न लेकर अफ़ीम खाते या मदक पीते। शतरंज, ताश, गंजीफ़ा खेलने से बुद्धि तीव्र होती है, विचार-शक्ति का विकास होता है, पेचीदा मसलों को सुलझाने की आदत पड़ती है। ये दलीलें जोरों के साथ पेश की जाती थीं। इस सम्प्रदाय के लोगों से दुनिया अब भी खाली नहीं है।

(the opening paragraph)

यह अंश प्रेमचन्द की सुप्रसिद्ध कहानी **शतरंज के खिलाड़ी** का एक अंश है। इसको अलग-अलग अनुवादकों ने अंग्रेजी में अनुवाद किया है। सभी अनुवादक प्रसिद्ध लेखक हैं और अनुवाद प्रामाणिक हैं। कल्पना कीजिए कि यदि अलग-अलग तरह से किये गये अंग्रेजी अनुवाद का पुनः हिन्दी अनुवाद किया जाय तो क्या वह उसी मूलरूप में किया जायेगा, जिससे अंग्रेजी अनुवाद किया गया है।

It was the age of Wajid Ali Shah the last rular of Oudh. Lucknow was sunk in pleasurable parsuits. Small and big, rich and poor, were alike dedicated to sensual joys. One would be devoted to song and dance, another would be anjoying the fumes of opium. In every sphere of life pleasure reigned supreme. Luxury dominated everywhere, in the affairs of the administration, in literature, social organisation in arts and crafts, industry and commerce and in the conduct and behaviour of people. Government servants were absorbed in the satisfaction of sensual pleasures; poets in themes of love and separation; artisans in gold and lines embroidery; and merchats in the trade of wares like mascara, perfumes, colouring for the teeth and pastes for anointing the body. There was the intoxication of sensual joys in all eyes. Nobody knew what was happening in the world. There were cock-fights; preparations were; being made for fights among partridges. Elewhere the dice were bein thrown; there were shouts and excitement. At nopther place, furious battles raged in the game of chess. Rulers and ruled were alike drunk with such pleasures. Even beggars on receiving a little charity would not buy bread; instead, they squandered it on opium or some such intoxicant. A game of chess or cards charpened the wits, developed intellectual power, accustomed one to deal with complicated issue ! Such arguments were forcefully expressed and there is no dearth of such people in the world even today !

(P. C. Gupta)

It was during the regin of Wajid Ali Shah, Lucknow was steeped in the pleasures of the flesh. The young and old, the rich and the oor, all led a life of self-indulgence. With some organising nautch and singing parties was the order of the day. Other passed their time smoking opium. Life, as such, was an unending round of cnviviality. In high places, in government quarters, in art and literature, in business and industry, in daily social conduct, carnal pleasures had taken dee roots. The high-ups in the government could think of nothing but luxury, the poets wrote only of the outpourings of love and of the pangs of separation from the beloved, the artisans devoted all their energy in making aricles of luxury such as broeades, chiken, collyrium, attars, powders, face ltions and creams.

Volupuaries of the deepest hue, they were oblivious to what was happeing around them. They watched quail fights, bet on partridges. Here a game of dice was in full swing, to the accompaniment of loud plaudits by te winner of a move. There, a great do-or-die struggle was going on at the chess board. From a prince down to a pauper every one was caught up in these vice. If a beggar was given some alm, instead of buying some rotis to appease his hunger he would prefer to spend it on opium or liquor. As for chess and the games of dice, it was argued with great conviction that these games sharpened the mind and improved the power of thinking with consequent advntage in solving the intricate problems of life. (One meets such people even today.)

(Jai Ratan)

It was the time of Wajid Ali Shah. Lucknow was plunged in pleasures. The young and the old, the poor and the rich all were pleasures-bent. To kill time, some held dancing parties, others moked or sipped opium with great gusto in company. Apathy was writ large across every aspect of life : administration, art, literature, industry and social conduct. The state officials were cradled in the lap of luxury; the poets sang of love; and the craftsmen were engaged in manufacturing fineries, perfumes and paints. In short, every one of them was wrapped up in voluptuousness, unmindful of the world, its ways and its work, Quail-fights and partridge-fights were wagered upon. There was among the people a passion for the chess board and the playing-card. From the prince down to the poorest person, every one was eaught up in the whirlpool, so much so that when the beggers got as alms any money to buy some bread with, they spent the same on pioum. Games like chess are a wheatsone for the intellect of the players, who gradually cultivate habit of tacking knotty problems. Arguments for and against are advanced clearly and cogently. (The world is not without such persons even today).

(Gurdial Mallik)

Wajij Ali Shah is on the throne. His capital, Lucknow, is a cauldron of pleasures. Big and small, rich and poor wallow in the cauldron. Soirees of song and dance, opiate hublle-dubble parties............Idleness, irresponsibility, indulgence everywhere--in administration, literature, social mores, artistic activites, economic endeavour, in even the mundane intercourse of daily life. Courtiers and palace officers languish in sensual visions, poets sing of love and the anguish of the beloved's absence, embroiderers create wonders with gold thread and with cotton arabesques on fine muslim, and traders do roadring business in kohl, attar, tooth tinctures, and special bodypasters for the message of ladies.

The go about, eyes glazed with sense-intoxication. They know nothing of what's going on in the outside world. Theirs is a closed whirl of cock-fights and partridge-fights, and endless merry-go-round of merrymaking. Here is a dice game in progress; here's and exultant scream of victory. Over there is a vicious battle of chess. Raja as well as beggar participate of victory. Over there is a vicious battle of chess. Raja as well as beggar participate, fascinated. It has come to such a pass that you give a few coppers to a fakir, and he doesn't go and buy bread with them, he prefers a few puffs of opium or a swing of country liquor instead. Chess, gambling and the ninetysix-pack card game called **canjifa** make the mind nimble, they sharpen the powers of discrimination, they facilitate the resolution of complex dilemmas. At least that's what they all passionately claim. (The are still many people around nowadays who would endorse that claim.)

(Nandini Nopany and P. Lal)

और दोनों खड़े होकर गाने लगे--"ठगिनी क्यों नैना झमकावें। ठगिनी...... ....।"

पियक्कड़ों की आँखें इनकी ओर लगी हुई थीं और यह दोनों अपने दिल में मस्त गाये जाते थे। फिर दोनों नाचने लगे। उछले भी, कूदे भी। गिरे भी, मटके भी। भाव भी बनाये, अभिनय भी किये। और आखिर नशे में मदमस्त होकर वहीं गिर पड़े।

(The concluding paragraph)

The they both stood up and started singing. "**O deceitful** one' Why make eyes at us?"

The eyes of the drunkard were focussed on these two and they sang merrily, full of their own joy of intoxication. Then they began to dance. They jumped and leapt; they fell down and rolled their eyes. They acted and dramatised emotions. And in the end they sank down dead drunk.

(P. C. Gupta)

Both of them suddenly started singing lustily, "O world-siren, O world-siren, why dost thou wink at us?"

The under the influence of liquour they danced, they got up again, gasticulated and eventually dropped down on the road.

(Gurdial Mallik)

The two stood up and began to sing : "Why this witehery of the eyes, of false charmer"

The eyes of all the topers were fixed on them, while the two went on singing, lost in themselves.

Then they began to dance. They bounced and jumped, reeled and wringged, nimbled and mimicked.

And in the end they fell down dead drunk (**Madam Gopal**)

The two stand up and start singing, "Enchantress of the glittering eyes' Enchantress......................"

The drunks stare at father and son singing in wanton intoxication. Then both start dancing, leaping, jumping. They tumble, they teeter, they fall. They gesticulte, they make faces. And then, in drunken torpor, they collapse on the ground

(Nandini Nopany and P. Lal)

अब इसी क्रम में विशेष रूप से साहित्यिक विधाओं के अनुवाद कार्य की अपेक्षाओं पर दृष्टि डालना उचित समझते हैं, जैसे काव्य नाटक, कहानी, उपन्यास, लेख आदि।

(1) साहित्य शैलियों के आधार पर अनुवाद के रूप भेद--काव्य का आस्वादन कराने वाली इन्द्रियों के आधार पर साहित्य के दो रूप भेद किये जाते हैं--दृश्य और श्रव्य। काव्य के जिस रूप का आनन्द सामाजिक नेत्रों द्वारा अपने सामने अभिनीत देख कर लेता है, उसे दृश्य हा जाता है और व नटों द्वारा अभिनीत होने से नाटक कहलाता है।

श्रव काव्य का आन्नद श्रोमेन्द्रय द्वारा लिया जाता है। प्राचीन काल में साा ज्ञान-विज्ञान गुरूमुख से सुनकर स्मरण कर लिया जाता था और उसे फिर श्रवण मार्ग से दूसरों के मस्तिष्क तक पहुँचाया जाता था। ज्ञान को सुरक्षित रखने और उसे एक पीढ़ी से दूसरी पीढ़ी तक पहुंचाने का यही उपाय एवं साधन था, क्योंकि तब मुद्रण कला का आविष्कार नहीं हुआ था। वेदों की श्रुति और शास्त्रों की स्मृति संज्ञा भी इसी तथ्य की पुष्टि करती है। आज सुनने-सुनाने की प्रथा लुप्त होती जा रही है परन्तु परम्परा से चला आ रहा 'श्रव्य' नाम आज भी प्रचलित है। वैसे कवि सम्मेलनों के आयोजन तथा रेडियो कार्यक्रम श्रव्य नाम का महत्व बनाये हुए हैं।

श्रव्य काव्य की दो अथवा तीन शैलियाँ हैं--पद्य और गद्य। पद्य के पुनः दो रूप हैं--छन्दोबद्ध एवं छन्दोमुक्त। इन शैलियों के आधार पर अनुवाद के तीन रूप भेद हो जाते हैं--गद्यानुवाद, पद्यानुवाद (छन्दोबद्ध) तथा मुक्त छन्दानुवाद।

(i) गद्यानुवाद--मूल गद्य का गद्य में अनुवाद करना गद्यानुवाद कहलाता है। प्रायः सभी भाषाओं में पद्य के अर्थ को भली प्रकार समझने के लिए उसका गद्य अनुवाद किया जाता है। इसे अंग्रेजी में ``Prose-Order' अर्थात् पद्य को गद्य की व्यवस्था देना कहा जाता है। हिन्दी में 'अन्वय' नाम दिया जाता है परन्तु यहाँ गद्यानुवाद से अभिप्राय एक भाषा के गद्य (प्रोज) की दूसरी भाषा में गद्य में प्रस्तुति है। अनुवाद का यह रूप आज सर्वाधिक प्रचलित है।

(ii) पद्यानुवाद--छन्दों के निब़ और गेय रचना ही पद्य गहलाती है। किसी एक भाषा के पद्यों का दूसरी भाषा के पद्यों में ही अनुवाद प्रस्तुत करना, छन्दोबद्धता का निर्वाह करना, पद्यानुवाद कहलाता है। **मैथ्यू अर्नाल्ड** के 'लाइट ऑफ एशिया' का आचार्य रामचन्द्र शुक्ल द्वारा 'बुद्धचरित' के रूप में अनुवाद पद्यानुवाद का सुन्दर उदाहरण है। **श्रीमद्भगवद्गीता, मेघदूत और गीत गोविन्द** जैसे संस्कृत ग्रन्थों के हिन्दी में ही पद्यानुवाद उपलब्ध हैं।

(iii) मुक्त छन्दानुवाद--हिन्दी साहित्य के आधुनिक काल में पन्त और निराला आदि कवियों ने छन्द को कविता के सहज प्रवाह के मार्ग में बन्धन माना और उन्होंने 'मुक्त छन्द' रचनाएँ कीं। वस्तुतः काव्य में इस प्रकार भी रचना

रूपिता अंग्रेजी के 'ब्लैंक वर्स' छन्द के अनुसरण पर की गई। निराला की 'विधवा' और 'भिक्षुक' इसी प्रकार की रचनाएँ हैं। इस प्रकार की रचनाओं को उसी शैली--मुक्तछन्द का मुक्तछन्द में अनुवाद मुक्त छन्दानुवाद कहलाता है।

(2) काव्यानुवाद--काव्य शब्द प्रायः छन्दोबद्ध रचना के लिये प्रयुक्त होता है। इसमें लय, तुकान्तता और गति आदि के कारण गेयता आ जाती है। वाल्मीकी को आदिकवि और उनकी रचना रामायण को आदि-काव्य माना जाता है। कहने की आवश्यकता नहीं कि रामायण छन्दोबद्ध रचना है। इस सम्बन्ध में संस्कृत की यह उक्ति बहु-प्रचलित है--

आम्नायादन्यत्र नूतनश्छन्दसामवतारः।

अर्थात् वाल्मीकी-रामायण वह पहली लौकिक कृति है, जिसमें वेदों में प्रयुक्त छन्दों से भिन्न छन्द का प्रयोग हुआ है जिसे श्लोक कहते हैं। क्रौञ्च वध से पीड़ित होकर जो छन्द पहली बार उनके मुख से निकला, वह शोक विह्वल भाव से सराबोर था, अतः उनका नाम ही श्लोक हो गया।

संस्कृत में गद्यकार को भी कवि कहा गया है। "कविर्दण्डी कविर्दण्डी न संशयः" तथा "गद्यं कवीनां निकषं वदन्ति" जैसी उक्तियां इसी तथ्य की पोषक हैं परन्तु आदि भाषाओं के काव्य से पद्य रचना अभिप्रेत है।

एक भाषा में रचित काव्य को दूसरी भाषा में काव्यानुवाद रूप देने के सन्दर्भ में प्रसिद्ध लेखक **सिडनी** का कथन है :

"Ideas can be translated but not the worlds and their associates."

अर्थात् विचारों का अनुवाद किया जा सकता है परन्तु शब्दों और उनसे जुड़े सन्दभों का अनुवाद सम्भव नहीं।

असम्भव को सम्भव बनाना मानव की सदैव एक कामना और अदम्य इच्छा ही नहीं रही, अपितु इस दिशा में उसने बहुत कुछ कर भी दिखाया है। काव्यानुवाद के क्षेत्र में भी मानव पीछे नहीं रहा। वेद, उपनिषद, बाइबल, कुरान आदि श्रीमद्भगवद्गीता के अनेक भाषाओं में गद्यानुवादों के साथ-साथ सुन्दर पद्यानुवाद भी उपलब्ध है। हिन्दी में श्रीधर पाठक ने अंग्रेजी कवि गोल्डस्मिथ के कविताओं के बड़े ही सुन्दर काव्यानुवाद प्रस्तुत किये हैं।

(ii) नाट्कानुवाद--नाटक दृश्य काव्य ओर रंगमंच की एक विधा है। यह एक निर्विवाद सत्य है कि श्रव्य (सुनी जाने वाली बात) की अपेक्षा दृश्य (दिखाई देने वाली बात) का प्रभाव कहीं अधिक होता है। यही कारण है कि यह विधा

अपेक्षाकृत अधिक लोकप्रिय है। इसमें सभी कलाओं--नृत्य, गीत तथा वाद्य आदि का समावेश होने के कारण इसका एक अपना आकर्षण भी है।

नाटक का नाटक के अनुवार सरल कार्य नहीं। रंगमंच, नाटक के विषय के परिवेश, संवादों के सन्दर्भ तथा भाषा की आत्मा आदि की सही और गहरी जानकारी रखने वाला अनुवादक ही अपने उद्देश्य में सफल हो सकता है।

नाटकों के नाटकों के रूप में अनुवाद की एक सुदीर्घ परम्परा मिलती है। गेटे ने कालिदास के 'अभिज्ञानशाकुन्तलम' नाटक का अनुवाद करके ही विश्व को संस्कृत भाषा के महत्व से परिचित कराया था। हिन्दी में भारतेन्दु युग और द्विवेदी युग नाटक के क्षेत्र में अनुवादों के ही युग रहे हैं। इन युगों में संस्कृत, अंग्रेजी और बंगला के नाटकों के हिन्दी में किये गये अनुवादों की एक विस्तृत परम्परा मिलती हैं। स्वयं भारतेन्दु ने संस्कृत नाटककार विशाखादत्त द्वारा लिखित 'मुद्राराक्षस' नाटक का तथा शेक्सपीयर के 'मर्चेन्ट ऑफ वेनिस' का हिन्दी में अनुवाद किया।

(iii) कथानुवाद--उपन्यास तथा कहानी कथा साहित्य में परिगणित है। साहित्य का यह रूप सर्वाधिक प्राचीन है। बच्चा थोड़ा सा समझदार होते ही कहानी सुनने लगता है। दादी, नानी, बच्चे को कहानी सुनाकर खिलाती-पिलाती तथा जगाती-सुलाती हैं। कथा साहित्य का अनुवाद अपेक्षाकृत सरल है। दोनों भाषाओं की प्रकृति और वर्णित विषय के परिप्रेक्ष्य से जानकारी रखने वाला सही अनुवाद प्रस्तुत करके विषय के साथ न्याय तथा पाठकों की सन्तुष्टि कर सकता है। आज विश्व की सभी भाषाओं के उत्कृष्ट उपन्यासों तथा कहानियों के दूसरी भाषाओं में सफल अनुवाद मिलते हैं। यह प्रवृत्ति आज अधिक लोकप्रिय होती जा रही है।

(iv) निबन्धानुवाद--नाटक और कथासाहित्य में गद्य एक माध्यम मात्र होता है, परन्तु निबन्ध और आलोचना में उसके स्वतल्त्र अस्तित्व और स्वरूप का परिचय मिलता है। आचार्य रामचन्द्र शुक्ल ने तो निबन्ध को गद्य की कसौटी माना है, जिसका अर्थ यह है कि प्रौढ़ और विकसित रूप का प्रयोग ही निबन्ध में अभिप्रेत है।

निबन्ध और आलोचनापरक साहित्य का अनुवाद काफी क्लिष्ट कार्य है। निबन्ध में प्रयुक्त भाषा के लालित्य की सुरक्षा सरल कार्य नहीं परन्तु अध्यवसायियों ने इस क्षेत्र को भी सूना नहीं रहने दिया। आचार्य महावीर प्रसाद द्विवेदी ने बेकन के निबन्धों के अनुवाद किये जो 'बेकन निबन्धावली' में सुग्रहीत हैं। इसी प्रकार डॉ. सूर्यकान्त शास्त्री ने हड्सन की 'प्रिसिंपल ऑफ क्रिटिसिज्म' नामक आलोचनापरक पुस्तक का हिन्दी में 'समीक्षा-शास्त्र' नाम से अनुवाद प्रस्तुत किया है।

(3) विषय के आधार पर अनुवाद के रूप भेद--वर्णनीय विषय अनन्त हैं और उसके प्रकार भी असंख्य हैं, उनके आधार पर अनुवाद के भी अनेक रूप भेद हो जाते है। उदाहरणार्थ विषय सरकारी हो सकते हैं और निजी भी। इसके अतिरिक्त धार्मिक, सामाजिक, अध्यात्मिक, साहित्यिक, दार्शनिक, वैज्ञानिक और तकनीकी आदि। इन सब भेदों की समेटना और उनकी गणना करना सम्भव नहीं है।

(4) अनुवाद की प्रकृति के बाधार पर अनुवाद के रूप भेद--यों तो अनुवाद की प्रकृति के आधार पर भी उसके कितने ही रूप भेद किये जा सकते हैं, फिर भी मोटे तौर पर उसके दो भेद हैं--(i) मूलनिष्ठ, और (ii) मूलयुक्त।

(i) मूलनिष्ठ अनुवाद--यथासम्भव मूल (स्रोतभाषा में निबद्ध रचना) का यथातथ्य अनुगमन करने वाला अनुवाद मूलनिष्ठ अनुवार कहलाता है। **इस अनुवाद में केवल कथ्य का यथावत् अनुगमन नहीं किया जाता अपितु कथन शैली का भी पूर्णतः अनुगमन किया जाता है।** कथ्य और कथन शैली में पर्याप्त ही नहीं अपितु पूर्ण अनुरूपता के कारण यह अनुवाद मूल के निकट रहता है और दोनों में यथासक्य समानता आ जाती है।

(ii) मूलयुक्त अनुवाद--इस अनुवाद में अनुवादक कथ्य की प्रकृति में भी स्वतन्त्रता नहीं ले सकता, हाँ कथन की शैली अथवा अभिव्यक्ति के ढंग में वह अवश्य अपना निजी मार्ग चुन सकता है। वह लक्ष्यभाषा की प्रकृति को, अनुवाद के उद्देश्य को, श्रोताओं की योग्यता को दृष्टिगोचर करता हुआ उसमें आवश्यकतानुसार थोड़ा-बहुत परिवर्तन-परिवर्द्धन कर सकता है। इस दिशा में वह उद्धरणों और उदाहरणों का देशीयकरण भी कर सकता है। इस मूलमुक्त अनुवाद को मूलधारित अथवा मूलाधृत नाम भी दिया जाता है।

वास्तव में अनुवाद की प्रकृति के आधार पर ये दो ही भेद होते हैं और सभी अनुवाद इन दोनों में से किसी एक के अन्तर्गत हैं। फिर भी इनके प्रचलित अन्य रूप-भेद इस प्रकार से हैं--

(1) शब्दानुवाद--इसमें लक्ष्य-भाषा की प्रकृति को ध्यान में रख कर स्रोत-भाषा के अवतरण का शब्दशः अनुवाद किया जाता है। उदाहरणार्थ अंग्रेजी के अधोलिखित वाक्य का अनुवाद दृष्टव्य है--

He is going to purchase material from the market.
वह है जा रहा को खरीदने सामान से बाजार
अथवा

वह जा रहा है खरीदने को सामान बाजार से।

इस प्रकार के अनुवाद को "मक्षिका स्थाने मक्षिकापातः" मक्खी पर मक्खी मारना कहा जायेगा। कभी-कभी ऐसा अनुवाद उपहास का विषय भी बन जाता है। जैसे हिन्दी के इस वाक्य--वह हवा खाने गया है--का अंग्रेजी अनुवाद--He has gone to eat air.

परन्तु इस प्रकार का अनुवाद विज्ञान और तकनीकी विषयों के लिए उपयोगी सिद्ध होता है।

(2) भाषानुवाद--इसमें स्रोत-भाषा की रचना के काव्य को नहीं अपितु उसमें निहित भाव अथवा अभिप्राय को महत्व दिया जाता है। अनुवाद प्रक्रिया के दो पक्षों--अर्थग्रहण और सम्प्रेषण में यहाँ सम्प्रेषण को ही गौरव दिया जाता है। इसे इस प्रकार से भावात्मक सम्प्रेषण कहा जा सकता है।

अनुवाद का यह भेद ललित साहित्य के लिये अधिक उपयोगी सिद्ध होता है क्योंकि अनुवादक इसमें अपनी सर्जकशक्ति का पूरा-पूरा उपयोग कर सकता है। इसकी एक बहुत बड़ी और उल्लेखनीय विशेषता यह रहती है कि मूल लेखक द्वारा लाये गये सौन्दर्य की अनुवाद में पूर्ण रक्षा की जा सकती है।

(3) छायानुवाद--इस अनुवाद में अनुवादक मूल से बंध कर नही चलता अपितु उसका केवल प्रभाव ग्रहण करता है। यहाँ तक कि रचना में आये व्यक्तियों और स्थानों के नामों का भी देशीयकरण कर लिया जाता है। मूल रचना की अनूदित रचना में छाया रहने के कारण ही इसे अनुवाद नाम दिया जाता है।

(4) व्याख्यानुवाद--इसमें स्रोत-भाषा की मूल सामग्री की लक्ष्य-भाषा में व्याख्या विस्तृत रूप में की जाती है। फलतः इसमें अनुवादक का व्यक्तित्व, पाण्डित्य, शैली, अभिव्यक्ति कौशल आदि प्रतिबिम्ब होते हैं। वस्तुतः यहाँ अनुवादक व्याख्याता का रूप ले लेता है। लोकमान्य तिलक द्वारा 'गीता रहस्य' शीर्षक से लिखा गया 'श्रीमद्‌भगवद्‌गीता' का अनुवाद इसका उदाहरण है।

(5) सारानुवाद--किसी के भाषण, प्रवचन अथवा व्याख्यान के अनावश्यक अंशों को छोड़कर केवल उपयोगी सामग्री का सार रूप में अनुवाद सारानुवाद करना कहलाता हे। अपनी संक्षिप्पता, सरलता और स्पष्टता के कारण अनुवाद का यह रूप अत्यन्त उपयोगी अवश्य सिद्ध होता है, परन्तु इसमें अनुवादक के विवेक की परीक्षा होती है। यदि अनुवादक त्याग और ग्रहण में विवेक का प्रयोग नहीं कर पाता तो सम्भव है कि उपयोगी छूट जाये और अनुपयोगी आ जाये। लम्बे भाषणें और रिपोटों के अनुवाद के लिये सारानुवाद की उपयोगिता सिद्ध हो चुकी है।

(6) वार्तानुवाद--आजकल विज्ञान के स्थान और समय पर विजय प्राप्त कर विश्व के देशों को एक-दूसरे के समीप ला दिया है। दो भिन्न देशों के विशष्ट व्यक्ति जब किसी एकसमान हित के विषय पर बातचीत करने के लिए आपसे में मिलते हैं तो दोनों एक-दूसरे की भाषा से अपरिचित होते हैं। उन दोनों की भाषा समस्या को सुलझाने के लिये अनुवाद अपनी महत्वपूर्ण भूमिका निभाता है। वह एक की अपनी भाषा में कही बात को दूसरी की भाषा में अनूदित कर उसे बताता है। यहाँ अनुवादक को 'दुभाषिया' नाम दिया जाता है।

आजकल विदेशी राजनयिकों और विद्वानों के दूसरे देशों में अथवा एक ही देश के राजनेताओं द्वारा भिन्न-भिन्न प्रान्तों में जनता को किये गये सम्बोधनों के भी मूल कथन के साथ-साथ अनुवाद करने की प्रथा चल पड़ी है। इसे आशु-अनुवाद नाम भी दिया जाता है।

(7) रूपान्तरण--स्रोत-भाषा के कथ्य को लक्ष्य में प्रस्तुत करते समय उसके रूप में अन्तर ला देने अथवा उसके रूप को परिवर्तित कर देने (Change in form) का नाम ही रूपान्तरण है। इसमें अनुवादक स्रोत-भाषा की सामग्री की कोई भी विधा-मूल से सर्वथा भिन्न देने को स्वतन्त्र होता है। आजकल अनेक उपन्यासों तथा कहानियों के कथ्य को नाट्यरूप में परिवर्तित करके दूरदर्शन पर प्रदर्शित करने की एक परम्परा चल पड़ी है। यह सब रूपान्तरण है। कविता को कहानी (गद्य रूप) देना तथा श्रव्य विधा को दृश्यविधा का रूप देना रूपान्तरण है। यह विधा आज बहुत ही लोकप्रिय है।

(8) आदर्श अनुवाद--स्रोत-भाषा और लक्ष्य-भाषा के कथ्य में धिकतम-साम्य जिससे कि लक्ष्य-भाषा की अभिव्यक्ति स्रोत-भाषा की ही अभिव्यक्ति लगे। इस प्रकार दोनों के कथ्य में निकटतम सम्बन्ध का होना आदर्श अनुवाद कहलाता है। इसमें अनुवादक का यही प्रयास रहता है कि उसके अनुवाद में सहजता, सरलता और प्रवाह के अतिरिक्त सौन्दर्य का इस प्रकार समावेश हो कि पाठक उसकी रचना से मूलरचना के पाठक के समान ही आनन्द-लाभ कर सके। इस दृष्टि से आदर्श अनुवाद का आदर्श वाक्य ही यही होता--"Nothing to add a Nothing to leave" अर्थात् अपनी ओर से कुछ जोड़ना नहीं और मूलकथ्य की किसी भी बात को छोड़ना नहीं। पश्चिमी विद्वानों ने आदर्श अनुवादक की सिरिंज की सुई से तुलना की। जिस प्रकार यह सुई शीशी से इंजैक्शन की दवा लेकर रोगी के शरीर में ज्यों-की-त्यों पहुँचा देती हैं, उसी प्रकार स्रोत-भाषा के मूलकथ्य को लक्ष्य-भाषा में ज्यों-का-त्यों पहुँचाने वाला अनुवाक की आदर्श अनुवादक होता है।

इसमें उसकी भूमिका तटस्थ दर्शक की होती है। उसे क्या और कैसे कहा गया है, इससे कुछ लेना-देना नहीं होता, उसे तो केवल ज्यों का त्यों उगलना होता है और इसी में उसकी सफलता और विशिष्टता निहित रहती है।

सारानुवाद

मानव संस्कृति में आवश्यकतानुसार अनुवाद कार्य कई प्रकार से आरम्भ हुआ और मूलनिष्ठ अनुवाद कार्य से संभवतः सारानुवाद ही अनुवाद का प्रथम रूप रहा होगा। सारानुवाद का अर्थ तो स्वयं इस शब्द में ही निहित है, अर्थात् स्रोत-भाषा के लेख के संक्षिप्त रूप का अनुवाद, परन्तु उसके ऐसे संक्षेप का जो मूल में वर्णित सभी बिन्दुओं पर समुचित प्रकाश डालता हो। सारानुवाद में स्रोत के समग्र मर्म बिन्दुओं को समेटते हुए उसका निरूपण दूसरी भाषा में करना बहुत बाद में आई होगी, तब जब भाषा का प्रयोग आलेखन के रूप में आरम्भ हुआ। उससे पहले भी दो विभिन्न बोलियाँ बोलने वाले लोग जब मिलते होंगे तो कैसे बात करते होंगे, इस कल्पना के प्रत्युत्तर में यही कहा जा सकता है कि ऐसी भेंट-वार्ता को समझने तथा समझाने के माध्यम संकेत रहे होंगे, परन्तु धीरे-धीरे संकेत संक्रमण के साथ ऐसे दोनों ही विभिन्न बोलियों के बोलने वालों ने एक दूसरे की भाषा को संकेतों से तामेल बनाकर ही सीाा होगा। तत्पश्चात् जब भी ऐसे दो भाषाओं के जानकारों को कभी एक-दूसरे की बातें एक-दूसरे की बोली से अनजान दो लोगों के बीच उपस्थित होने का अवसर मिला होगा तो उन्होंने उन दोनों को एक-दूसरे की बातें एक दूसरे की भाषा के अनुवाद करके ही समझाई होंगी। ऐसी स्थिति में आवश्यक नहीं था कि ऐसे माध्यम एक-दूसरे की बातें, एक-दूसरे को बताते समय बातों के हर बिन्दु पर ही प्रकाश डालने की आवश्यकता को समझते हों। वह भी एक-दूसरे को बताते समय बातों के हर बिन्दु पर ही प्रकाश डालने की आवश्यकता को समझते हों। वह भी एक-दूसरे को एक-दूसरे की बातें सरसरी तौर से ही समझाते रहे होंगे। अतः ऐसे लोग ही इस संसार में पहले अनुवाद कहे जाने योग हैं। कालान्तर में इन माध्यमों की आवश्यकता और बढ़ी। शासकों के भी दरबारों में दूसरे भाषा-भाषी आते होंगे तो दो भाषा जानने वालें की विशेष पूछ रही। उस समय सारानुवाद का रूप कुछ बदला होगा और वह उन तत्वों को भी वाहक बना होगा जिनकी हम सारानुवाद से आज अपेक्षा करते हैं। लेखन-कला के अभ्युदय के बाद सारानुवाद के स्वरूप का और भी सुगंठित होना स्वाभाविक था ही। एक लम्बी बात को उसके हर पहलू पर विचार करते हुए समझना, फिर उसे

उसके हर पहलू के मर्म सहित दूसरी भाषा में प्रकट करना सारानुवाद ही था मानव जाति का विभिनन भाषा-भाषी लोगों के साथ होने वाले संक्रमण तथा सम्मिलन ने अनुवाद की रूपरेखा सारानुवाद के रूप में ही रची।

भाषाओं के परिपक्वता तथा राजकाज में प्राप्त प्रतिवेदनों को पूरी तरह न पढ़ पाने, परन्तु उनको उनके सम्पूर्ण रूपों में समझ लेने की क्रिया का कारक सारानुवाद ही बना। निश्चित रूप से किसी भी आलेख का दूसरी भाषा में अनुवाद इसी क्रिया के समानान्तर रूप में अग्रसर हुआ। इस व्यावहारिक स्थिति के आ जाने के बाद ग्रन्थों के अनुवाद कार्य का आविर्भाव हुआ। मनुष्य की ज्ञान-पिपासा ने दूसरी भाषाओं की रचनाओं को टटोला और उनके अनुवाद भी किये तथा सारानुवाद भी।

कभी आवश्यकतानुसार किसी पूरे आलेख को समझने की जिज्ञासा होती है तो कभी उसके सार को समझ लेने से ही काम चल जाता है। प्रायः ऐसा सदा से होता रहा है तथा आज भी होता है। प्रशासनिक कार्य-व्यवहार में तो यह एक नित्य का ही कार्यक्रम है। जब किसी अधिकारी को अपने सामने रखी पूरी थीसिस को पढ़ लेने का समय नहीं होता, तो वह उसके प्रपत्रों के सारानुवाद की अपेक्षा करता है। यह कार्य छोटे स्तर से लेकर मंत्रिमण्डलीय स्तर तक होता है। बड़ी-बड़ी पुस्तकों के संक्षिप्त सारानुवाद भी बाजार में देखे जाते हैं।

सारानुवाद को पूरी तरह आशु कार्य भी नहीं समझना चाहिए, लेकिन आशुकार्य के रूप में यह वर्तमान संचार-संकृति में बहुत आता है। प्रायः समाचार-पत्रों में राजनीतिज्ञों, नेताओं, धर्मोपदेशकों के भाषण, उपदेशों-प्रवचनों आदि के सारानुवाद ही प्रकाशित किये जाते हैं, जो शीघ्रातिघ्र संवाददाताओं द्वारा संचार माध्यमों को उपलब्ध कराये जाते हैं। प्रायः एक दूसरे की भाषा से अनभिज्ञ राजनयिकों, राजनीतिज्ञों और नेताओं के सम्मेलनों मे उनके वार्तालाप का सारा दारोमदार उन दोनों की भाषाओं के जानकार माध्यमों, जिन्हें दुभाषिया कहा जाता है, पर होता है। यह पूरा आशु अनुवाद होता है, जिसमें अनुवादक की जरा-सी असावधानी अर्थ का अनर्थ कर सकती है। प्रायः आजकल बहुपृष्ठी पुस्तकों के संक्षिप्त अर्थात् **एब्रिज्ड** संस्करण होने लगे हैं। इन्ही संक्षिप्तों का अनुवादीकरण भी सारानुवाद ही होता है। ऐसे अनुवाद प्रायः पाठ्य पुस्तकों के रूप में विद्यार्थियों को भी पढ़ाये जाते हैं। प्राचीन काल के माहकाव्य, धार्मिक ग्रन्थों के भी सारानुवादित संस्करण किये गये हैं। आधुनिक युग एक महाव्यस्त युग है, इसमें महाकाय ग्रन्थों को पढ़ने और समझने का समय बहुत कम लोगों के पास ही होता है, अतः सारानुवादों को पसन्द किया जाता है। सारानुवाद में

स्रोतकृति के मूल भावों की रक्षा करना अभीष्ट होता है, जो एक कठिन कार्य हैं। निश्चित रूप से अनुवादक द्वारा मूल विवरण के मुख्य बिन्दुओं की अवहेलना नहीं का जा सकती। कई बार मूल पाठ में मुहावरे, लोकोक्तियों, सूत्रवाक्यों का प्रयोग पाया जाता है। अनुवादकों को इनकी रक्षा करने में प्रायः कठिनाई होती है क्योंकि इनकी समभावी लोकोक्तियाँ, मुहावरे, सूत्र आदि लक्ष्य-भाषा में नहीं होते। इसके अतिरिक्त भले ही कोई अनुवादक किसी ग्रन्थ, वचन, भाषण आदि का सारानुवाद कर रहा हो, लेकिन उसे अनुवाद कार्य में अपेक्षित विषय बन्धन से मुक्त होने की स्वतन्त्रता नहीं होती। कहीं कही अनेक विवरण ऐसे होते हैं, जिनको अनुवादक भावानुवाद द्वारा एक-दूसरे से सम्बद्ध करता है, परन्तु ऐसे स्थलों को भावप्रवाही बनाये रखना उसका कर्त्तव्य होता है। इसी कारण हम सारानुवाद को स्रोत विषय की अवयवी रूपरेखा भी कह सकते हैं।

साहित्यिक कृतियों के अनुवाद में होने वाली समस्याएँ

साहित्यिक कृतियों के अनुवाद के सम्बन्ध में जिन सत्य तथा समस्याओं का ज्ञान होता है, वह है–

(1) कि कभी भी कोई बात अपने मौलिक चलन, गहराई या आकार में, उसकी स्रोत-भाषा में भी अपनी प्रकृतिवश अन्तरित नहीं की जा सकती तो अन्य भाषा में तो उसके यथार्थ का ग्रहण करना कैसे सम्भव है?

(2) कि एक भाषा से दूसरी भाषा में किसी कृति के अनुवाद कार्य में या तो कुछ छोड़ना होता है या कुछ जोड़ना होता है।

(3) कि कोई भी अनुवाद अधिक से अधिक अति-समानता की निकटता ही प्राप्त कर सकता है, स्रोत की मौलिक अभिव्यंजना को नहीं। इसका मुख्य कारण भाषाई तथा सांस्कृतिक आधारों की भिन्नता है।

(4) कि अनुवादक का यह कर्त्तव्य होता है कि वह स्रोत-भाषा के भाव-प्रभाव से जो अनुभूति स्रोत-भाषा के पाठक को होती है हो वही अनुभूति लक्ष्य-भाषा के पाठक को भी कराये, परन्तु ऐसा हो पाना असम्भव ही है। इसका कारण दोनों भाषाओं के बीच शब्द प्रभावी भाव असंतुलन होना है तथा वाक्य संरचना की विभिन्नता भी है।

गद्य अनुवाद तथा पद्य अनुवाद से आशय

गद्यानुवाद--मूल गद्य का गद्य में अनुवाद कहलाता है। प्रायः सभी भाषाओं में पद्य के अर्थ को भली प्रकार समझने के लिए उसका गद्य अनुवाद किया जाता

है। इसे अंग्रेजी में `Prose-Order' अर्थात् पद्य को गद्य की व्यवस्था देना कहा जाता है। हिन्दी में 'अन्वय' नाम दिया जाता है परन्तु यहाँ गद्यानुवाद से अभिप्राय एक भाषा के गद्य (प्रोज) की दूसरी भाषा में गद्य में प्रस्तुति है। अनुवाद का यह रूप आज सर्वाधिक प्रचलित है।

पद्यानुवाद--छन्दों में निबद्ध और गये रचना ही पद्य कहलाती है। किसी एक भाषा के पद्यों का दूसरी भाषा के पद्यों में ही अनुवाद प्रस्तुत करना, छन्दोबद्धता का निर्वाह करना, पद्यानुवाद कहलाता है। **मैथ्यू अर्नाल्ड** के 'लाइट ऑफ एशिया' का आचार्य रामचन्द्र शुक्ल द्वारा 'बुद्धचरित' के रूप में अनुवाद पद्यानुवाद का सुन्दर उदाहरण है। **श्रमद्भगवद्गीता, मेघदूत और गीत गोविन्द** जैसे संस्कृत ग्रन्थों के हिन्दी में ही पद्यानुवाद उपलब्ध हैं।

आदर्श अनुवाद

स्रोत-भाषा और लक्ष्य-भाषा के कथ्य में धिकतम-साम्य जिससे कि लक्ष्य-भाषा की अभिव्यक्ति स्रोत-भाषा की ही अभिव्यक्ति लगे। इस प्रकार दोनों के कथ्य में निकटतम सम्बन्ध का होना आदर्श अनुवाद कहलाता है। इसमें अनुवादक का यही प्रयास रहता है कि उसके अनुवाद में सहजता, सरलता और प्रवाह के अतिरिक्त सौन्दर्य का इस प्रकार समावेश हो कि पाठक उसकी रचना से मूलरचना के पाठक के समान ही आनन्द-लाभ कर सके। इस दृष्टि से आदर्श अनुवाद का आदर्श वाक्य ही यही होता--"Nothing to add a Nothing to leave" अर्थात् अपनी ओर से कुछ जोड़ना नहीं और मूलकथ्य की किसी भी बात को छोड़ना नहीं। पश्चिमी विद्वानों ने आदर्श अनुवादक की सिरिंज की सुई से तुलना की। जिस प्रकार यह सुई शीशी से इंजैक्शन की दवा लेकर रोगी के शरीर में ज्यों-की-त्यों पहुँचा देती हैं, उसी प्रकार स्रोत-भाषा के मूलकथ्य को लक्ष्य-भाषा में ज्यों-का-त्यों पहुँचाने वाला अनुवाक की आदर्श अनुवादक होता है। इसमें उसकी भूमिका तटस्थ दर्शक की होती है। उसे क्या और कैसे कहा गया है, इससे कुछ लेना-देना नहीं होता, उसे तो केवल ज्यों का त्यों उगलना होता है और इसी में उसकी सफलता और विशिष्टता निहित रहती है।

9

अनुवाद की प्रासंगिकता

हमारे समाज को यदि अनुवाद का युग कहा जाए तो वह कोई अतिशयोक्ति न होगी। सोच और व्यवहार के हर स्तर पर हम अनुवाद पर आश्रित हैं, अनुवाद के आग्रही हैं। शायद ही जीवन का कोई ऐसा क्षेत्र हो, जिसमें अनुवाद की उपादेयता प्रमाणित न की जा सके। अपरिहार्य तौर पर अनुवाद एक व्यापक और प्रासंगिकता स्थिति है। इसलिए यह सर्वथा स्वाभाविक ही है कि नये संसाधनों के विकास और व्यापकतर मानवीय संपर्कों के संदर्भ में अनुवाद के महत्त्व, प्रासंगिकता और भविष्य का अनुशीलन किया जाए। संसारभर में प्रयुक्त पाँच हजार से अधिक भाषाओं और बोलियों के बीच वैचारिक, सर्जनात्मक और कार्यात्मक तालमेल स्थापित रखने के लिए अनुवाद ही सर्वाधिक लोकप्रिय एवं उपयोगी माध्यम बन गया है। अे से दो सौ साल पहले अनुवाद कार्य और इससे जुड़े लोगों को दोयम दर्जे का स्थान प्राप्त था, लेकिन आज अनुवाद की बहुआयामी उपादेयता ने सारा नक्शा ही बदल दिया है। अनुवाद समकालीन जीवन की अनिवार्यता है, युगानुरूप परिदृश्यों में बेहद उपयोगी एवं संघन संभावनाशील है।

संस्कृत में अनुवाद शब्द का उपयोग शिष्य द्वारा गुरु की बात के दुहराए जाने, पुनःकथन, समर्थन के लिए प्रयुक्त कथन, आवृत्ति जैसे कई संदर्भों में किया गया है। लेकिन, आज अनुवाद शब्द का प्रयोग एक भाषा में किसी के द्वारा प्रस्तुत की गई सामग्री की दूसरी भाषा में पुनः प्रस्तुति के संदर्भ में किया जाता है। वास्तव

में अनुवाद भाषा के इंद्रधनुषी रूप की पहचान का समर्थतम मार्ग है। अनुवाद की अनिवार्यता को किसी भाषा की समृद्धि का शोर मचाकर टाला नहीं जा सकता और न अनुवाद की बहुकोणीय उपयोगिता से इंकार किया जा सकता है। अनुवाद को परिभाषित करने की अनेक कोशिशें हुई हैं और हर कोशिश में यही लक्ष्य किया गया है कि अनुवाद का मूल उद्देश्य स्रोतभाषा की विचार-सामग्री की अपनी भाषा में यथासंभव मूल रूप में उपस्थित करना है।

अनुवाद की परिकल्पना एक ऐसे संयत्र के रूप में की गई हे, जिससे होकर स्रोतभाषा की सामग्री लक्ष्यभाषा में रूपांतरित होती है। इसीलिए अनुवादक से अपेक्षा की जाती है कि वह स्रोतभाषा और लक्ष्यभाषा का समान जानकार हो। उभय भाषा-ज्ञान के समानांतर अनुवादक को विषय का ज्ञाता भी होना चाहिए। अर्थात् विषय की अंतरंग पैठ के बिना अनुवादक स्रोतभाषा की सामग्री का लक्ष्यभाषा में सही अनुवाद नहीं कर सकता। सच तो यह है कि अनुवाद कार्य के तीव्र और व्यापक उपयोग ने इस क्षेत्र की सावधानी को अधिकाधिक पैना बनाया है। जीवन और व्यवहार के हर नये-पुराने प्रक्षेत्र में अनुवाद के महत्त्व ने इसे व्यापक विस्तार दिया है। आने वाले दिनों में अनुवाद और अधिक सूच्यभेदक एवं लक्ष्यकेंद्रित होंगे।

अनुवाद की प्रासंगिकता और विलक्षणताओं के आलोक में संसारभर की भाषाओं में अनुवाद की शैलियाँ और प्रविधियाँ अपनाई गई हैं। यदि अनुवादक सावधानीपूर्वक शब्द और अर्थ की आत्मा का स्पर्श करते हुए स्रोतभाषा की प्रकृति के अनुरूप लक्ष्य भाषा में अनुवाद उपस्थित करे, तो यही आदर्श अनुवाद होगा। इसलिए श्रेष्ठ अनुवादक को ऐसा कुशल चिकित्सक कहा गया है जो बोतल में रखी दवा को अपनी सिरिंज के द्वारा रोगी के शरीर तक यथावत् पहुँचा देता है। सभ्यता के मौजूदा दौर में अनुवाद की अपरिहार्यता का अनुभव इसी कारण तीव्रता से किया जा रहा है कि संसार के किसी भी देश, भाषा और व्यक्ति के लिए शेष विश्व की तमाम उपलब्धियों से जुड़ने के लिए अनुवाद से बेहतर कोई माध्यम नहीं है। भाषाओं के पारस्परिक आदान-प्रदान से मनुष्य के वैचारिक तथा अभिव्यंजनामूलक स्वरूप में परिवर्तन द्वारा अनुवाद ने अपनी उपयोगिता प्रमाणित की है। राष्ट्रीय एकता से लेकर अंतर्राष्ट्रीय समीपता तक अनेक सामाजिक सूत्रों का नियमन अनुवाद से संभव होता है। ज्ञान-विज्ञान के विभिन्न क्षेत्रों में संसार की प्रगति और उपलब्धियों की अद्यतन जानकारी के लिए भी मनुष्य अनुवाद पर निर्भर है। नये तकनीकी संसाधनों और अधुनातन अनुसंधानों से परिचित होने के लिए अनुवाद

ही सर्वसुलभ माध्यम है। शेष विश्व के सामने अपनी पहचान सुरक्षित रखने और अनवरत विकासमान सभ्यता की दौड़ में पिछड़ने से बचने के लिए अनुवाद के वर्तमान और भविष्य के बारे में कोई संदेह नहीं होना चाहिए। अनुवाद की उपादेयता आज की जरूरत है और अनुवाद आने वाले कल का स्वाभाविक विकास-उपकरण होगा।

राष्ट्रीय एकता में अनुवाद का महत्त्व

एकता की अनिवार्य कड़ी के रूप में भाषा की भूमिका से भला कौन इंकार कर सकता है? भारत जैसे बहुभाषी देश में भाषा की यह भूमिका कुछ अधिक ही भास्वर है, क्योंकि अनेकता के बीच एकता के मंत्रों का उच्चारण भाषा के स्तर पर करने का संकल्प अनुवाद के सहयोग से ही पूरा हो सकता है। भौगोलिक, सांस्कृतिक, सामाजिक, आर्थिक दृष्टियों से हमारा देश बहुकोणीय है। एक साथ कई धर्मों, कई संप्रदायों, कई जातियों, कई भाषाओं और कई आचार-व्यवहारों के समन्वय से बना है भारत का मानचित्र। इतनी सारी विचारधाराओं, परंपराओं और ज्ञान-संपदा के उपकरणों को मिलाकर भारत की तस्वीर बनती है कि इन सबके सम्यक् परिज्ञान के बिना न तो भारतवर्ष के इतिहास और भूगोल की सही जानकारी मिल सकती है और न भारत की एकता की पहचान हो सकती है। इस कार्य में अनुवाद की उपादेयता सर्वाधिक उल्लेखनीय है।

भारत की राष्ट्रीय पहचान के विविध तत्त्व कश्मीर से कन्याकुमारी तक इस देश के विभिन्न भाषाभाषी लोगों के बीच बिखरे हुए हैं। मध्ययुग के भक्ति-आंदोलन से लेकर उन्नीसवीं-बीसवीं शताब्दी के स्वाधीनता संग्राम तक पारस्परिक संपर्क और संप्रेषण में अनुवाद ने अपनी विशिष्ट भूमिका का संवहन किया है। भारत की भावात्मक एवं राष्ट्रीय एकता के विभिन्न सूत्र इस देश के विशाल ज्ञानभंडार और चिंतन की सररणियों में बिखरे हुए हैं। देशभर में फैली भाषाओं, बोलियों और लिपियों का पार्थक्य अपिरचय के कई ऐसे विंध्याचलों को जन्म देता है, जिनसे राष्ट्रीय एकता कहीं-न-कहीं बाधित होती है। लेकिन, भारतीय साहित्य का अद्यतन इतिहास साक्षी है कि जिस प्रकार का स्वर हिंदीभाषी जनता की हृदयवीणा से निकलता रहा है, वैसा ही स्वर सारी भारतीय भाषाओं में भी गूँजता रहा है। अनुवाद के विस्तार ने अब यह बतला दिया है कि हजार वर्षों के लंबे इतिहास में भारतीय की परंपरा एक ही दिशा में प्रवाहित होती रही है। अनुवाद के प्रयास न होते तो चिंतन और सर्जना के स्तर पर व्याप्त अभूतपूर्व राष्ट्रीय ऐक्ट्रस के तथ्य

उजागर नहीं होते। अनुवाद के प्रयत्नों ने ही यह प्रमाणित किया है कि जब गोस्वामी तुलसीदास अपने 'रामचरितमानस' में मर्यादा पुरुषोत्तम श्रीराम के व्यक्तित्व को साकार कर रहे थे, ठीक उसी समय बंगला में कृत्तिवास, उड़िया में बलरामदास, असमिया में शंकरदेव, मराठी में एकनाथ, तमिल में कम्बन, मलयालम में एबुतच्छन और नेपाली में भानुदत्त भी रामकाव्य रच रहे थे। सूरदास की कृष्णभक्ति के साथ ही साथ तेलुगु में पोतना, गुजराती में नरसी मेहता, बंगला में चंडीदास, मलयालम में नंपुतिरि, कन्नड़ में कनकदास और उड़िया में जगन्नाथ दास भी कृष्णकाव्य के प्रणयन में व्यस्त थे। हिंदी में कबीर, पंजाबी में नानकदेव, तेलुगु में वेमना, मराठी में नामदेव और कश्मीरी में लल्लेश्वरी ने एक साथ निर्गुण ईश्वर की उपासना का संदेश दिया। अनुवाद के विस्तार ने ही यह संसूचित किया है कि भारत में ब्रिटिश शासन के जमने के बाद जब पुनर्जागरण की लहर राष्ट्रीय परिदृश्य में आई, तब अकेले भारतेंदु हरिश्चंद्र की आधुनिक युग के पुरोधा नहीं बने। तेलुगु में वीरेशलिंगम पंतुलु, मराठी में विष्णु शास्त्री चिपलूणकर, गुजराती में नर्मद, उड़िया में फकीर मोहन सेनापति, असमिया में लक्ष्मीनाथ बेजबरुआ, मलयालम में केरल वर्मा आदि ने भी आधुनिकता की दिशा में ऐसे ही प्रस्थान किए। बाद में जिस तरह हिंदी में छायावादी कविताओं का युग आया, उसी तरह मलयालम और तेलुगु में भी भाव पूर्ण कविता लिखी गई। अनुवादों ने बताया है कि निराला की विद्रोही कविताओं के समानांतर ही बंगला में नजरुल इस्लाम और तमिल में सुब्रह्मण्य भारती की राष्ट्रवादी कविताएँ रणभेरी बजा रही थीं। जिस समय जयशंकर प्रसाद अपने ऐतिहासिक नाटक लिख रहे थे, ठीक उसी समय बंगला में द्विजेन्द्र लाल राय भी नाट्यरचना में प्रवृत्त थे। प्रेमचंद के हिंदी उपन्यासों और शरत्‌चंद्र के बंगला उपन्यासों में सामाजिक समस्याओं के प्रति स्वीकृत समानधर्मिता का परिज्ञान अनुवाद ही देते हैं। अनुवाद की सुविधा के बिना लोग कैसे जान पाते कि सुमित्रानंदन पंत के काव्य और जी. शंकर कुरुप की मलयालम कविता में कहीं कोई तालमेल है अथवा हिंदी के शरद जोशी और गुजराती के विनोद भट्ट ने विसंगतियों का समान व्यंग्य शैली में निदर्शन किया है। निश्चय ही भारत की सभी भाषाओं में एक मूलभूत भावात्मक एकता विद्यमान रही है। एकता के इन तंतुओं को अधिकाधिक सुदृढ़ करने में अनुवाद की भूमिका अप्रतिम कही जा सकती है। जिस राष्ट्रीय एकीकरण की आवाज देश के विस्तृत मानचित्र पर गूँज रही है, उसके अपेक्षित पल्लवन में अनुवाद की सार्थकता निःसंदिग्ध है।

वास्तव में अनुवाद वह सशक्त माध्यम है, जिसके द्वारा राष्ट्र की एकसूत्रता

को सही दिशा मिलती है। अनुवाद की सुविधा के अभाव में हम अपने विशाल बहुभाषी राष्ट्र में ही अपरिचित जैसे रह जाते। अनुवाद ने संपूर्ण राष्ट्र को एकता के बंधन में बाँध रखा है और राष्ट्रीयता के सूत्रों को बिखरने से रोका है।

सामाजिक संस्कृति के विकास में अनुवाद

संस्कृति अपने बृहत्तर अर्थ में पूरी तरह मानव सभ्यता की उपलब्धियों का साझा कोष है। आचार्य हजारीप्रसाद द्विवेदी ने लिखा था कि मनुष्य की श्रेष्ठ साधनाओं का ही दूसरा नाम संस्कृति है। भारत जैसे बहुभाषी, बहुजातीय, बहुसंप्रदायी देश में एक साथ इतनी संस्कृतियों, धर्मों आचार-विचारों का समन्वय हुआ है कि इस देश में संस्कृति का एक समन्वित और मिश्रित स्वरूप अब स्थिर हो गया है। जिस तरह सागर अनंत नदियों की जलराशि को समाहित कर विशालता अर्जित करता है, उसी तरह भारतीय संस्कृति ने भी कई चिंतनधाराओं, कई विचारशैलियों और न जाने कितनी व्यवहारगत अवमानताओं को अपने भीतर पचाकर अनूठी समन्वयात्मकता का परिचय दिया है। भारत की इस बहुआयामी संस्कृति को ही सामासिक कहा गया है, जिसमें चिंतन, सृजन, भाषा, कल्पना और आचरण की तमाम विभिन्नताओं के बावजूद एक अद्‌भुत सामासिकता लक्षित होती है। भारतीय जनजीवन में व्याप्त अनेकता में विद्यमान सांस्कृतिक समीकरण ही इस सामासिक संस्कृति की मूलभूत विशिष्टता है। भारतीय संस्कृति में भारत की विविधताएँ अपनी संपूर्ण मौलिकता के साथ गुँथी हुई हैं। सामासिक संस्कृति की इस समन्वयात्मक चेतना का पल्लवन करने में अनुवाद का महत्त्व अप्रतिम है। अनुवाद के बिना हम कैसे जान पाते कि मौजूदा भारतीय साहित्य और चिंतन किन दिशाओं में अग्रसर है। राष्ट्रीय स्तर पर सोच और अभिव्यक्ति की दशा-दिशा की जानकारी अनुवाद के बिना संभव ही नहीं।

मध्यकालीन पुनर्जागरण से लेकर बीसवीं सदी के नवजागरण तक भारतीय संस्कृति की सामासिकता अधिक तीव्र हुई है। आर्य-अनार्य, देशी-विदेशी संस्कृतियों का घोर समन्वयात्मक चरित्र ही मौजूदा भारतीय संस्कृति के रूप में सामने आया है। यह स्वाभाविक ही है कि भारतीय सामासिक संस्कृति को उसकी संपूर्णता में परखा जाए। आज हम भारत के किसी स्थान विशेष की आचार-व्यवहारगत आदतों तक सीमित नहीं रह सकते हैं। व्यवहार की विविधता, चिंतन की स्वतंत्रता, सामाजिक संघर्ष और उदारवादी दृष्टिकोण के कारण सामसिक संस्कृति का लगातार विस्तार हुआ है। भारतीय संस्कृति की सामासिक अस्मिता को

अनुवाद को अनगिनत प्रयासों ने सौष्ठव प्रदान किया है। अनुवाद कार्य भारत की बहुआयामी सांस्कृतिक परंपराओं और उपलब्धियों में समन्वय का पर्याय कहा जा सकता है। इस सागर में भारत भूमि पर विचरण करने वाले विभिन्न धार्मिक-वैचारिक संप्रदायों, आचार-दर्शनों और सांस्कृतिक सरणियों का संगम हुआ है। समूचे देश की भौगोलिक सीमा में बिखरी सांस्कृतिक विरासतों और जीवनमूल्यों की सामाजिक छवि को अनुवाद-प्रक्रिया ने सही दिशा दी है।

भारतीय साहित्य के अध्ययन-अध्यापन में अनुवाद

भारतीय साहित्य का इतिहास विश्व के किसी भी देश की किसी भी भाषा के साहित्येतिहास से प्राचीन, प्रौढ़ और कलामय है। प्राचीन भारतीय आर्यभाषा के वैदिककाल से लेकर अब तक भारत की अनगिनत भाषाओं और बोलियों में चिंतन और सृजन की सुदीर्घ परंपरा उपलब्ध है। लेकिन, भारतीय साहित्य का तात्पर्य केवल विविध भाषाओं का रचनात्मक समुच्चय नहीं है, अपतु भारतीय साहित्य इस बहुभाषी और वैविध्यपूर्ण देश की सामासिक संस्कृति का समेकित प्रयास भी है। इसी कारण अब साहित्य का इतिहास मात्र हिंदी या बंगला या मराठी या तेलुगु की साहित्यिक उपलब्धियों के विवरण से नहीं तैयार हो सकता है। साहित्य के इतिहास को अब वृहत्तर भारतीय साहित्य के समेकित इतिहास के रूप में ही सही पहचान दी जा सकती है। अकेले सूरदास की चर्चा अब अपर्याप्त होगी। सूरदास के साथ गुजराती के नरसी मेहता, तेलुगु के पोतना, उड़िया को जगन्नाथ दास, असमिया के शंकरदेव, कन्नड़ के पुरंदरदास और बंगला के चंडीदास आदि कृष्णभक्त कवियों की प्रासंगिक चर्चा अपिरहार्य होगी। जब हिंदी में छायावादी कविताएँ लिखी जा रही थीं, ठीक उसी समय बंगला, मलयालम, पंजाबी, सिंधु, उर्दू, गुजराती, तेलुगु, मराठी आदि तमाम भारतीय भाषाओं में भाव और सौंदर्य पर आधारित स्वच्छंतावादी काव्य रचा जा रहा था। लेकिन मलयालम से अपिरिचत से रसिक के लिए कठिन है कि वह कुमार आशन् की भाववादी कविताओं से जुड़े मराठी नहीं जानता, वह विजय तेंदुलकर के नाटकों और कुसुमाग्रज की कविताओं का रसास्वादन नहीं कर सकता। जो हिंदी नहीं जानता, वह प्रेमचंद की कहानियों और परसाई के व्यंग्यों से अनभिज्ञ ही रह जाएगा। भाषा-ज्ञान के बिना भारत की विभिन्न भाषाओं में शताब्दयों में रचित साहित्य की उपलब्धियों से परिचित होना असंभव है। इसी असंभव को संभव बनाने में अनुवाद को उपादेयता कारगर होती है। अन्य भाषा के ज्ञान की कमी अनुवाद से

पूरी होती है। संपूर्ण भारतीय भाषाओं के साहित्य की विचार सामग्री और कलात्मक गरिमा का परिबोध अपनी ही भाषा में मिल जाए, यह अनुवाद का चमत्कार है। अनुवाद के ही कारण तुलसी और कंबन, प्रेमचंद और शरत्चंद्र, कबीर और वेमना, मीरा और अण्डाल, कालिदास और वाल्मीकि, भारतेंदु और नर्मद, दिनकर और इकबाल, वृंदावनलाल वर्मा और हरिनारायण आप्टे, उमाशंकर जोशी और अज्ञेय आदि भारतीय रचनाकारों से सारा हिंदुस्तान परिचित है। अनुवाद के ही कारण वल्लतोल पर मलयालमभाषियों को ही गर्व नहीं, रवींद्रनाथ ठाकुर केवल बंगला के रचनाकार ही नहीं, कबीर केवल हिंदी के विद्रोही कवि नहीं और गालिब पर केवल उर्दू शायरी के प्रेमी मुग्ध नहीं हैं। भारतीय साहित्य की अनमोल उपलब्धियाँ अनुवाद के कारण भाषा और देशकाल की सीमा में बँधी हुई नहीं हैं। स्वभावतः भारतीय साहित्य के अध्ययन और आस्वादन में अनुवादन की भूमिका को नकारा नहीं जा सकता।

इधर भारतीय साहित्य के समेकित इतिहास का अध्ययन लोकप्रिय हुआ है। सभी भारतीय भाषाओं के साहित्य का अध्ययन और अनुसंधान अनुवाद के बिना संभव नहीं। अनुवाद ने एतद्विषयक अध्ययन और अध्यापन को व्यापकता दी है तथा सुगम बनाया है। भारतीय साहित्य को उसकी समग्रता और विविधता में जानने और आँकने का सारा मौजूदा व्यापार अनुवाद पर ही अवलंबित है। अनुवाद ने भारतीय साहित्य के अध्येताओं को एक दूसरे के निकट लाने का सम्यक् प्रयास किया है। अनुवाद के बिना भारतीय साहित्य का समेकित अध्ययन संभव न था।

अंतर्राष्ट्रीय साहित्य के अध्ययन-अध्यापन में अनुवाद

अठारहवीं शताब्दी में ईस्ट इंडिया कंपनी के भारत-आगमन के बाद ही भारतीय मनीषा का वास्तविक संपर्क अंतर्राष्ट्रीय चिंतन और सृजन के साथ हुआ। इसके पूर्व सूफियों ने अरब देशों की दार्शनिक अभिव्यक्तियों से भारतीय साहित्य को जोड़ना चाहा था, लेकिन अंतर्राष्ट्रीय दृष्टि और रुचि का सही समाहार भारत में यूरोपीय शक्तियों के आगमन के बाद ही हुआ। पहले ईसाई धर्म-प्रचार के बहाने और फिर शैक्षणिक तथा प्रशासनिक कार्यों के लिए यूरोपीय भाषाओं से भारतीय भाषाओं में अनुवाद का उपयोग प्रारंभ हुआ। उन्नीसवीं शताब्दी के मध्य तक लोग अनुभव करने लगे कि यूरोपीय, विशेषतः अंग्रेजी साहित्य का अनुवाद भारतीय सोच और लेखन के लिए अपरिहार्य है। कहा जाने लगा कि जिस भारतीय

भाषा में अच्छे अनुवादक न हों, उसमें नये और मौलिक ग्रंथों के लेखक कहाँ मिलेंगे? एक श्रेष्ठ और मानक अनुवाद पर पचास निःसार मौलिक न्यौछावर करने की मानसिकता पनपने लगी। परिणामतः हिंदी और समस्त आधुनिक भारतीय आर्य भाषाओं में अंग्रेजी साहित्य के संचित ज्ञान और कला का अनुवाद होने लगा। 'ग्रंथकारों से निवेदन' शीर्षक अपनी कविता में आचार्य महावीरप्रसाद द्विवेदी ने अनुवाद का आग्रह किया है–

'इंग्लिश का ग्रंथ-समूह बहुत भारी है,
अति विस्तृत जलधि समान देहधारी है।
संस्कृति भी इसके लिए सौख्यकारी है,
उसका भी ज्ञानागार हृदयहारी है।
इन दोनों में से अर्थरत्न ले लीजै,
हिंदी के अर्पण उन्हें प्रेमयुत कीजै।

अंग्रेजी से हिंदी में अनुवाद का सिलसिला इस निवेदन के बहुत पहले से चल रहा था। भारतेंदु हरिश्चंद्र ने 1880 में विलियम शेक्सपीयर के नाटक 'मर्चेंट ऑफ वेनिस' का अनुवाद 'दुर्लभ बंधु' के रूप में किया और श्रीधर पाठक ने 1886 में ऑलिवर गोल्डस्मिथ की काव्यकृति 'हरमिट' का अनुवाद 'एकांतवासी योगी' के नाम से किया। अंग्रेजी और अन्य विदेशी भाषाओं से हिंदी एवं उसकी सहवर्ती भारतीय भाषाओं में अनुवाद के पिछले लगभग सवा सौ वर्षों के इतिहास में अंतर्राष्ट्रीय साहित्य के साथ भारतीय लेखकों, पाठकों एवं अध्येताओं का रिश्ता प्रगाढ़ हुआ है।

यह अनुवाद का ही चमत्कार है कि अंतर्राष्ट्रीय साहित्य का अध्ययन और अध्यापन भारतीय भाषाओं में संभव हुआ है। अनुवाद के कारण ही हम टाल्सटाय के उपन्यासों और शेक्सपियर के नाटकों से परिचित हुए हैं। अनुवाद के कारण ही कामू, सार्त्र और बैकेट से लेकर यासुनारी कावाबाता, पाब्लो नेरूदा और नादीना गार्डिनर तक की रचनाकारी से भारतीय पाठक लाभान्वित हैं। अनुवाद ने न केवल पाठकीय रुचि को अंतर्राष्ट्रीय आस्वाद प्रदान किया है, बल्कि अध्ययन और अनुसंधान को नई दिशाएँ भी दी हैं। अंतर्राष्ट्रीय साहित्य का अध्ययन हमें अतीत और वर्तमान के विश्व से परिचित कराता है। सारे संसार की विभिन्न भाषाओं में विभिन्न विधाओं में रचे जा रहे साहित्य के अध्ययन से संलग्न अध्येताओं के शिक्षण में भी अनुवाद की अप्रतिम भूमिका लक्षित होती है। वास्तविकता तो यह है कि अंतर्राष्ट्रीय साहित्य का अध्ययन और अध्यापन अनुवाद के बिना संभव नहीं

है। अनुवाद के कारण ही अंतर्राष्ट्रीय साहित्य का समग्र स्वरूप किसी भी भाषा में साकार होता है। ऐसा विश्व की किसी भी भाषा के साहित्य के संदर्भ में स्वीकारा जा सकता है। 'अभिज्ञान शाकुन्तलम्' को पढ़कर जर्मन कवि गेटे अनुवाद के कारण ही चमत्कृत हो सके थे। अनुवाद के आधार पर ही शापेनहावर और टी. एस. इलियट के सामने भारतीय उपनिषदों का संसार उजागर हुआ। निश्चय ही अनुवाद के कारण अंतर्राष्ट्रीय साहित्य के अध्ययन और अध्यापन में सुगमता और गतिमयता आई है।

तुलनात्मक साहित्य के अध्ययन में अनुवाद

राष्ट्रीय और अंतर्राष्ट्रीय स्तर पर विभाजन और अनास्था के इस दौर में एकता और सामासिकता की कड़ियों को जोड़ने का एक महत्त्वपूर्ण प्रयास है साहित्य का तुलनात्मक अध्ययन। तुलना की प्रवृत्ति ने मनुष्य के ज्ञान और कौशल को सर्वदा ही हर क्षेत्र में विस्तार दिया है। साहित्य के अध्ययन की तुलनात्मक प्रविधि भी मनुष्य के चिंतन और सृजन की एक विशिष्ट प्रक्रिया है। तुलनात्मक अध्ययन द्वारा प्रकाश में नहीं आ पाती। तुलनात्मक अध्ययन एकाधिक भाषाओं और साहित्यों के परस्पर संपर्क को बढ़ाता है। विभिन्न सर्जनात्मक इकाइयों के परस्पर निकट आने की संभावनाओं को प्रोत्साहित करने के साथ ही साथ तुलनात्मक अध्ययन विविधता में एकसूत्रता के अंतःदर्शन को उजागर करता है। दो भाषाओं के साहित्यों का तुलनात्मक अध्ययन करते समय लगातार ऐसा प्रतीत होता है कि दो भाषाओं के माध्यम से वस्तुतः एक ही सोच, एक ही संस्कृति के दो अभिव्यक्ति-माध्यमों से प्रस्तुत किया गया है। विभिन्न भाषाओं के आवरण में एक ही वैचारिक धरातल या एक ही जीवन-मूल्य का साक्षात्कार इंगित करता है कि इनके बीच भिन्नता केवल आवरण की है, आत्मा की नहीं। सूरदास और नरसी मेहता का कृष्णकाव्य, रामचरितमानस और कृत्तिवास रामायण, भारतेंदु और वीरेशलिंगम पंतुलु हिंदी और मराठी उपन्यास, दिनकर और इकबाल, फणीश्वरनाथ रेणु और सतीनाथ भादुड़ी, हिंदी और पंजाबी, रामकाव्य, केशवदास और श्रीनाथ, हिंदी और कन्नड़ भक्ति आंदोलन, महादेवी वर्मा और बालमणि अम्मा आदि न जाने कितनी ही दिशाओं में तुलनात्मक अध्ययन और अनुसंधान का विस्तार हुआ है। ऐसे तमाम अध्ययनों से यही प्रमाणित हुआ है कि विभिन्न राज्यों की भाषा-भूमियों पर प्रवाहित होने वाली भावधारा और विचार-सरिता एक ही है। इस निष्कर्ष तक पहुँच पाना

अनुवाद के बिना संभव नहीं। वास्तविकता तो यह है कि अनुवाद तुलनात्मक अध्ययन की आधारभूत धुरी है। अनुवाद के सहारे ही एक भाषा को जानने वाले अन्य भाषा की साहित्यिक उपलब्धियों से परिचित होते हैं। अनुवाद की सुविधा न होती तो हिंदीभाषी लोग शरत्चंद्र, तुकाराम, वेमना, अकबर इलाहाबाद, वसवेश्वर, के.पी. पुटप्पा, ज्योतींद्र दवे, खांडेकर आदि अनगिनत भारतीय रचनाओं की सर्जना से अपरिचित ही रह जाते। ठीक यही बात अन्य भारतीय भाषा-भाषियों की हिंदी साहित्य संबंधी जानकारी के संदर्भ में भी कही जा सकती है। अनुवाद के प्रसार न तुलनात्मक अध्ययन को राष्ट्र की सीमा से बाहर निकालकर विश्वफलक तक पहुँचाया है। परिणामतः भारत के कबीर और फ्रांस के रैबले, हिंदी के प्रेमचंद और रूसी के मैक्सिम गोर्की, अज्ञेय और टी.एस. इलियट, निराला और एजरा पाउंड, जयशंकर प्रसाद और विलियम शेक्सपियर आदि के तुलनात्मक अध्ययन अनुवाद की सुविधा से व्युत्पन्न अंतर्राष्ट्रीय प्रयास ही है।

तुलनात्मक अनुशीलनों से विभिन्न भाषाभाषियों का यह दंभ और भ्रम भी टूटता है कि उनकी भाषा का साहित्य ही अन्यतम है। समानताओं और विषमताओं का तुलनात्मक विवेचन यही स्थापित करता है कि किसी भी भाषा के साहित्य की खूबियाँ और खामियाँ वैचारिक एवं सर्जनात्मक स्तर पर कितनी भास्वर, कितनी सामसिक हैं। यह सब अनुवाद के माध्यम से ही संभव हो सका है। अनुवाद के सहारे ही एक राष्ट्र के साहित्य की परिधि के परे दूसरे राष्ट्रों के साहित्य के तुलनात्मक अध्ययन की परिकल्पना साकार हुई है। अनुवाद के कारण जो कुछ भी तुलनीय है, वह तुलनात्मक अध्ययन का विषय बन जाता है। अनुवाद की सुविधा से तुलनात्मक अध्ययन के कारण मानव के सीमित ज्ञान-क्षेत्र का विस्तार होता है। अनुवाद ने तुलनात्मक अध्ययन, अध्यापन और अनुसंधान को निश्चय ही व्यापक परिप्रेक्ष्य प्रदान किया है।

व्यवसाय के रूप में अनुवाद

अब से पचास वर्ष पहले तक हमारे देश में अनुवाद कार्य को हीन दृष्टि से देखा जाता था और अनुवादक की कोई सामाजिक पहचान नहीं थी। यह एक अधोस्तरीय कार्य था, जिसमें मौलिक निर्माण और सम्मानजनक स्थिति की कोई संभावना नहीं थी। पढ़े-लिखे बेरोजगारी लोगों को थोड़ा-सा आर्थिक सहारा देने अथवा किसी विशिष्ट साहित्य की किसी विशिष्ट कृति को अन्य भाषा में प्रचारित करने के अतिरिक्त अनुवाद की कोई भूमिका नहीं थी।

उन्नीसवीं शताब्दी के उत्तरार्द्ध में ही अनुवाद के महत्त्व को पहचाना गया लेकिन एक सशक्त माध्यम और सार्थक कार्य के रूप में अनुवाद को न तो व्यावसायिक प्रोत्साहन मिला और न जनसमर्थन ही। स्थिति यह थी कि न तो अनूदित पुस्तकों को प्रकाशक मिलते थे और न अनुवादक की कोई अस्मिता स्थिर हो रही थी। लेकिन जैसे-जैसे भारतीय परिदृश्य में ज्ञान-विज्ञान के नये-नये क्षेत्रों का विस्तार होता गया, अनुवाद का महत्त्व भी बढ़ता गया। कृषि, उद्योग, चिकित्सा, अभियांत्रिकी और व्यापार के विभिन्न आयामों से लेकर शिक्षा, प्रशासन, साहित्य और संस्कृति के विविध क्षेत्रों तक कार्यशैली में उपस्थित बदलाव ने अनुवाद के महत्त्व को नये रंगों से रेखांकित किया। परिणामतः अनुवाद की आवश्यकता जीवन के हर कदम पर, व्यवहार के हर पग पर अनुभव की जाने लगी। अनुवाद की इस अपरिहार्यता को नये संचार माध्यमों ने अधिकाधिक प्रोत्साहित किया। पत्रकारिता, चलचित्र, दूरदर्शन, आकाशवाणी, दूरभाष एवं संचार के अधुनातन माध्यमों ने अनुवाद के महत्त्व को अधिकाधिक विस्तार दिया। स्थिति यह है कि आज जीवन के हर चरण पर अनुवाद एक अनिवार्यता है और अनुवाद के बिना हम वर्तमान व्यस्त, तकनीकी, आधुनिक जीवन की कल्पना नहीं कर सकते। अनुवाद-कर्म के इस विस्तार ने विभिन्न राष्ट्रों की संस्कृतियों, समस्याओं और अनुभूतियों को भौगोलिक सीमाएँ तोड़कर एक दूसरे के निकट लाने का ऐतिहासिक कार्य किया है। विभिन्न देशों के बीच संवाद स्थापित करने में अनुवाद की भूमिका महत्त्वपूर्ण रहती है। अनुवाद की इन सारी नई कार्यदिशाओं ने अब अनुवाद को एक स्वतंत्र व्यवसाय के रूप में स्थापित कर दिया है। लाखों लोगों की आजीविका का आधार अनुवाद ही है।

नियोजनों के सर्वेक्षण से यह जानकारी मिलती है कि हमारे देश में हर सप्ताह कम-से-कम दस अनुवादकों की विज्ञप्तियाँ निकलती हैं। देशभर में फैले निजी एवं सार्वजनिक उपक्रमों, संस्थानों और प्रतिष्ठानों में अब एक स्वतंत्र राजभाषा प्रभाग कार्यरत है, जिसका मुख्य कार्य अनुवाद ही है। राजभाषा अधिकारी और हिंदी अनुवादक के पद पर कार्यरत असंख्य लोगों का व्यवसाय अनुवाद है। उनकी आजीविका का आधार अनुवाद है। प्रशासन, वाणिज्य, विधि, शिक्षा और ज्ञान-विज्ञान की विभिन्न शाखाओं की निजी पारिभाषिक शब्दावली के उन्नयन के अनुवाद कार्य को अधिकाधिक तर्कसम्मत, उपयोगी एवं संप्रेषणीय बनाया है। संचार माध्यमों के प्रसार और तकनीकी संसाधनों के विस्तार ने संसारभर के चिंतन, अनुभव और अभिव्यक्ति को संसारभर के लिए

सुलभ कराने की प्रस्तावना अनुवाद के भरोसे ही की है। यही कारण है कि आज संसार के हर क्षेत्र में अनुवाद का उपयोग हो रहा है और अनुवादकों की माँग बढ़ी है। आज अनुवाद कार्य एक कला, एक विज्ञान, एक व्यवसाय के रूप में सम्मानित है। अब किसी भी भाषा में अनुवाद करना दोयम दर्जे का काम नहीं रह गया है। अनुवाद के सौंदर्य और मौलिक प्रवाह से परिचित होने के बाद अब अनुवादक की प्रतिष्ठा और पहचान गौरवमंडित हुई है। अनुवाद ने बड़ी संख्या में नई पीढ़ी को आकर्षित किया है, क्योंकि अनुवादन एक चुनौतीभरा, कलात्मक, तकनीकी, सम्मानपूर्ण व्यवसाय है।

ज्ञान-विज्ञान के क्षेत्र में अनुवाद

मनुष्य की बौद्धिक क्षमता का न आदि है, न अंत। मानव-बुद्धि क्षेत्रों में विरासत से प्राप्त ज्ञान-राशि का उपयोग करती हुई ज्ञान-विज्ञान की नव्यतर दिशाओं में अग्रसर होती है। कला, संस्कृति, अध्यात्म, साहित्य, भौतिक विज्ञान, दर्शन, अभियांत्रिकी, चिकित्सा, सामाजिक विज्ञान, मनोविज्ञान, राजनीतिशास्त्र, शिक्षा आदि न जाने कितने क्षेत्रों में व्याप्त मानवीय प्रतिभा अनवरत नये-नये तथ्यों और नये-नये निष्कर्षों से जूझती रहती है। ज्ञान-विज्ञान की विश्वव्यापी विपुल सामग्री की उपलब्धता और सर्वग्राह्यता इस क्रम की पहली अपेक्षा है। अनुवाद ने सारे संसार के ज्ञान-विज्ञान को हस्तामलकवत् बना दिया है। रूस में हुए अधुनातन आविष्कारों से लेकर जापान में संपन्न नई तकनीकी क्रांति की जानकारी के लिए रूसी और जापानी भाषाओं को सीखना अब आवश्यक नहीं रह गया है। अनुवाद ने संसारभर की वैज्ञानिक और तकनीकी उपलब्धियों से समूचे संसार को परिचित रखने में ऐतिहासिक योगदान दिया है। तभी हम अंतरिक्ष विज्ञान, चिकित्सा, आनुवंशिक अभियांत्रिकी, कंप्यूटर और नव्यतम संचार साधनों के क्षेत्र में हो रहे नये से नये अनुसंधान से तत्काल जुड़ जाते हैं। इधर फ्रांस में ऊर्जा भौतिकी के क्षेत्र में डिटेक्टर्स का विकास होता है या अमरीका में प्रोटीन विषयक जैविक प्रक्रिया पर अनुसंधान सामने आता है और उधर अनुवादक यह सब नई वैज्ञानिक उपलब्धियाँ शेष विश्व के सामने विभिन्न भाषाओं में परोस देते हैं। यह सब विज्ञान का ही अवदान है कि ज्ञान-विज्ञान की समस्त शाखाएँ मनुष्य को उसके तकनीकी विकास का स्मरण कराती रहती हैं। वैज्ञानिक और तकनीकी अनुवाद का कार्य साहित्य और पत्रकारिता के अनुवाद जैसा कलात्मक एवं शैलीबहुल नहीं होता। यह अपेक्षाकृत शुष्क, मूर्त, तथ्यात्मक और सपाट होता है।

अनुवाद की इस दिशा में सांकेतिक और सूक्ष्मता के लिए अवकाश नहीं होता। स्रोतभाषा में कही गई तकनीकी बात को अविकल रूप में लक्ष्यभाषा में संप्रेषित करना ही तकनीकी एवं वैज्ञानिक अनुवाद का संकल्प होता है। ज्ञान-विज्ञान की विभिन्न दिशाओं में पारिभाषिक शब्दावली के अनुवाद और प्रयोग की केंद्रीय समस्या से जूझते हुए अनुवादक नये तकनीकी विषयों को सुगम बनाता है। एक ही पद शास्त्र एवं भाषा-विशेष में जिस अर्थ का द्योतक है, वही पद अन्य शास्त्र और भाषा-विशेष में किसी भिन्न अर्थ का द्योतन करता है। इसीलिए वैज्ञानिक एवं तकनीकी पारिभाषिक पदों के संदर्भ में यह ध्यान रखना पड़ता है कि पारिभाषिक शब्दों में सुनिश्चित, सर्वस्वीकृत, सुलभ एवं सहज अनुवाद द्वारा ज्ञान-विज्ञान का स्वाभाविक उन्मेष हो। अनुवाद के ऐसे प्रयासों से भाषा का मानवीकरण, पारिभाषिक शब्दावली का विकास और ज्ञान-विज्ञान की नई-पुरानी शाखाओं का उन्नयन संभव हुआ है। इसलिए, ज्ञान-विज्ञान की हर शाखा में आज अनुवाद एक अनिवार्यता है।

कंप्यूटर ने वैज्ञानिक एवं तकनीकी अनुवाद की प्रक्रिया को अधिकाधिक तार्किक, सूक्ष्म और सुगम बना दिया है। शब्द और अर्थ के निश्चयीकरण एवं विश्लेषण के आधार पर कंप्यूटर में अनुवाद की विलक्षण क्षमता आ जाती है। भाषा की व्यारणिक संरचना की तमाम प्रक्रियाओं की मदद से अगर कंप्यूटर का उपयोग स्रोतभाषा और लक्ष्यभाषा के बीच स्थानांतरण व्याकरण के लिए हो, तो अनुवाद कार्य अधिकाधिक प्रामाणिक और सही होगा। ज्ञान-विज्ञान की विभिन्न नई-पुरानी दिशाओं को उजागर करने वाले विशिष्ट माध्यम अनुवाद की महनीयता स्थापित है। अनुवाद ने संपूर्ण राष्ट्रीय एवं अंतर्राष्ट्रीय ज्ञान-विज्ञान को विश्वव्यापक छवि देने में अप्रतिम योगदान दिया है। वैज्ञानिक और तकनीकी अध्ययन और उन्नयन अनुवाद के बिना संभव ही नहीं।

औद्योगिक विकास में अनुवाद

आधुनिक युग का प्रारंभ ही औद्योगिक पुनर्जागरण से हुआ था। तब से संसार की प्रगति एवं आर्थिक गतिविधियों की पृष्ठभूमि में औद्योगिक विकास ही रहा है। किसी देश की समृद्धि का आधार वहाँ का औद्योगिक विस्तार हो गया है। औद्योगिक अनुसंधान, उत्पादन, वितरण, वाणिज्य और आर्थिक नियंत्रण की विभिन्न व्यावसायिक धाराओं ने मनुष्य को निरंतर सभ्यता के नये-नये सोपानों से परिचित कराया है। तकनीकी विकास ने औद्योगीकरण की दिशा में

लगातार मनुष्य को अग्रसर किया है। नये यांत्रिक संसाधनों ने उद्योग और व्यवसाय को नई दिशाएँ दी हैं। यही कारण है कि किसी भी देश की आर्थिक स्थिरता और प्रगति का सीधा संबंध वहाँ की औद्योगिक एवं व्यावसायिक दशा-दिशा से होता है। उद्योगों की प्राक्कल्पना से लेकर प्रबंधन तक, तकनीकी संयोजन से लेकर उत्पादन तक, वितरण से लेकर वाणिज्य तक भाषा का इस्तेमाल हर चरण पर होता है। लेकिन संसारभर में फैले हुए, औद्योगिक उपक्रमों और उनसे संबंद्ध व्यवसायों से जुड़ने के लिए अनुवाद का सहारा लेना आज की व्यस्त, यांत्रिक, औद्योगिक जिंदगी की अपरिहार्यता है। अनुवाद ने संसार के अर्थतंत्र को सीमित ओर सर्वसुलभ बनाया है। भारत जैसे बहुभाषी देश में तो विभिन्न राज्यों के बीच औद्योगिक एवं व्यावसायिक तालमेल बनाए रखने में अनुवाद ने विशेष योगदान दिया है।

औद्योगिक विकास की दिशाएँ अनगिनत प्रतिभाओं, कामगारों, व्यवसायियों और कार्मिकों के सम्मिलित सहयोग से निर्धारित होती हैं। इन सबने मिलकर हमारी दिनचर्या और जीवनदृष्टि को बदल डाला है। औद्योगिक विकास का एकमात्र लक्ष्य है। सुदृढ़ अर्थव्यवस्था और विकासशील सामाजिक वातावरण। एक सुखद भविष्य के प्रति समर्पित औद्योगिक विकास की दिशाएँ जिन असीम संभावनाओं की ओर संकेत करती हैं, उनकी पीठिका में किसी-न-किसी प्रकार अनुवाद का महत्त्वपूर्ण अवदान है। प्रौद्योगिकी की निर्माण-परिकल्पना के प्राथमिक चरण से लेकर औद्योगिक उत्पादनों की व्यावसायिक परिणति तक भाषा की विविधताओं के बीच अनुवाद ही सेतु का कार्य करती है। तभी इस्पात संयंत्र में बंगला, मलयालम, पंजाबी, सिंधी, तमिल, मणिपुरी, भोजपुरी, अवधी और मेवाती से लेकर रूसी और जर्मन बोलने वाले तक साथ मिलकर काम करते हैं। अनुवाद ने इन सारे विभिन्न भाषा-भाषियों को एक सूत्र में बाँध रखा है। हम जिन कपड़ों को पहनते हैं, वे गुजराती और मराठी भाषी लोगों ने तैयार किया है। हम जिस जूट का उपयोग करते हैं, वह बंगलाभाषी चटकलों में तैयार हुआ है। हम नारियल के रेशों से तैयार जिन सजावटी चीजों का प्रयोग करते हैं, उन्हें केरल के समुद्रतट पर मलयालमभाषी लोगों ने तैयार किया है। यही नहीं, हर औद्योगिक प्रतिष्ठान अपने आप में बहुभाषी जनसमूह का समुच्चय होता है। इन सबके बीच अनुवाद ही औद्योगिक विकास का मंत्र फूँकता है। विज्ञप्तियों, अनुदेशों, पत्रों, देयकों, विपणन के माध्यमों, यातायात के संसाधनों, व्यापार की गतिविधियों आदि में अनुवाद की उपादेयता से भला कौन इंकार कर सकता है? निजी और सार्वजनिक क्षेत्र के

उपक्रमों से लेकर दैनिक बाजार तक एवं शेयर बाजार से लेकर तमाम वित्तीय संस्थाओं तक जिस व्यावसायिक भाषा का विस्तार है, उसकी सम्यक् प्रयुक्ति में अनुवाद की अप्रितम भूमिका रहती है। औद्योगिक विकास जिन सोपानों पर चढ़कर राष्ट्रनिर्माण एवं सभ्यता के उत्थान में सहायक होता है, उनमें अनुवाद का विशेष महत्त्व है। अनुवाद के समुचित उपयोग के बिना संसार की इतनी सारी भाषाओं में उपलब्ध प्रौद्योगिकी और व्यावसायिक दक्षता नहीं प्राप्त कर सकते।

जनसंचार-माध्यमों में अनुवाद

तकनीकी आविष्कारों ने इक्कीसवीं शताब्दी के द्वार पर दस्तक दे रहे विश्व को जनसंचार-माध्यमों के विलक्षण मायालोक में खड़ा कर दिया है। पत्रकारिता, विज्ञापन, आकाशवाणी, दूरदर्शन, चलचित्र, कंप्यूटर, दूरभाष, कृत्रिम उपग्रहों और नव्यतम संचार तकनीकों ने मनुष्य को सूचनाओं से अधिकाधिक लैस करने के साथ ही संसार की बहुमुखी पंगति में अपनी नई भूमिका तय की है। जीवन की गति को प्रभावित करने वाले सबसे जीवंत और कारगर साधन ये संचार माध्यम ही हैं। कला, विज्ञान, वाणिज्य, उद्योग, शिक्षा, प्रशासन और आर्थिक गतिविधियों में सर्वत्र ही संचार माध्यम सक्रिय हैं। देश और काल की दूरियों को समाप्त करते हुए इन संचार माध्यमों ने संपूर्ण विश्व को एक दूसरे के निकट पहुँचाने का कार्य किया है। आज तथ्यों, सूचनाओं, चित्रों और जानकारियों का विश्व के एक कोने से दूसरे कोने तक सुगमता से हस्तांतरण संभव है। ग्राहम बेल द्वारा 1876 में आविष्कृत दूरभाष ने अब टेलेक्स और फैक्स बनकर अपनी नई छवि स्थापित की है। नये संचार-माध्यमों में विभिन्न संदर्भों तथा प्रयोक्ताओं के अनुसार भाषाई अंतराल मिलता है। भाषा-प्रयुक्ति संचार-माध्यमों का आधारभूत तत्त्व है, जिसमें रचना, शब्दावली, संप्रेषण और अनुवाद के सहारे विविध संचार-माध्यम अपने संकल्प की सिद्धि में समर्थ होते हैं।

पत्रकारिता, विज्ञापन और विविध श्रव्य-दृश्य माध्यमों से संचार की जितनी सुविधाएँ आज उपलब्ध हैं; उन सबका संरचनात्मकएवं संप्रेषणात्मक पक्ष भाषिक प्रयुक्ति से संबद्ध है। जनसंपर्क, शिक्षा, सूचना, मनोरंजन और विज्ञापन के लिए भाषा ही सारे जनसंचार-माध्यमों के लिए अन्यतम साधन है। लेकिन, ये भाषाएँ भी कितनी अधिक हैं संसार में और उन्हें बोलने वालों की संख्या तो नितांत अपरिमित है। अनुवाद ने जनसंचार के सभी माध्यमों को भाषिक प्रयुक्ति और जनसंचार के विभिन्न धरातलों पर भाषा की आकर्षण शक्ति के संदर्भ में अनुवाद

की उपादेयता का सर्वथा नया आयाम उद्‌घाटित होता है। पत्राचार और दूरसंचार के सामान्य स्तर से लेकर इलेक्ट्रॉनिक मीडिया के अतुल विस्तार तक अनुवाद की आवश्यकता का अनुभव किया जा रहा है। संसार में हर रोज हर पल घटित होने वाली हर घटना का ब्योरा विश्व के हर देश की हर भाषा में पहुँचाने का दायित्व अनुवाद पर है। हर नये उत्पादन को हर भाषाभाषी तक संप्रेषित करने की विज्ञापनी दायित्व भी अनुवाद पर ही है। अनुवाद ने हर संचार-माध्यम का काम आसान किया है और हर संचार साधन को व्यापकता दी है। छोटे गाँवों और कस्बों से लेकर शहरों और महानगरों तक अनुवाद संचार के किसी-न-किसी साधन के साथ उपलब्ध है। अनुवाद ने संचार-माध्यमों के तकनीकी युग में नयेपन का सूत्रपात किया है और आने वाला कल भी संचार के इन विभिन्न माध्यमों के लिए अनुवाद पर ही आश्रित रहेगा।

बहुभाषी शिक्षा प्रणाली में अनुवाद

शिक्षा के माध्यम के रूप में हिंदी का इतिहास लगभग दो सौ वर्ष पुराना है। कलकत्ता में 1800 में फोर्ट विलियम कॉलेज की स्थापना के एक दशक पहले ही शिक्षण संस्थानों में हिंदी के प्रवेश की भूमिका तैयार हो गई थी। आज देश के सौ से अधिक विश्वविद्यालयों में हिंदी भाषा और साहित्य का शिक्षण होता है। विदेशों में भी दर्जनाधिक विश्वविद्यालय में हिंदी का अध्ययन-अध्यापन प्रचलित है। लेकिन, आज भी उच्चतर शिक्षा के माध्यम के रूप में हिंदी के अखिल भारतीय स्वीकार के मार्ग में कई अवरोधक विद्यमान हैं। इसका मुख्य कारण भारत का बहुभाषी परिवेश ही है। इतने बड़े देश में इतनी सारी भाषाएँ प्रचलित हैं कि उन सबको उच्च शिक्षा का माध्यम बना लेना संभव नहीं है। संसारभर में राष्ट्र की किसी एक केंद्रीय भाषा में अध्ययन-अध्यापन का तकनीकी और उच्चतर विन्यास है। भारत में यह गौरव हिंदी को ही मिलना चाहिए, क्योंकि उच्च तकनीकी ज्ञान और अंतर अनुशासानात्मक के लिए हिंदी ही सर्वाधिक समर्थ भाषा है। होना तो यह चाहिए कि प्रारंभिक शिक्षा प्रादेशिक भाषाओं में दी जाए और उच्चतर शिक्षा के माध्यम के रूप में समूचे देश की संपर्क भाषा के रूप में प्रचलित भाषा हिंदी को स्वीकार किया जाए। उच्च शिक्षा का माध्यम वहीं केंद्रीय संपर्क भाषा बन सकती है, जिसमें भारत जैसे बहुभाषी राष्ट्र को एक सूत्र में बाँधने की शक्ति हो। हिंदी में यह सामर्थ्य है, लेकिन इस बहुभाषी देश की शिक्षा-प्रणाली में अनुवाद की अपरिहार्य संगति के बिना हिंदी के संप्रेषण और प्रायोजनिक विस्तार का मार्ग बाधाहीन नहीं हो सकता।

भारत की 15 राजकीय अधिकृत भाषाएँ हैं और जनगणनाओं के अनुसार 1652 अन्य भाषाएँ व बोलियाँ भी संसूचित हैं। देश के शिक्षाविदों के सामने यह एक विकट समस्या है कि इतनी सारी भाषाओं और बोलियों का प्रयोग करने वाले शिक्षार्थियों को किस माध्यम से शिक्षा दी जाए? इस समस्या का कोई सर्वस्वीकृत हल न होने के कारण देश के विभिन्न क्षेत्रों में बहुभाषी शिक्षा-प्रणाली प्रचलित है। स्थिति है कि आंध्र प्रदेश के किसी गाँव में छात्र केवल तेलुगु और टूटी-फूटी अंग्रेजी सीखते हैं, तो मध्यप्रदेश के देहांतों में हिंदी और अधकचरी अंग्रेजी ही शिक्षा का माध्यम है। गुजरात में प्रधानतया गुजराती शिक्षा का माध्यम बनी हुई है तो बिहार में हिंदी। तमिलनाडु में हिंदी का जिज्ञासु तमिल और अंग्रेजी जान लेने के बाद ही हिंदी सीख पाता है। बहुभाषिकता से ओतप्रोत इस शिक्षा-प्रणाली में अनुवाद ने सुगमता और संप्रेषणीयता का संचार किया है। विभिन्न भाषा माध्यमों के बीच अनुवाद ने एक ऐसा पुल बनाया है कि शिक्षा के मार्ग में आने वाली कई बाधाएँ अपने आप दूर हो जाती हैं। अध्ययन और अध्यापन के माध्यम की सीमाओं को अनुवाद ने तोड़ने का लगातार यत्न किया है। भारत जैसे बहुभाषी देश में चल रही बहुभाषी शिक्षा-प्रणाली में अनुवाद एक अपरिहार्य प्रक्रिया और उपयोगी संसाधन है।

किसी भाषा में अभिव्यक्त विचारों को दूसरी भाषा में यथावत् रूपांतरित अथवा प्रस्तुत करना अनुवाद है। पहले अनुवाद और अनुवादक को अधिक महत्त्व नहीं दिया जाता था, लेकिन आज अनुवाद का कार्यक्षेत्र व्यापक और विशिष्ट हो गया है। सावधानी और उपादेयता को दृष्टिपथ में रखकर किये गये अनुवाद का महत्त्व दिनानुदिन जीवन के विभिन्न क्षेत्रों में बढ़ता ही जा रही है। शायद ही कोई ऐसा क्षण हो, जब हम अनुवाद के चमत्कार का साक्षात्कार या उपयोग नहीं करते हैं। आज सुदूर देहात के छोटे से झोंपड़े से लेकर महानगरों की गगनचुंबी इमारतों की छत तक अनुवाद का विस्तार है। तकनीकी संसाधनों ने आज विश्व को संकुचित कर छोटा बना दिया है, लेकिन सभ्यता की विकास यात्रा के इन्हीं अवदानों ने अनुवाद की महत्ता और कार्यदिशा को विराटता दी है।

अनुवाद मात्र एक साहित्यिक कार्य नहीं है, अपितु उसकी पहचान जीवन के हर क्षेत्र में सक्रिय साधन के रूप में उभरी है। प्रशासन, चिकित्सा, कला, संस्कृति, विज्ञान, प्रतिरक्षा, विधि, प्रौद्योगिकी, तकनीकी, अनुसंधान, व्यवसाय, पत्रकारिता, जनसंचार आदि विभिन्न क्षेत्रों में अब अनुवाद के बिना कुछ नहीं हो सकता। भारत जैसे बहुभाषी और विविधताओं से भरपूर देश में राष्ट्रीय एकता के सूत्रों को

समेटने में भी अनुवाद की अपनी विशिष्ट भूमिका है। भारत की सामासिक संस्कृति के अवगाहन में भी अनुवाद कारगर है। भारतीय एवं अंतर्राष्ट्रीय साहित्य के अध्ययन-अध्यापन में अनुवाद की उपादेयता निःसंदिग्ध है। इसी तरह, साहित्य के तुलनात्मक अध्ययन और अनुसंधान की विभिन्न दिशाएँ अनुवाद से ही नियंत्रित होती हैं। क्रमशः अनुवाद एक स्वतंत्र व्यवसाय एवं आजीविका का साधन बन गया है। असंख्य लोगों की रोजी-रोटी अनुवाद से सम्मानजनक तरीके से चल रही है। ज्ञान-विज्ञान, औद्योगिक विकास और वाणिज्य-व्यवसाय के विभिन्न क्षेत्रों में अनुवाद के व्यापक उपयोग ने इसे अधिकाधिक लोकप्रिय बनाया है। अंतरिक्ष में घूमते कृत्रिम उपग्रहों से लेकर समूची धरती पर फैले अनेकानेक संचार-माध्यमों तक अनुवाद का कमाल फैला हुआ है। बहुभाषी देश भारत में बहुभाषी शिक्षा-प्रणाली की संभावनाओं के साथ भी अनुवाद का गहरा रिश्ता है। इन सबने मिलकर अनुवाद की विश्वव्यापी उपादेयता, प्रासंगिकता और भविष्य को रेखांकित किया है। अनुवाद में पांडित्य की अनावश्यक चमक के लिए बहुत अधिक गुंजाइश नहीं होती, लेकिन अनुवाद के बहुआयामी चरित्र और संकल्प के बारे में कोई संदेह नहीं। जीवन की हर दिशा में अनुवाद की प्रासंगिकता प्रमाणित हो चुकी है। आने वाले दिनों में राष्ट्रीय और अंतर्राष्ट्रीय फलक पर अनुवाद का महत्त्व उत्तरोत्तर विस्तृत होगा। अनुवाद आज की आवश्यकता है और भविष्य की अपरिहार्यता के रूप में अनुवाद की संभावनाएँ असीम हैं।

10

वैश्वीकरण के परिदृश्य में अनुवाद की भूमिका

संसार में लगभग तीन हधर भाषाएँ मौजूद हैं जिनमें से कुछ भाषाएँ तेधी से लुप्त होती जा रही हैं क्योंकि उनका प्रयोग करने वाली जनजातियाँ लुप्त हो रही हैं। भाषा वैचारिक आदान प्रदान का माध्यम होती है साथ ही यही संस्कृति की वाहिका होती है। किसी भी समाज की पहचान उस समाज की भाषा से ही होती है। संसार में भाषाओं के जन्म के सही काल का केवल अनुमान ही लगाया जा सकता है किन्तु निश्चित रूप से इसकी पुष्टि के कोई प्रमाण भाषाविदों के पास उपलब्ध नहीं हैं। लेकिन इतना सत्य है कि मानव सभ्यता के विकास के समानान्तर ही भाषाओं का विकास संसार में हुआ। भाषा ही सभ्यता के विकास का मानदंड है।

भाषाओं का मूल प्रयोजन सम्प्रेषण है। मनुष्य अपने विचारों को, भावनाओं को, आवेग, आवेश और स्पंदन को व्यक्त करने के लिए इस मौखिक माध्यम का सहारा लेता है। भाषा के बिना मानव सभ्यता की कल्पना नहीं की जा सकती। मानवता की दृष्टि से सभी देशों-प्रदेशों के मनुष्य मूलतः एक हैं पर भौगोलिक, सामाजिक, सांस्कृतिक, आर्थिक, और भाषिक सीमाएँ उन्हें एक-दूसरे से अलग कर देती हैं। इनमें भाषा की सीमा सबसे बधी सीमा है। विदेशों की बात तो दूर अपने

ही देश में विभिन्न प्रदेशों के लोग एक - दूसरे की भाषा न समझने के कारण एक-दूसरे से अजनबी हो जाते हैं। मानव - मन स्वभावतः सीमाओं में बंधकर रुद्ध नहीं होना चाहता, बल्कि वह इन सीमाओं को लाँघकर विश्व-भर में व्यापने के लिए तघ्पता रहता है। भाषा की सीमाओं को लाँघने का सबसे बघ माध्यम अनुवाद है। अनुवाद के माध्यम से अपनी भाषा में अन्य भाषाओं की कृतियों को पघ्ने का अवसर मिलने पर व्यक्ति सहज ही इस निष्कर्ष पर पहुँचता है कि भौगोलिक, सामाजिक, आर्थिक और भाषागत सीमाएँ स्वाभाविक नहीं बल्कि मनुष्य निर्मित कृत्रिम सीमाएँ हैं। वस्तुतः मानव समाज एक है।

भाषा हमारे विचारों एवं भावनाओं का अनुवाद कही जा सकती है। जो हम सोचते हैं, वह शब्दों के माध्यम से लेखन में समेटने का प्रयास करते हैं। भाषा किसी हद तक ही हमारे विचारों को पकघ पाती है। हम कह सकते हैं कि आम तौर पर मूल कहा जाने वाला लेखन भी मूल न होकर लेखक की भावनाओं का अनुवाद है। यही कारण है कि बहुधा लेखक अपने स्वयं के लिखे को बार-बार पघ्ते हैं, अपनी भावनाओं और उसकी अभिव्यक्ति का मूल्यांकन - पुनर्मूल्यांकन करने के बाद ही रचना को मूर्त रूप देते हैं। फिर अनुवाद तो किसी अन्य लेखक की भावनाओं की अभिव्यक्ति है। जब लेखक के लिए स्वयं की भावनाओं को व्यक्त करने के लिए उचित शब्द नहीं मिलते, तो अनुवादक के लिए तो यह एक तरह से 'अनुवाद के अनुवाद का अनुवाद मात्र' होगा।

सुख और दुःख की भाँति मनुष्य ज्ञान को भी दूसरों के साथ बाँट लेना चाहता है। जो वह स्वयं जानता है उसे दूसरों तक पहुँचाना चाहता है और जो दूसरे जानते हैं उसे स्वयं जानना चाहता है। इस प्रक्रिया में भाषा की सीमाएँ उसके आघे आती हैं। इसीलिए अनुवाद आज ज्ञान - विज्ञान के विकास और प्रसार का अनिवार्य साधन बन गया है। सामान्यतया एक भाषा के पाठ को दूसरी भाषा में बदलने की प्रक्रिया को ही अनुवाद कहते हैं। इस संबंध में विद्वानों ने जो परिभाषाएँ दी हैं वे इस प्रकार हैं–

1. "अनुवाद कार्य विश्व के एक खण्ड को प्रतिपादित करने वाले माध्यम से दूसरे माध्यम द्वारा लगभग वैसे ही अनुभव का पुनरू सर्जन है।" विन्टर
2. "अनुवाद एक जैसे संदर्भ में एक जैसी भूमिका निभाने वाले दो पाठों का संबंध है।"– हैलिडे
3. "स्रोत भाषा के पाठ में भी दी गयी सामाग्री को लक्ष्य भाषा के पाठ की समतुल्य सामाग्री में बदलना ही अनुवाद है।–कैटफर्ड

4. "एक भाषा के प्रतीकों को दूसरी भाषा के भाषिक प्रतीकों द्वारा प्रतिपादित करना अनुवाद है।"– रोमन याकोब्सन
5. "अनुवाद प्रक्रिया के अंतर्गत संग्राहक-भाषा के संदेश को अर्थ और शैली की दृष्टि से निकटतम स्वाभाविक समतुल्यों में बदलना ही अनुवाद है।"–नाइडा

अनुवाद को स्वीकृति अथवा मान्यता प्राप्त करने के लिए सुदीर्घ संघर्ष करना पघ। आरंभ में लगभग सभी अनुवादों की तीव्र आलोचना की जाती थी और यह माना जाता था कि अनुवाद असंभव प्रक्रिया है। अनुवाद की प्रामाणिकता पर अनेकों तरह के लांछन लगाए गए और आज भी कुछ लोग उसका उपहास करते हैं जैसे - "अनुवाद एक स्त्री के समान है जो सुंदर होगी तो विश्वसनीय नहीं हो सकती और यदि विश्वसनीय होगी तो सुंदर नहीं हो सकतीष अनूदित सामाग्री तस्कर की हुई वस्तु समझी जाती थी। अअतः अनुवाद को निस्सार और निरर्थक माना जाता था। इस धारणा के बावजूद अनुवाद की प्रक्रिया निरंतर चलती रही। आज विश्व में अनुवाद एक अपरिहार्य भाषिक रूपान्तरण का माध्यम बन गया है। वैचारिक, अभिव्यक्तियों का भाषिक रूपान्तरण केवल अनुवाद की प्रक्रिया से संभव है चाहे यह प्रक्रिया जटिल हो या सरल।

अनुवाद देश और काल की सीमाओं का अतिक्रमण करने वाला एक महत्तर भाषिक साधन है। विशेष रूप से यह एक औघर या उपकरण है जो भौगोलिक, आर्थिक, सांस्कृतिक, सामाजिक विभेदों को स्थानीय तथा वैश्विक स्तर पर दूर कर परस्पर संबंध स्थापित कर सकता है। विश्व की अनगिनत भाषाएँ आज अपनी-अपनी संस्कृतियों और जीवन की विधियों को संचालित कर रही है। इन विविधताओं में समन्वय स्थापित करने का एक मात्र साधन अनुवाद ही है। भाषिक वैविध्य सांस्कृतिक और सामाजिक वैविध्य को जन्म देता है किन्तु इस वैविध्य को दूर कर विभिन्न सांस्कृतिक परिवेश में सादृश्य पैदा करने की क्षमता केवल अनुवाद में ही निहित है। व्यक्ति की अभिव्यक्ति किसी भी भाषा में हो सकती है लेकिन वही अभिव्यक्ति समूचे समाज के लिए उस भाषा विशेष के ज्ञान के बिना संप्रेषणीय नहीं होगी, ऐसी अवस्था में अनुवाद ही वह एक मात्र उपकरण है जो इस कठिनाई को दूर कर सकता है।

वैश्वीकरण का परिदृश्य–नई सहस्राब्दी के आरंभ के साथ विश्व की राजनीतिक, आर्थिक, सामाजिक, सांस्कृतिक परिस्थितियाँ तेजी से बदली हैं।

द्वितीय विश्व युद्ध के महाविनाश के बाद भी विश्व में स्थाई रूप से शांति स्थापित नहीं हो सकी।

आज भी महाशक्तियों के बीच परस्पर वर्चस्व की होड लगी है। अमेरिका, चीन और रूस जैसे सामरिक बल से लैस देश समस्त विश्व पर अपना प्रभाव जमाना चाहते हैं इसी के परिणाम स्वरूप इन देशों ने समस्त विश्व की आर्थिक व्यवस्था को अपने वश में करने के लिए वैश्वीकरण का एक नया सिद्धान्त प्रतिपादित किया जिसके अनुसार राष्ट्रों की संस्कृतियाँ, व्यापार, बाघ्र, भाषाएँ, संचार माध्यम, शिक्षा व्यवस्था आदि में एकरूपता लाने के प्रयास होने लगे। वैश्वीकरण की सोच ने उत्तर-आधुनिक सोच को जन्म दिया। आज सारा विश्व एक वृहत बाजार में तबदील हो गया है। मनुष्य की प्राथमिकता केवल धनोपार्जन ही हो गयी है।

आज सम्पन्न देश अपने उत्पाद बेचने के लिए बाघर ढूँढ रहे हैं। आज का वैश्वीकरण का सिद्धान्त भारतीय वसुधेव कुटुम्बकम की विचार धारा से नितांत भिन्न है। भारतीय विचार धारा, शताब्दियों से समस्त मानव समाज को भावनात्मक रूप से एकता के सूत्र में बांधने का संदेश देती है। भारतीय मनीषा मानवीय धरातल पर असमानताओं को दूर कर सारे विश्व में सुख, शांति और समृद्धि के प्रचार व प्रसार के लिए तत्पर रही। आज के वैश्वीकरण की सोच ने मनुष्य को स्वार्थी और आत्मकेंद्रित बना दिया जिससे समाज मे नैतिक और सांस्कृतिक मूल्यों का ह्रास बहुत तेजी से हुआ। आज विश्व में प्रौद्योगिकी, विज्ञान, जनसंचार, व्यापार, वाणिज्य और प्रबंधन का क्षेत्र सबसे अधिक विकासशील है। निगमित व्यापार और प्रबंधन प्रणालियों ने एक नई नव-धनाढ्य सभ्यता को विकसित किया है। संचार - क्रान्ति ने विश्व को विश्व ग्राम में बदलकर रख दिया है। दूरियाँ सिमट गईं हैं। संचार क्रान्ति ने मनुष्यों को उपग्रहों के माध्यम से जोघ दिया है। आज घर बैठे हघरों मील दूर स्थित लोगों से पलक झपकते ही सीधे संपर्क साधा जा सकता है। मानव जीवन में एक सम्पूर्ण क्रान्ति आ गयी है। भौगोलिक दूरियाँ समाप्त हो गई हैं, लेकिन भावात्मक और भावनात्मक दूरियाँ बघ गईं, लोग अति व्यावाहरिक हो गए हैं। संचार क्रान्ति ने विभिन्न भाषा भाषियों को परस्पर जोघ्ने के वैज्ञानिक उपकरण तो बनाकर दे दिये लेकिन इनकी सक्षमता भाषिक विभेद को दूर करने लायक नहीं है । इस भाषिक विभेद और भिन्नता को दूर करने का एक

मात्र उपाय अनुवाद ही है। अंतः संचार क्रान्ति का प्राण तत्व अनुवाद ही है। भाषाओं की बहुल स्थिति में सामंजस्य पैदा करने वाला एक मात्र माध्यम श्अनुवाद' है। भाषिक विभेद को अनुवाद के माध्यम से दूर किया जा सकता है। विश्व के सिमटते हुए मानचित्र पर भौगोलिक दूरियाँ जैसे समाप्त हो रही हैं वैसे ही अनुवाद के द्वारा भाषिक दूरियाँ भी खत्म हो सकती हैं।

भावनात्मक और भावात्मक एकता का माध्यम–विश्व समाज भिन्न भिन्न राष्ट्रों, भूखंडों धर्मों, वर्णों और जातियों में विभक्त है। हर राष्ट्र और समाज की अपनी भाषिक, सांस्कृतिक तथा सामाजिक पहचान होती है। राष्ट्र की पहचान उसकी अपनी राष्ट्र भाषा से होती है। इस विभाजित मानव समुदाय को भावात्मक और भावनात्मक धरातल पर जोघ्कर उनके मध्य बनी हुई विषमता की खाई को पाटना ही अनुवाद का प्रधान लक्ष्य है। इस लक्ष्य की प्राप्ति के लिए अनुवाद एक सेतु बन गया है। इस विभाजक अंतराल को खत्म कर विभिन्न संस्कृतियों में भावात्मक एकता स्थापित करने के लिए अनुवाद एक सशक्त साधन के रूप में उपलब्ध है। राष्ट्रीय, भौगोलिक, सांस्कृतिक, सामाजिक, धार्मिक और जातीय अलगाव को खत्म कर भावात्मक एकीकरण के लिए अनुवाद की उपयोगिता आज विश्व स्तर पर सिद्ध हो चुकी है। भाषिक विभिन्नता की दरार भी अनुवाद से ही मिटाई जा सकती है। इसीलिए अनुवाद को एक सशक्त सेतु माना गया है। भावात्मक एकता से मनुष्य में सहृदयता और सदाशयता का विकास और मानव जाति का कल्याण संभव है। अनुवाद के माध्यम से परस्पर एक दूसरे की सांस्कृतिक विरासत को साहित्य के माध्यम से समझकर सहिष्णुता का संवर्धन किया जा सकता है। समाज में व्याप्त भाषिक विभाजन से उत्पन्न खाई को पाटने तथा भिन्न भिन्न संस्कृतियों के भावात्मक एकीकरण के लिए अनुवाद एक असाधारण खोज है।

राष्ट्रीय एकात्मकता–राष्ट्रीय एकात्मकता आज की अनिवार्य आवश्यकता है। भारत जैसे बहुभाषी देश के लिए अनुवाद अत्यंत प्रभावी और उपयोगी माध्यम है जिससे कि देश में व्याप्त भाषिक विभेद को दूरकर जन सामान्य में परस्पर एक दूसरे की भाषा और संस्कृति के प्रति सद्भावना जागृत हो सके। भारत आज भाषिक और सांस्कृतिक विखंडन की प्रक्रिया से गुजर रहा है जिसका एक प्रमुख कारण वैश्वीकरण (बाजारवाद) की प्रक्रिया से उत्पन्न

सामाजिक और सांस्कृतिक मूल्यों का ह्रास है। अनुवाद जैसे सशक्त और कारगर माध्यम की आवश्यकता सबसे अधिक भारत को ही है। अंतर्राष्ट्रीय स्तर पर समूचे विश्व को इसकी आवश्यकता है। अनुवाद की प्रक्रिया लक्ष्य भाषा और स्रोत भाषा दोनों के प्रति समान रूप से संवेदनशील तथा संरक्षात्मक भाव धारण किए रहती है इसलिए अनूद्य और अनूदित दोनों भाषाएँ सुरक्षित रहती हैं। किसी भी भाषा के अस्तित्व पर कोई खतरा नहीं मँडराता। भारतीय संदर्भ में प्रादेशिक और क्षेत्रीय भाषाओं को परस्पर एक दूसरे के निकट लाने का सबसे व्यवहारिक माध्यम अनुवाद ही है। किन्तु भारत में अनुवाद की स्थिति संतोषजनक नहीं है। भाषाओं की संख्या को देखते हुए तथा देश के विस्तार तथा आकार के अनुरूप भारत में अनुवाद के माध्यम से देश की संस्कृतियों को जोड़ने का संगठित प्रयास अभी बाकी है। अनुवाद के प्रति देश का शिक्षित वर्ग उदासीन है। अनूदित साहित्य को दोयम दर्जे का साहित्य मानने की मानसिकता अभी भी हमारे शिक्षित वर्ग में व्याप्त है। भाषा वैज्ञानिक सर्वेक्षण के अनुसार हर भारतीय कम से कम द्विभाषिक होता है। भारत में अनेकों भाषाएँ सरलता से उपलब्ध हैं लेकिन भारतीयों में इतर भाषाओं को सीखने या स्वीकार करने की इच्छा शक्ति का अभाव स्पष्ट दृष्टिगोचर होता है। विश्व के अनेक देशों में भारत जैसी बहुभाषिकता की स्थिति विद्यमान है लेकिन वहाँ आम लोगों में सभी भाषाओं के प्रति संवेदना और अपनेपन का भाव सहज रूप में परिलक्षित होता है। रूस, चीन, स्विट्ज़रलैंड आदि देश इसके उदाहरण हैं। भारत में साहित्यिक अनुवाद की परंपरा सशक्त होने के बावजूद पर्याप्त नहीं है। राष्ट्रीय एकात्मकता के लिए भारतीय भाषाओं में उपलब्ध साहित्य का अनुवाद हिन्दी और हिन्दी साहित्य का इतर भारतीय भाषाओं में अनुवाद राष्ट्रीय हित में आवश्यक है। भारत में संस्थागत अनुवाद कार्य की प्रगति संतोषजनक नहीं है। स्वैच्छिक रूप से भाषा-प्रेमी विद्वान अपनी अभिरुचि के अनुकूल साहित्यिक अनुवाद के कार्य में संलग्न हैं लेकिन अनुवाद के क्षेत्र को सुसंगठित होने की आवश्यकता है। भारत में अनुवाद कार्य राष्ट्रीय स्तर पर सरकारी और गैर सरकारी संस्थाओं के द्वारा संगठित रूप से आयोजित करने की नितांत आवश्यकता है। अनुवाद कार्य को स्वैच्छिक एवं स्वच्छंद रूप से स्वीकार करना चाहिए तभी इस कारी को सही दिशा प्राप्त होगी। शिक्षित वर्ग यदि इस कार्य को नैतिक दायित्व के रूप में स्वीकार करे देश की साहित्यिक धरोहर विभिन्न भारतीय भाषाओं में

सामान्य जनता को उपलब्ध होगी।

बाजारवाद और अनुवाद–भारत में साहित्येतर अनुवाद की भी बहुत अधिक आवश्यकता है। साहित्येतर अनुवाद की आवश्यकता विभिन्न काम काज के क्षेत्रों के लिए उपयोगी होता है। भाषा की प्रयोजनमूलकता उसके विभिन्न प्रकार्यात्मक अनुप्रयोगों से ही आँकी जा सकती है। भारत में अंग्रेघी और भारतीय भाषाओं के मध्य अनुवाद की आवश्यकता अधिक है। क्योंकि देश में कामकाज की व्यवहारिक भाषा अंग्रेघी है। इसलिए काम काज के क्षेत्र में प्रयुक्त अंग्रेघी की अभिव्यक्तियों तथा आँय प्रकार के प्रशासनिक पाठ को जन सामान्य किए लिए बोधगम्य बनानेके लिए अनुवाद का आश्रय लेना पघ्ता है। यह हमारी मजबूरी है। ऐसे विशेष कारी क्षेत्रों में कामकाजी भाषा के प्रयोग के लिए भारतीय भाषाओं में प्रशासनिक एवं अन्य विषयों में पारिभाषिक शब्दावली की आवश्यकता होती है। इसके लिए भारत सरकार ने वैज्ञानिक एवं तकनीकी शब्दावली आयोग जैसे संगठनों को स्थापित किया है जो कि हिंदी और इतर भारतीय भाषाओं में प्रयोजनमूलक पारिभाषिक शब्दावली का निर्माण कर, विभिन्न विषयों के कोशों द्वारा शब्दावली उपलब्ध कराती है।

भारत में वैश्वीकरण की बाघरवादी नीति के अंतर्गत बघी तेघी से आर्थिक विकास हो रहा है। व्यापार एवं वाणिज्य का क्षेत्र सबसे बघ क्षेत्र है जहां अनुवाद की सर्वाधिक मांग है। भारत जैसे बहुभाषी देश में विदेशी और स्वदेशी उत्पादों की बिक्री केवल किसी एक भाषा के माध्यम से नहीं की जा सकती। भाषा सम्प्रेषण का माध्यम होती है। किसी भी उत्पाद (माल) को बेचने के लिए वाचिक और लिखित (मुद्रित) रूप में विज्ञापन प्रणाली के द्वारा उस उत्पाद का प्रचार किया जाता है। यह प्रचार सामाग्री अनेक भाषाओं में पेशेवर विज्ञापन विशेषज्ञ तैयार करते हैं। विज्ञापन का बाघर अनुवाद पर ही आधारित होता है। फिल्मों से लेकर उपभोक्ता वस्तु, कृषि, सर्राफा, घरेलू वस्तु, अनाज, कपघ आदि हर जीवनोपयोगी वस्तुओं के क्रय-विक्रय की सारी व्यवस्था आज अनुवाद द्वारा तैयार किए गए विज्ञापनों के द्वारा ही संचालित हो रही है। विश्व का सारा बाघर अनुवाद पर आश्रित है। ये अनुवाद स्वदेशी और विदेशी भाषाओं में भी करवाए जाते हैं। इस कार्य के लिए निजी क्षेत्र में बघी विज्ञापन कंपनियाँ बाघर में उतर गईं हैं। इस तरह अनुवाद का भी एक बहुत बघ बाघर है जो कि करोघें रुपयों का व्यापार करता है। विज्ञापन जगत में अंतर्राष्ट्रीय धरातल पर अनुवाद भी एक उद्योग के रूप में उभरा है आज।

मीडिया और अनुवाद–आज का युग संचार क्रान्ति का युग है। जान-संचार के माध्यम मानव जीवन पर हावी हो गए हैं। टी वी, रेडियो, इन्टरनेट, समाचार पत्र, पत्र-पत्रिकाएँ, फिल्म - ये सब आज मानव जीवन के अनिवार्य अंग बन गए हैं। विश्व में आज हर देश और हर समाज में इनका प्रवेश हो गया है। आज समाचार और संदेश चौबीसों घंटे प्राप्त होते हैं। टी वी के चौनल और रेडियो के कार्यक्रम चौबीसों घंटे चलते हैं। समाचार पत्र के एकाधिक संस्करण हर रोड़ निकाले जाते हैं। सम्पन्न देशों में रात्रि संस्कारण भी प्रकाशित होते है, अर्थात जनसंचार के माध्यम हर पल, हर वक्त कार्यरत रहते हैं। विश्व की अनगिनत भाषाओं में ये चौनल और स्रोत कार्य करते हैं। स्रोत भाषाओं में एकत्रित सामग्री का अनुवाद इन संगठनों को तत्काल कर उनका प्रसारण किया जाता है।आज विश्व के संचार बाघर में असंख्य अनुवादक निर्विराम कार्य कर रहे हैं जिनके द्वारा संसार के हर कोने का समाचार या संदेश कुछ ही क्षणों में विश्व के अन्य हिस्सों में हर भाषा में अविलंब पहुँचता है।

यह अनुवाद का ही चमत्कार है और अनुवाद प्रक्रिया की ही देन है। यदि अनुवाद जैसी प्रक्रिया न होती तो संचार क्रान्ति भी संभव नहीं होती। मीडिया ने नई शताब्दी में मानव जीवन में उथल-पुथल मचा दी है। राष्ट्रों की राजनीति को प्रभावित किया है। राष्ट्रों के प्रमुख अपने वक्तव्यों को अपनी भाषा में प्रस्तुत करते हैं तो उन्हें सारा विश्व अनुवाद के ही माध्यम से समझ पाता है और तत्काल उस पर अपनी प्रतिक्रिया दर्ज करता है। संयुक्त राष्ट्र संघ जैसे अंतर्राष्ट्रीय मंच से राष्ट्रों के प्रतिनिधियों के भाषण तत्काल आशु अनुवाद द्वारा विश्व की सभी भाषाओं में उपलब्ध कराया जाता है। इसमें दूरसंचार के माध्यमों की भूमिका महत्वपूर्ण है। कार्यक्रमों के सीधे प्रसारण के लिए संचार माध्यमों के द्वारा प्रयुक्त अत्याधुनिक तकनीक जिम्मेदार है जो इस तरह के उपकरण तैयार कर विश्व को तत्काल जोघ्ती है। अनुवाद के बिना हम विभिन्न देशों में होने वाले परिवर्तनों को, वहाँ की सामाजिक, आर्थिक और सांस्कृतिक स्थितियों में होने वाले बदलावों को कदापि नहीं आत्मसात कर पाते।

अनुवाद का प्रयोजन केवल साहित्य के भाषिक रूपान्तरण के लिए ही नहीं बल्कि साहित्येतर कामकाज के लिए भी समान रूप से महत्वपूर्ण और अनिवार्य है। अक्सर लोग अनुवाद का प्रयोजन केवल साहित्यिक रूपान्तरण के लिए ही मानते

हैं, लेकिन जहां भाषिक प्रयोग और अनुप्रयोग की संभावना है वहाँ अनुवाद की अनिवार्यता को अस्वीकार नहीं किया जा सकता।

शिक्षा और अनुसंधान के क्षेत्र में अनुवाद–अनुवाद की सबसे अधिक उपयोगिता वैश्वीकृत परिदृश्य में शिक्षा और अनुसंधान के क्षेत्र में अति महत्वपूर्ण है। शिक्षा के क्षेत्र में ज्ञान और विज्ञान की सामग्री अंतर्राष्ट्रीय धरातल पर विश्व के सभी देश और शिक्षण संस्थाएँ आपस में बांटती हैं। यह आदान - प्रदान अनुवाद के माध्यम से ही होता है। अनुसंधान के परिणामों को अंतर्राष्ट्रीय स्तर पर आपस में अनुवाद के द्वारा ही साझा करते हैं। मनुष्य के कल्याण के लिए विश्व भर में जो भी शोध और अनुसंधान हो रहे हैं जिनमें असंख्य वैज्ञानिक कार्यरत हैं उनके नतीजे समूची मानव जाति तक पहुँचाने का काम अनुवाद द्वारा ही संभव है। इसीलिए सूचना प्रौद्योगिकी, अन्तरिक्ष विज्ञान, चिकित्सा और वैद्यकी, असाध्य रोगों के निवारण हेतु जो शोध कार्य हो रहे हैं उनकी जानकारी विभिन्न देशों के नागरिकों को स्थानीय भाषा में दी जाती है जिसके पीछे विशेषज्ञ अनुवादकों का परिश्रम रहता है। संसार में जितनी भाषाएँ मौजूद हैं उन सभी भाषाओं में सारी ज्ञान विज्ञान की सामग्री स्थानीय भाषाओं में उपलब्ध हो रही है - इसका श्रेय अनुवाद को ही जाता है।

वैश्वीकरण के दौर में अनुवाद के क्षेत्र में कंप्यूटर का प्रवेश–आज का युग संचार के क्षेत्र में कंप्यूटर की प्रधानता का युग है। अनुवाद प्रक्रिया को सुगम और अत्यधिक गतिशील बनाने के लिए कंप्यूटर के प्रयोग की दिशा में अंतर्राष्ट्रीय स्तर पर अनुसंधान हो रहे हैं। कंप्यूटर द्वारा सम्पन्न अनुवाद को मशीन अनुवाद कहा जाता है। विश्व की अग्रणी कंप्यूटर संस्थाएँ आज हर तरह के पाठ के अनुवाद के लिए कंप्यूटर का प्रयोग सफलता पूर्वक, कारगर तरीके से करने के लिए प्रयासरत हैं।

अभी इस प्रयास में पूर्ण सफलता नहीं मिली है लेकिन बहुत जल्द यह प्रयास सफल होगा। जब विश्व की सभी भाषाओं में अंतर भाषिक अनुवाद मशीन द्वारा संभव हो जाएगा। आज कंप्यूटर साधित अनुवाद कुछ सीमित प्रकार्यों के लिए किया जा रहा है। सीमित शब्दावली के साथ विशेष क्षेत्रों में कंप्यूटर अनुवाद किया जा रहा है। इसके लिए विशेष रूप से कृत्रिम बौद्धिकता (Artificial intelligence) का विकास किया जा रहा है। वैश्वीकरण के दौर में विश्व मानव को सारे विभेदों, विषमताओं को भुलाकर यदि परस्पर निकट आना हो तो भाषिक अवरोधों को मिटाना होगा, यह केवल अनुवाद से ही संभव है। अनुवाद के क्षेत्र

में आज के स्पर्धा-युक्त समाज में रोजगार की अपार संभावनाएँ मौजूद हैं। फिल्मों की डबिंग (ध्वन्यन्तरण) और सब टाईटलिंग की प्रणाली अनुवाद की प्रक्रिया पर ही आधारित है। आज विश्व का फिल्म उद्योग अनुवाद की माध्यम से माला-माल हो रहा है।

दुभाषिए की भूमिका आज बहु-राष्ट्रीय व्यापारिक प्रतिष्ठानों में अत्यंत महत्वपूर्ण है। यह आशु-अनुवाद नामक प्रणाली द्वारा साध्य है। आशु अनुवाद भाषणों के तत्काल अनुवाद के लिए सर्वाधिक उपयोगी है, साथ ही वार्तालाप या संवाद के तत्काल अनुवाद के लिए भी इस कला की उपयोगिता निर्विवाद है।

है। पर्यटन के क्षेत्र में अनुवाद की भूमिका अति महत्वपूर्ण सिद्ध हो चुकी है। भिन्न भिन्न भाषा बोलने वाले सैलानियों के लिए उनकी भाषा में दर्शनीय स्थलों का परिचय देनेके लिए गाइड को अनुवाद का सहारा लेना पघ्ता है। इसीलिए अनुवाद को पर्यटन -संबंधी प्रशिक्षण का अनिवार्य हिस्सा बनाया गया है। उसी तरह प्रबंधन, प्रशासन और राजनयिक गतिविधियों में तथा अंतर्राष्ट्रीय संबंधों को परिपुष्ट करने की प्रक्रिया में अनुवादक या दुभाषिए की भूमिका महत्वपूर्ण होती है। अंतर्राष्ट्रीय विवादों को सुलझाने में भिन्न भाषा-भाषी समुदायों अथवा देशों के मध्य संधि वार्ताएँ, समझौते और करार आदि के लिए अनुवाद का प्रयोग किया जाता है।आज के तेजी से बदलते हुए अंतर्राष्ट्रीय परिवेश में अनुवाद की भूमिका बहुआयामी है भाषा जिस तरह से सम्प्रेषण का माध्यम है अनुवाद भी उसी सम्प्रेषण को सार्थक और सशक बनाने का सहायक औघर है। आज वैश्वीकरण के दौर में बहुभाषी होना समय की आवश्यकता है और बहु-भाषिकता को समन्वय के सूत्र में बांधने के लिए अनुवाद की आवश्यकता अपरिहार्य है।

अनुवाद के माध्यम से ही हमे विश्व साहित्य को पघ्ने की सुविधा प्राप्त होती है। अनुवाद के बिना हम इस धरोहर को जानने से वंचित रह जाते। आज मनुष्य पहले से कहीं अधिक जिज्ञासु और शोधपरक हो गया है। मनुष्य की जिज्ञासाओं का समाधान अनुवाद द्वारा प्राप्त सामाग्री के अध्ययन से ही संभव है। किसी भी व्यक्ति के लिए संसार की सारी भाषाओं को सीखना संभव नहीं है लेकिन विभिन्न भाषाओं में रचित साहित्य एवं अन्य सामाग्री का उपयोग हर व्यक्ति अनूदित पाठ के माध्यम से कर सकता है। अनुवाद ने आज अभिव्यक्ति की सीमाओं का विस्तार किया है। अनुवाद वर्तमान काल की अनिवार्य आवश्यकता

है। भारतीय संदर्भ में अनुवाद की आवश्यकता अति महत्वपूर्ण है। भारत की भौगोलिक, सामाजिक, सांस्कृतिक तथा भाषिक विविधता निश्चित रूप से भारत की भावनात्मक अखंडता और एकता के लिए चुनौती है किन्तु इस वैविध्य और विभेद को दूर करने के लिए अनुवाद ही एकमात्र कारगर उपाय है जिसके द्वारा देश में वैश्वीकरण की स्थितियों से उत्पन्न सांस्कृतिक अप्सरण तथा भाषिक क्षरण की प्रक्रिया पर रोक लगाई जा सकती है।

सन्दर्भ-ग्रन्थ सूची

- Detailed explanation given in CTS: Clinical and Translational Science
- http://www.ctsaweb.org/ Clinical and Translational Science Award
- http://www.worldpharmanews.com/novartis/1858-novartis-appoints-timothy-wright-md-as-global-head-development-novartis-pharmaceuticals
- http://www.ucdmc.ucdavis.edu/ctsc/aboutus/
- http://icmr.nic.in/insprofile/Compilation-Inst-centre-units.pdf
- http://www.inpharm.com/news/156338/university-manchester-astrazeneca-glaxosmithkline-translational-research
- http://www.nature.com/nm/journal/v18/n4/full/nm0412-477a.html
- "What is Translational Science". http://tuftsctsi.org/. Tufts Clinical and Translational Science Institute. Retrieved 9 June 2015.
- "The Meaning of Translational Research and Why It Matters". http://jama.jamanetwork.com/. Woolf, S.H., The Journal of the American Medical Association, JAMA 2008;299;211-213. Retrieved 3 June 2015.
- "Obstacles facing translational research in academic medical centers". http://www.fasebj.org/. Obstacles facing translational research in academic medical centres. Retrieved 12 June 2015.
- "Advancing translational research with the Semantic Web". http://www.ncbi.nlm.nih.gov/. BMC Bioinformactics. 2007; 8(Suppl 2): S2, 09 May 2007. Retrieved 12 June 2015.

- "What is basic research?" (PDF). National Science Foundation. Retrieved 2014-05-31.
- Roll-Hansen, Nils (April 2009). Why the distinction between basic (theoretical) and applied (practical) research is important in the politics of science (PDF) (Report). The London School of Economics and Political Science. Retrieved November 30, 2013.
- Cambrosio, Alberto; Keating, Peter; Mercier, Simon (December 2006), "Mapping the emergence and development of translational cancer research", European Journal of Cancer (Elsevier Ltd) 42 (28): 3140–3148, doi:10.1016/j.ejca.2006.07.020
- Tone, Andrea (2009). The Age of Anxiety: the History of America's Love Affairs with Tranquilizers.
- http://blogs.scientificamerican.com/the-curious-wavefunction/2012/11/26/the-perils-of-translational-research/
- Koo, Edward. "Anti-aâ therapeutics in Alzheimer's disease: the need for a paradigm shift.". Cell Press. Retrieved 28 April 2014.
- Prinz, Florian. "Believe it or not: how much can we rely on published data on potential drug targets?". Nature Publishing Group. Retrieved 28 April 2014.
- "Maine Medical Center Research Institute attracts top scientists, licenses discoveries". http://www.mainebiz.biz/. Mainebiz. Retrieved 17 June 2015.
- "Translational Research Institute". https://www.scripps.edu. The Scripps Research Institute. Retrieved 17 June 2015.
- "Translational Research - PhD and Graduate Certificate". http://www.med.monash.edu.au/. Monash University. Retrieved 17 June 2015.
- "MPhil in Translational Research". http://www.di.uq.edu.au/ /. University of Queensland Diamantina Institute. Retrieved 17 June 2015.
- "Clinical and Translational Research". http://medschool.duke.edu/ . Duke University. Retrieved 17 June 2015.
- "Center for Clinical and Translational Science". http://medschool.creighton.edu/. Creighton University. Retrieved 14 July 2015.